Business
Environment
Index
for
China's
Provinces
2023 Report

国民经济研究所系列丛书

中国分省
营商环境指数
2023 年报告

王小鲁　樊纲　李爱莉　著

社会科学文献出版社
SOCIAL SCIENCES ACADEMIC PRESS (CHINA)

目　录

前　言

　　本报告是国民经济研究所最新的全国分省营商环境指数报告，是历年系列报告的延续。从今年起，我们将本系列报告原标题中的"中国分省企业经营环境指数"更名为"中国分省营商环境指数"。这一更改是为了更符合多数人的用语习惯，但报告的主旨和指数的基本构成保持不变。本报告旨在对我国各省、自治区、直辖市（简称"各省份"）的营商环境总体状况和各方面状况进行量化的评价和比较，并对各地营商环境的变化情况进行跟踪分析。我们对各地营商环境（企业经营环境）的调查和研究开始于 2006 年，形成了本指数体系，并于 2011 年公开出版了研究报告。此后陆续出版了 2013 年、2017 年和 2020 年共 4 个年份的报告①。我们在正常情况下每隔两三年进行一次全国范围的企业营商环境调查，并在此基础上形成新的营商环境指数报告。

　　本系列报告都是在全国范围的大规模企业调查基础上完成的。本报告所依据的这一轮企业调查于 2021 年开始，但因各种因素影响，调查一度

---

　　① 分别为：《中国分省企业经营环境指数 2011 年报告》，王小鲁、樊纲、李飞跃著，中信出版社 2012 年 1 月出版；《中国分省企业经营环境指数 2013 年报告》，王小鲁、余静文、樊纲著，中信出版社 2013 年 8 月出版；《中国分省企业经营环境指数 2017 年报告》，王小鲁、樊纲、马光荣著，社会科学文献出版社 2017 年 12 月出版；《中国分省企业经营环境指数 2020 年报告》，王小鲁、樊纲、胡李鹏著，社会科学文献出版社 2020 年 12 月出版。

中断，大部分企业调查问卷在 2022 年第四季度完成，其余少量调查问卷延续到 2023 年第一季度完成。为保持体例一致，在本报告中，我们将本次调查取得的数据统称为 2022 年数据。按照出版年份，将本报告称为 2023 年报告。本次调查由国民经济研究所和央视市场研究公司合作完成。在此对央视市场研究公司认真细致的工作表示衷心感谢。

关于中国分省营商环境指数

企业是国民经济的基础。良好的营商环境，是企业顺利发展的先决条件。企业的发展受到多方面因素的影响，包括政治和社会稳定、宏观经济稳定、政策环境、政府行政管理状况、法治环境、企业的税费负担、金融服务条件、人力资源供应、基础设施条件、中介组织服务以及市场供求状况，等等。我们把这些影响企业发展的外部因素统称为"企业营商环境"，简称为"营商环境"，并建立了中国分省营商环境指数来从多个方面对各省份营商环境进行度量和比较，反映各地营商环境随时间变化所发生的变化。

由于这一指数体系的主要目的在于反映和比较各地营商环境的差别，因此各地一些同质性很强的因素，没有被包括在指数体系内。例如，政治和社会稳定、宏观经济稳定等因素对企业而言非常重要，但各地在这些方面没有重大差异，不便于互相比较。因此，我们的分省企业营商环境指数不对这类因素进行衡量。

本报告使用的营商环境指数由总指数、8 个方面指数和 26 个分项指数组成。与上一个报告（2020 年）相比，这次报告对个别方面指数和分项指数有较小的调整。原来的方面指数"行政干预和政府廉洁效率"改为"行政干预和行政效率"，原属该项下的"党政官员廉洁守法"分项指数调整到"企业经营的法治环境"方面指数项下。"基础设施条件"方面指数项下的"电水气供应条件"与"其他基础设施条件"两个分项指数合并为"电水气网供应"分项指数，"铁路公路运输"分项指数不变。"市场环境和中介服务"方面指数更名为"市场供求和中介服务"，以使含义更加明确。其项下的"中介组织服务条件"与"行业协会服务条件"两个分项指数合并为一个分项指数，仍沿用"中介组织服务条件"的名称。其他分项指数不变。此外，还减少了2个分项指数，以减少分项指数之间的重合。这两个分项指数分别是"政策公开公平公正"方面指数项下的"政策执行和行政执法公正"分项指数（在"行政干预和行政效率"方面指数中已包含了关于行政执法的内容），"企业经营的法治环境"方面指数项下的"经营者财产和人身安全保障"分项指数（同一方面指数中已包括了保护企业合法权益的内容）。

这套营商环境指数体系的全部数据来自全国范围的企业调查，调查问卷由各地各类企业的负责人填写。各分项指数全部采用1~5分的评分标准。评分越高，表示营商环境越好。某一分项指数的分省份评分由该省份样本企业评分的平均值形成。营商环境总指数由8个方面指数构成，取方面指数的算数平均值，用以反映各地营商环境的总体状况。8个方面指数分别由其下属2~4个分项指数的算术平均值合成。我们用方面指数和分项指数的评分来衡量各地某一方面和某一单项的企业营商环境状况。根据评分做出的各省份排序，则表示某一省份的企业营商环境与全国其他省份相比较的相对位次。指数体系的具体构成，在本报告第六部分表6-1中详细列出。

营商环境指数的基础数据完全来自对全国各地数千家企业的调查，与报告人的主观印象或评价完全无关。所调查的企业，按所有制类型划分，以民营企业为主，也包括国有控股企业、外资和港澳台资企业等；按注册类型划分，以有限责任公司为主，也包括股份有限公司等其他类型企业；按企业规模划分，包括大、中、小、微型企业；按行业划分，包括国民经济各行业；按企业所在地划分，包括分布在全国31个省份的企业（不包括位于香港、澳门和台湾的企业）。调查问卷由企业主要负责人（一般为总裁、总经理或首席执行官）填写，以企业主要负责人对当地企业营商环境方方面面的评价为主，也包括少数涉及比例关系和数值的客观指标。大多数分项指数的评价是样本企业负责人在"很好"、"较好"、"一般"、"较差"和"很差"5个选项中选择的结果，分别按从5分到1分的评分赋值。3分表示中性评价，高于3分是比较正面的评价，而低于3分是偏于负面的评价。少数涉及比例或数值的客观指标也按一定规则转换为从5分到1分的评分。

营商环境多数分项指数评分之所以采用企业负责人的评价，是因为有很多影响企业营商环境的因素难以完全用量化的客观指标来衡量，或者虽有可量化的指标，但难以取得数据，或者数据的可比性不足。举例说，我们可以用企业获得某些行政审批所花费的时间长短和审批环节多少来衡量政府的办事效率，但不同类型项目的审批时间和审批环节差别很大，缺乏可比性和代表性。而企业经营者对当地的经营环境有最直接的感受，因此在缺乏适当量化指标的情况下，由他们根据自己的经验进行主观判断，反而能够提供比较可靠的信息。

但这一评价方法也有不足之处，即不能完全排除主观评价导致的误差，这是本指数体系目前存在的局限性。导致误差的原因可能有以下几个：一是企业负责人主观评价的随机误差；二是某些社会、政治、心理等因素可能会影响评价结果，例如，企业经营者在本企业经营顺利时有可能对某些外部影响因素做出较积极的评价，而在本企业面临经营困难时有可能对外部影响因素做出较消极的评价；三是调查期间的某些暂时性事件有可能影响企业经营者对当地企业营商环境的评价；四是较小的样本数量可能导致较大的随机误差，而少数省份受经济发展程度等因素的影响，取得满意数量的有效问卷有时有一定难度；五是企业经营者有可能出于某些顾虑而做出与事实有出入的评价。

关于最后一点，例如，我们发现一部分企业负责人在对政府政策、行政管理等方面进行评价时顾虑较多，因此常常给出偏高的评分。这在一些经济发展程度和市场化程度较低的地区尤其明显，而较发达地区的企业负责人的评价则往往更为严格。由此，可能导致部分地区、部分指标的评分出现偏颇。对这些问题，我们采取了若干措施进行纠正，例如在调查时通过解释减少受访者的顾虑，对问卷信息严格保密，以及对问卷进行质量检验以排除逻辑自相矛盾等不合格问卷，但仍有可能未完全排除这些评价误差的影响。

由于上述这些原因，依据企业调查结果对各地营商环境的评分和排序只能是近似的。某些省份在某些年份的营商环境评分和排序，不一定能完全准确地反映其实际营商环境状况，有些年份的评分和排序可能发生不规则跳跃。

不过，由于我们的企业营商环境调查覆盖面广、参与企业众多，能够使这些正负误差的影响在相当程度上互相抵消，所以上述这类误差一般不会很大。而且随着观察年份的增加，这些误差导致的短期波动会受到过滤，使评分和排序的较长时期变动趋势基本能够反映各省份的营商环境实际情况和变化趋势。

以上情况，请读者在对指数进行解读和使用时予以注意。我们也将继续探索完善信息收集方法和分析方法，尽量提高这一指数体系的准确性。

本次调查的样本企业分布及本报告结构

本次调查的有效样本企业总数为 2295 家。在所有制类型方面，样本包括自然人独资或控股的民营企业 1614 家、非国有法人独资或控股的民营企业 437 家，民营企业占绝大多数（89.4%），还有国有独资或控股企业 142 家（占 6.2%）、外商和港澳台商投资（含中外合资）企业 59 家（占 2.6%）、其他类型企业和未分类企业 43 家（占 1.9%）。上述样本企业大体上符合我国各类企业的数量分布情况。

在企业规模方面，样本企业包括大型企业 160 家（占 7.0%）、中型企业 706 家（占 30.8%）、小型企业 931 家（占 40.6%）、微型企业 495 家（占 21.6%），未分类企业 3 家（占 0.1%）。样本中，中小型企业占大多数，达 70% 以上，其他是大型和微型企业。我国微型企业占企业数量的绝大多数。但按就业人数和增加值对 GDP 的贡献，中小企业占大部分。我们认为样本企业在规模方面的分布是大体合适的。

在行业分布方面，工业企业 670 家（占 29.2%），商贸、住宿餐饮、居民服务业企业 341 家（占 14.9%），农林牧渔、建筑、交通运输企业 473 家（占 20.6%），信息业、科研和技术服务业企业 383 家（占 16.7%），金融、房地产、租赁和商务服务业企业 319 家（占 13.9%），其他服务业和未分类企业 109 家（占 4.7%）。样本企业的行业分布与我国国民经济各行业对 GDP 贡献的构成大体一致，但考虑到信息业、科研和技术服务业这两个行业在经济发展中的重要性，其占样本企业的比重大于我国这两个行业增加值占 GDP 的比重。

样本企业的地区分布覆盖了全国 31 个省份。大多数省份的有效样本企业数量在 50~100 家的范围。考虑到经济发展程度较高的省份企业数量众多，经济欠发达省份企业数量相对较少，样本企业在各省份间的分布也有所区别，在较发达省份相对较多。其中，广东、浙江、江苏、北京等的有效样本企业都超过 100 家，经济发展水平相对较低的几个西部省份的有效样本企业也在 35 家以上，保证了有效样本的合理数量，能够较好地反映各地的情况。

以下简要介绍本报告的结构。

在本报告第一部分，我们将通过总体评分和分省排名的形式报告各省份营商环境在 2022 年的最新进展，展示 2012 年以来各省份营商环境评分和排名的变化，并对其中一些比较突出的变化进行简要评述。

报告第二部分将分 8 个不同方面报告全国营商环境和各分项指数的变化情况，也通过图表反映各省份 8 个方面的评分和排名变化。报告还分析了对企业经营有严重影响的因素，以及 2022 年新冠疫情对企业经营的影响。

报告第三部分将对不同类型企业的营商环境差异进行比较分析，包括国有企业与非国有企业的营商环境差异、大中小微企业的营商环境差异、以及不同行业的企业营商环境差异，并对产生这些差异的原因进行解读。

由于营商环境有区域性特征，报告第四部分将按照我国东部、中部、西部以及东北4个区域的划分，分析各地在营商环境各方面的发展变化，并展示4个区域2022年的营商环境总指数、各方面指数和分项指数与以前年份相比的评分变化。

为了方便读者查阅单个省份的营商环境状况及变化，报告第五部分分别列出了每个省份的营商环境总指数、方面指数和分项指数的评分及在全国的排序，显示其不同年份的变化，并对每个省份营商环境的具体状况进行了简要的分析评述。

报告第六部分是关于中国分省营商环境指数体系的构造的详细说明，包括各方面指数和分项指数的构成、数据来源和计算方法。在指数体系发生某些调整时，也会在本部分进行说明。

第一、第二和第三部分是本报告的基本部分，包含了营商环境指数的最主要信息。第四、第五部分是分区域和分省份的具体描述，关心某些特定区域或省份营商环境状况的读者可以在这两部分找到说明，而不必从全国数据中逐项查询。对研究者和希望更深入了解营商环境指数的读者，第六部分提供了他们需要的信息。

第一部分
全国营商环境总体进展和分省排序

我国营商环境的总体进展情况

分省营商环境指数采用 1~5 分的评分体系。数据显示，从 2006 年到 2022 年，我国营商环境总体状况发生了积极的变化，表明我国营商环境就总体趋势而言有明显的改善，但历年经历了若干波折。其中，从 2006 年到 2008 年有明显改善，营商环境总指数的全国平均值（以下称"全国总指数"）从中性值 3 分以下（评价略偏于负面）上升到 3 分以上，超过中性值，说明营商环境有一定程度的改善。在 2008~2012 年期间，全国总指数一度出现下降，从 3.09 分先降到 3.00 分（2010 年），其后小幅回升至 3.05 分（2012 年）。2012~2016 年，全国总指数有大幅度上升，提高 0.5 分以上，说明营商环境改善明显。但 2016~2019 年只有微弱的上升，2019~2022 年则再度出现下降，全国总指数从 3.63 分降到 3.60分。图 1-1 显示了 2006~2022 年营商环境的总体变化情况。

我们在以往的报告中分析过，2008~2012 年营商环境恶化，与当时的大规模货币刺激和政府大规模投资有直接关系，连带出现了政策公开公平公正程度下降，政府对企业干预增多、官员腐败情况增多、法治化程度下降等情况。而 2012~2016 年经营环境显著改善，主要是大规模刺激政策退出、大力度反腐以及简政放权的"放管服"改革的结果。这些政策变

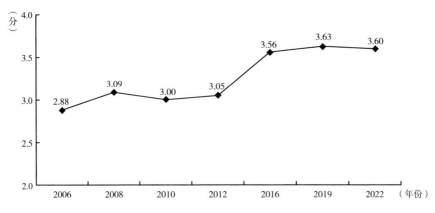

图1-1　2006~2022年全国营商环境总体评分（总指数）平均值的变化

化减少了资源配置的扭曲，促进了市场在资源配置中起决定性作用，有助于公平竞争，对改善营商环境起到了积极作用。

2019~2022年，营商环境总体再次出现下降，原因有多方面。主要涉及政策公开公平公正程度下降、人力资源供应状况出现恶化、市场需求疲软、企业间过度竞争激化等。本报告后面分方面指数的叙述中还将进行更具体的分析。

表1-1给出了各省份历年营商环境总指数评分及其变化。从表1-1可以看出，2019~2022年，全国营商环境总指数评分出现下降的省份有17个，平均降幅为1.83分，出现上升的省份有12个，平均升幅为0.99分，有2个省份评分没有变化。无论从数量还是幅度方面来看，评分下降省份都超过了上升省份。

表1-1　2006~2022年各省份营商环境总指数评分及其变化

单位：分

省　　份	2006年	2008年	2010年	2012年	2016年	2019年	2022年	评分变化 （2019~2022年）
北　京	2.99	3.25	3.18	3.17	3.72	3.70	3.59	−0.11
天　津	3.06	3.24	3.21	3.44	3.71	3.64	3.62	−0.02
河　北	2.92	3.12	2.95	2.97	3.54	3.59	3.67	0.08

续表

省　份	2006 年	2008 年	2010 年	2012 年	2016 年	2019 年	2022 年	评分变化 （2019~2022 年）
山　西	2.82	2.93	2.96	2.94	3.33	3.53	3.40	-0.13
内蒙古	2.83	3.06	2.91	3.01	3.38	3.49	3.45	-0.04
辽　宁	2.98	3.13	3.01	3.05	3.55	3.66	3.42	-0.24
吉　林	2.87	3.11	2.94	3.11	3.58	3.56	3.49	-0.07
黑龙江	2.85	3.11	2.93	3.11	3.60	3.57	3.45	-0.12
上　海	3.16	3.34	3.33	3.25	3.92	3.88	3.79	-0.09
江　苏	3.08	3.27	3.23	3.14	3.66	3.87	3.86	-0.01
浙　江	3.13	3.26	3.19	3.15	3.84	3.79	3.90	0.11
安　徽	2.96	3.13	3.09	3.04	3.61	3.67	3.79	0.12
福　建	2.99	3.16	3.05	3.06	3.71	3.80	3.85	0.05
江　西	2.77	3.02	2.97	2.94	3.59	3.70	3.79	0.09
山　东	3.00	3.13	3.05	3.07	3.63	3.75	3.75	0.00
河　南	2.86	3.08	3.06	3.05	3.49	3.63	3.67	0.04
湖　北	2.83	3.06	3.00	3.01	3.67	3.71	3.79	0.08
湖　南	2.75	2.97	2.91	2.98	3.57	3.60	3.70	0.10
广　东	2.99	3.12	3.05	3.07	3.64	3.83	3.87	0.04
广　西	2.80	3.07	2.87	3.09	3.68	3.69	3.69	0.00
海　南	2.81	2.95	2.88	3.01	3.47	3.47	3.42	-0.05
重　庆	2.82	3.07	3.03	3.12	3.74	3.75	3.57	-0.18
四　川	2.89	3.07	3.00	3.05	3.44	3.70	3.72	0.02
贵　州	2.75	3.02	2.83	2.99	3.49	3.57	3.53	-0.04
云　南	2.83	2.98	2.98	2.86	3.38	3.63	3.64	0.01
陕　西	2.75	3.02	2.86	3.01	3.53	3.61	3.57	-0.04
甘　肃	2.64	2.97	2.88	2.84	3.39	3.56	3.18	-0.38
青　海	2.81	2.95	—	—	3.32	3.42	3.30	-0.12
宁　夏	2.66	3.06	2.86	2.98	3.48	3.54	3.51	-0.03
新　疆	2.84	2.97	2.76	2.80	3.32	3.45	3.27	-0.18
西　藏	—	—	—	—	3.42	3.17	3.43	0.26
全　国	2.88	3.09	3.00	3.05	3.56	3.63	3.60	-0.03

　　注：本表中数字为各省份营商环境总指数评分，取值范围在 1~5 分，较高的评分表示较好的营商环境。最后一列数字表示 2022 年相比 2019 年评分的变化幅度，正值表示评分上升（营商环境改善），负值表示评分下降。个别省份评分变化与两年评分的差额稍有出入，是尾数四舍五入所致。表中"—"表示无数据。

营商环境分省排序及变化

根据分省营商环境总指数的评分结果，表1-2列出了各省份2006~2022年营商环境在全国的总体排名，以及2019~2022年各省份名次的变化幅度。表中各省份的排列顺序，是根据2022年营商环境总指数评分，按从高到低的顺序排列的。

表1-2　2006~2022年全国各省份营商环境总体排名变化

省　份	2006年	2008年	2010年	2012年	2016年	2019年	2022年	排名变化（2019~2022年）
浙　江	2	3	4	4	2	5	1	4
广　东	6	10	8	11	10	3	2	1
江　苏	3	2	2	5	9	2	3	-1
福　建	7	6	9	12	6	4	4	0
湖　北	19	18	14	19	8	8	5	3
江　西	25	23	16	25	14	10	6	4
上　海	1	1	1	2	1	1	7	-6
安　徽	10	7	6	16	12	13	8	5
山　东	5	9	10	10	11	7	9	-2
四　川	12	16	13	15	24	11	10	1
湖　南	28	27	21	22	16	19	11	8
广　西	24	15	25	9	7	12	12	0
河　南	14	14	7	14	20	16	13	3
河　北	11	11	18	24	18	20	14	6
云　南	18	24	15	27	28	17	15	2
天　津	4	5	3	1	5	15	16	-1
北　京	8	4	5	3	4	9	17	-8
重　庆	20	17	11	6	3	6	18	-12
陕　西	26	21	27	20	19	18	19	-1
贵　州	27	22	28	21	21	21	20	1
宁　夏	29	20	26	23	22	25	21	4

省　份	2006 年	2008 年	2010 年	2012 年	2016 年	2019 年	2022 年	排名变化（2019~2022 年）
吉　林	13	12	19	8	15	23	22	1
黑龙江	15	13	20	7	13	22	23	−1
内蒙古	17	19	22	17	27	27	24	3
西　藏	—	—	—	—	25	31	25	6
海　南	22	28	23	18	23	28	26	2
辽　宁	9	8	12	13	17	14	27	−13
山　西	21	30	17	26	29	26	28	−2
青　海	23	29	—	—	30	30	29	1
新　疆	16	26	29	29	31	29	30	−1
甘　肃	30	25	24	28	26	24	31	−7

注：2006 年和 2008 年西藏数据暂缺，2010 年和 2012 年西藏和青海数据暂缺。表中最后一列是指 2022 年与 2019 年相比排名上升或下降的位次，正值表示排名上升，负值表示排名下降。

表 1-2 显示，2022 年排在全国营商环境前 4 位的仍然都是东部沿海省份，依次是浙江、广东、江苏、福建。浙江由 2019 年的第 5 位升至 2022 年的第 1 位。几个中部省份湖北、江西、安徽、湖南改善显著，2022 年分别排在第 5、第 6、第 8 和第 11 位，与 2019 年相比，中部省份除山西外，评分和排名都有明显提高。几个直辖市都有明显下降，上海退出了前 5 位，由 2019 年的第 1 位下滑至 2022 年的第 7 位。上海市营商环境排名大幅度下降很可能受到 2022 年新冠疫情的影响。相比 2019 年，2022 年北京市从第 9 位下降到第 17 位，重庆市由第 6 位下降到第 18 位，天津市从第 15 位下降到第 16 位。

2022 年在全国营商环境排前 10 位的省份中，有 6 个东部省份、3 个中部省份和 1 个西部省份（四川），表明经济相对发达的东部省份营商环境仍然较好。

排在中间位置（第 11~20 位）的省份中，有 3 个东部省份、2 个中部省份和 5 个西部省份。其中，北京和重庆与 2019 年相比排名下降幅度较大，中部地区的湖南排名上升 8 位至第 11 位，是自 2006 年以来最靠前的位次。

排在第 20 位以后（第 21～31 位）的省份中，有属于东部地区的海南、属于中部地区的山西和东北三省，其余 6 省份都属于西部地区。表明西部地区营商环境仍然不够理想，多数评分有下降。其中，排在全国营商环境最后 5 位的省份分别是辽宁、山西、青海、新疆、甘肃。相比 2019 年，辽宁排名陡降 13 位，从第 14 位下滑至第 27 位，这也是辽宁自 2006 年以来首次跌入后 5 位。山西从第 26 位降至第 28 位。西部省份中，甘肃从第 24 位降至末位，青海和新疆有上下 1 位的变化。西藏有明显改善，相比 2019 年，2022 年评分提高 0.26 分，位次从末位上升至第 25 位，提高 6 位。相比 2019 年，2022 年内蒙古排名提高 3 位，但评分有所降低。

上述情况显示，多数经济发展水平较高的省份营商环境相对较好，但营商环境好坏并非简单由经济发展水平决定，而与当地各界尤其是政府的努力息息相关。从分省排序的情况可以看到，有些经济发展水平仍然不高的省份也能够在营商环境改善方面取得积极的进展。相信这将对这些省份未来的经济发展起到十分积极的作用，可能促使其取得超越式的发展。相反，少数经济较发达省份的营商环境排名并不理想，这也很可能拖累其未来的发展。也就是说，营商环境的变化可能在中长期对地方经济发展产生重要影响。

表 1-2 显示，2019～2022 年，有 9 个省份的排名上升或下降幅度在 5 位或 5 位以上。由于不少省份的评分比较接近，较小的评分上升或下降也可能导致排名的大幅变动。也有些省份评分变动和排名变动的方向不一致，例如有些省份评分下降，但因降幅与评分接近的其他省份相比较小，排名反而上升。相反的情况也存在。因此，各省份在全国排名上升或下降，取决于其营商环境与其他省份的相对变化情况。

从表 1-2 可以看出，2006~2022 年，全国 31 个省份营商环境排序大致表现出以下几类不同情况。

第一，部分省份排名长期比较稳定。例如，浙江 2006~2022 年排名都稳定在前 5 位，表明营商环境一直相对稳定并趋向改善。广东、江苏、福建等省有短期波动，长期排名也都靠前。上海 2022 年排名下降明显，但在 2006~2019 年期间的排名长期稳定在第 1、第 2 位。有几个西北地区省份长期排名比较低，虽然评分在多数年份也有改善，但进展较慢。四川在 2012~2016 年短期排名有大幅度下降，但在大多数年份基本稳定在第 10~16 位。

第二，部分省份排名虽在某些年份有明显的短期波动，但长期呈明显上升趋势，如湖北、江西、湖南，广西，说明它们营商环境的改善总体上快于大多数省份。

第三，有些省份排名呈长期下降趋势，如东北三省，虽然评分在多数年份也有所改善，但近年来评分和排名都出现了下降。说明营商环境的改善慢于大多数省份，有些年份还发生了退步。

还有些省份排名呈不稳定的波动，长期变动趋势不够明确。

图 1-2 显示了各省份 2012 年、2016 年、2019 年和 2022 年营商环境指数的总体评分情况，按照各省份 2022 年评分高低的位次排列。从图 1-2 不仅可以直接看到各省份的排列顺序，也可以直观地看到每个省份自 2012 年以来的评分变化。很明显，多数省份在 2012~2016 年期间营商环境有明显的改善，但 2016 年以后改善显著放慢。还有相当多的省份近年来评分下降，2019 年以来评分下降的省份主要是排在第 16 位以后的省份。这也反映出全国各地营商环境的差距出现扩大的趋势。从图 1-2 可以看到，2022 年排名最高的浙江和最低的甘肃之间，评分相差 0.72 分，反映出不同省份营商环境有较大差距。

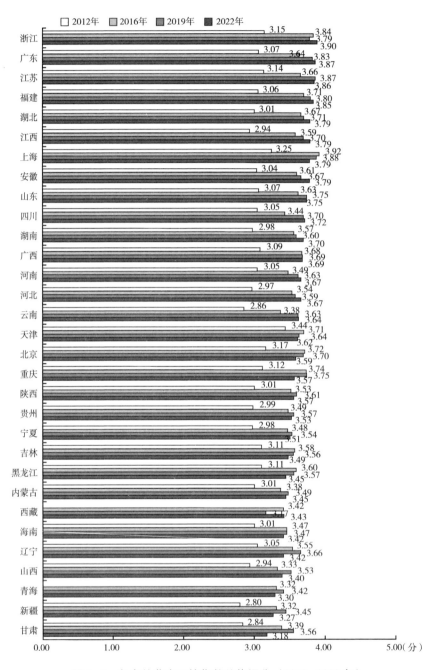

图1-2 各省份营商环境指数总体评分（2012~2022年）

第二部分
营商环境8个方面的变化

营商环境8个方面的总体变化

我们的分省营商环境指数从8个方面来考察我国各地营商环境的变化情况。这8个方面包括：

（1）政策公开公平公正；

（2）行政干预和行政效率；

（3）企业经营的法治环境；

（4）企业的税费负担；

（5）金融服务和融资成本；

（6）人力资源供应；

（7）基础设施条件；

（8）市场供求和中介服务。

其中每个方面指数由几个分项指数（或称基础指数）组成。各方面指数和分项指数的全部名称请参见本报告第六部分的表6-1。各指数的评分范围为1~5分，较高的评分反映较好的营商环境。请注意上述方面指数中，有几项是负向指标。其中，"行政干预和行政效率"的评分标准是政府对企业的行政干预越少，评分越高；"企业的税费负担"的评分标准是企业税费负担越轻，评分越高；"金融服务和融资成本"的评分标准是金融服务越好、融资成本越低，评分越高。

图 2-1 给出了 2016 年、2019 年和 2022 年全国营商环境指数 8 个方面的总体评价情况。更多年份的数据请见表 2-1。

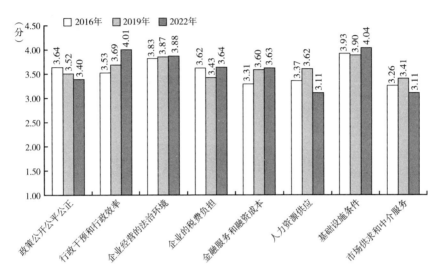

图 2-1　全国营商环境指数 8 个方面的总体评价

从图 2-1 可以看到，2022 年，"政策公开公平公正"方面指数比 2019 年下降 0.12 分，比 2016 年下降 0.24 分；"行政干预和行政效率"方面指数比 2019 年上升 0.32 分，比 2016 年上升 0.48 分；"企业经营的法治环境"方面指数只比 2019 年微升 0.01 分，比 2016 年上升 0.05 分；"企业的税费负担"方面指数比 2019 年上升 0.21 分，但只比 2016 年微升 0.02 分；"金融服务和融资成本"方面指数比 2019 年上升 0.03 分，比 2016 年上升 0.32 分；"人力资源供应"方面指数比 2019 年骤降 0.51 分，比 2016 年下降 0.26 分；"基础设施条件"方面指数比 2019 年上升 0.14 分，比 2016 年上升 0.11 分；"市场供求和中介服务"比 2019 年下降 0.30 分，比 2016 年下降 0.15 分。

8 个方面指数中，2022 年与 2019 年相比，3 个方面指数明显下降，3 个方面指数明显上升，还有 2 个方面指数有轻微上升。

表 2-1　全国营商环境指数 8 个方面的总体评价

单位：分

	2006 年	2008 年	2010 年	2012 年	2016 年	2019 年	2022 年
总指数	2.88	3.09	3.00	3.05	3.56	3.63	3.60
政策公开公平公正	2.94	3.09	2.95	2.96	3.64	3.52	3.40
行政干预和行政效率	2.99	3.17	3.23	3.23	3.53	3.69	4.01
企业经营的法治环境	2.99	3.24	3.10	3.21	3.83	3.87	3.88
企业的税费负担	—	—	—	2.79	3.62	3.43	3.64
金融服务和融资成本	2.41	2.90	2.82	3.07	3.31	3.60	3.63
人力资源供应	2.48	2.74	2.68	2.79	3.37	3.62	3.11
基础设施条件	3.54	3.57	3.19	3.29	3.93	3.90	4.04
市场供求和中介服务	2.83	2.96	3.01	2.98	3.26	3.41	3.11

从表 2-1 可见，全国营商环境的 8 个方面指数中，多个方面指数在 2006~2012 年有较小幅度的改善，也有个别方面指数下降。2012~2016 年，所有 8 个方面指数都有显著改善。2016~2019 年，多个方面指数仍保持了小幅度改善，但少数方面指数出现下降。2022 年与 2019 年相比，"政策公开公平公正""人力资源供应""市场供求和中介服务"3 个方面指数有明显下降，也导致总指数出现下降。

方面指数和分项指数的全国进展

以下依次详细报告每个方面指数及其下属分项指数的全国变化情况。

1. 政策公开公平公正

该方面指数在 2016 年以后出现了下降。2019 年比 2016 年下降 0.12 分，2022 年比 2019 年继续下降 0.12 分至 3.40 分。该方面指数目前下设 3 个分项指数。

其一是"政策制度公开透明"（简称"公开透明"），数据来自样本企业对"政府政策和规章制度是否公开透明"这一问题的回答。2022 年该分项指数评分 3.79 分，与 2019 年持平。

其二是"各类企业公平竞争"（简称"公平竞争"），数据来自样本企业对"不同类型企业是否享有一视同仁公平竞争的条件"这一问题的回答。2022 年该分项指数评分 3.45 分，比 2019 年下降 0.05 分。

其三是"不合理的地方保护"（简称"地方保护"），评价各地方政府对外来企业销售等商业活动实行限制的地方保护措施。数据来自全国各地样本企业对"您的企业近两年内在哪些省份销售产品或从事其他经营活动时遇到不合理的地方保护、行政性限制等不公平待遇"这一问题的回答。调查结果按企业遇到相关问题的省份汇总，并以各省份经济规模大小为权重进行标准化计算，折算为 1~5 分的评分。企业遇到地方保护措施较多的省份评分较低。2022 年该分项指数评分 2.95 分，比 2019 年下降 0.10 分。

相比 2019 年，2022 年 3 个分项指数 1 个持平，2 个下降（见图 2-2）。这种情况说明当前确实迫切需要解决市场竞争公平性问题，尤其是各级政府要对民营企业和国有企业、对大中小企业一碗水端平，公平对待，不能厚此薄彼，政策不能只偏向某类企业。地方政府也不应采取地方保护政策，对外地企业不能采取歧视性、排斥性政策和不公平的行政措施。政策和政府行政的公开性、透明度需要提升。

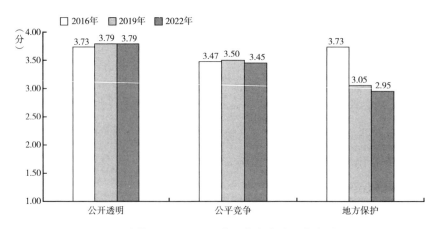

图 2-2　政策公开公平公正方面指数各分项指数的进展

该方面指数原来还有一个分项指数"政策执行和行政执法公正",因为与"行政干预和行政效率"方面指数的下属分项指数"过多的政府干预"和"企业经营的法治环境"方面指数的下属分项指数"司法公正保护企业合法权益"的内容有一定程度的重合,这次精简掉了。

2. 行政干预和行政效率

该方面指数 2016 年评分为 3.53 分,2019 年为 3.69 分,2022 年为 4.01 分,比 2019 年提高了 0.32 分。该方面指数目前下设 3 个分项指数。

其一是"过多的政府干预"(简称"政府干预")。数据来自样本企业对"政府在行政审批、执法检查、行业准入、投资、防疫和其他方面有无过度干预"这一问题的回答。2022 年与 2019 年相比,"政府干预"分项指数评分从 3.64 分上升到 3.73 分,提高 0.09 分。数据来自企业负责人的评价。

其二是"与政府打交道时间比例"(简称"打交道时间"),数据来自样本企业对"企业负责人与政府及官员打交道占工作时间的比例"这一问题的回答,从另一个角度反映政府是否对企业存在过度干预的情况。2022 年与 2019 年相比,该分项指数从 3.67 分上升到 4.34 分,大幅提高 0.67 分。

其三是"审批手续简便易行"(简称"审批简便"),数据来自样本企业对"各种登记注册审批手续是否简便易行"这一问题的回答。该分项指数评价各种登记注册审批手续是否简便易行,用来反映政府效率。2022 年与 2019 年相比,该分项指数从 3.66 分上升到 3.95 分,提高 0.29 分。

各分项指数的变化见图 2-3。

2022 年"行政干预和行政效率"方面指数的改善,与两个因素的关系较大。其一是"放管服"改革发挥了作用,减少和简化了各种行政审批手续。其二是与新冠疫情期间的特殊情况有关,在各地采取各种防疫措施期间,企业负责人直接与政府行政部门打交道的时间显著减少,这使该

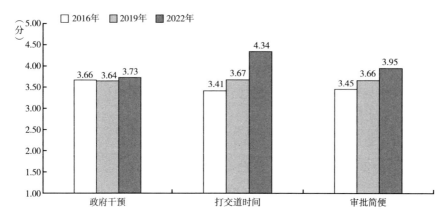

图 2-3　行政干预和行政效率方面指数各分项指数的进展

分项指数评分大幅提高。但与此同时，也有企业反映当地政府不作为的情况有所增加，致使企业很多该办的事儿办不成。这方面的情况目前还没有专门的分项指数来反映，我们未来将考虑这一因素。

该方面指数本来还有一个分项指数"党政官员廉洁守法"。由于该问题更多涉及法治方面的内容，这次已调整到"企业经营的法治环境"方面指数项下。

3. 企业经营的法治环境

企业经营的法治环境方面指数 2022 年评分为 3.88 分，比 2019 年只微增 0.01 分，没有明显改善。该方面指数目前包括 4 个分项指数，从不同角度评价企业所面临的法治环境。

其一是"司法公正保护企业合法权益"（简称"司法公正"），数据来自样本企业对"公检法机关是否公正有效执法，保护企业和经营者合法权益"这一问题的回答，用以评价公检法机关司法、执法的公正程度，以及能否有效保护企业合法权益。2022 年该分项指数评分 3.87 分，比 2019 年微增 0.01 分，没有显著提高。

其二是"党政官员廉洁守法"（简称"官员廉洁"），数据来自样本企业对"当地党政官员是否廉洁守法"这一问题的回答。2022 年该分项指数评分 3.94 分，比 2019 年提高 0.16 分。该分项指数这次从"行政干预和行政效率"方面指数调整到"企业经营的法治环境"方面指数。

其三是"企业合同正常履行"（简称"合同履行"），数据来自样本企业对"企业合同通常能否得到正常履行"这一问题的回答。2022 年该分项指数评分 3.72 分，比 2019 年降低 0.03 分。这一情况并不单纯反映企业之间不信守合同的情况。根据一部分企业经营者反映的情况，地方政府不履行同企业的合同或不信守承诺的情况成为一个发生率比较高的情况，值得引起注意。

其四是"知识产权技术品牌保护"（简称"知识产权保护"），数据来自样本企业对"企业知识产权、技术、品牌能否依法得到保护"这一问题的回答。2022 年该分项指数评分 4.00 分，比 2019 年提高 0.12 分。"知识产权保护"和"官员廉洁"分项指数的改善是企业经营的法治环境方面指数改善的主要贡献因素。

各分项指数变化见图 2-4。

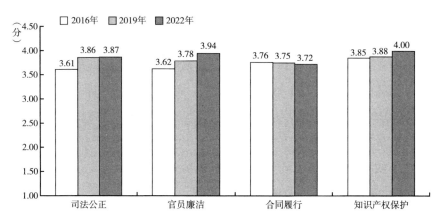

图 2-4　企业经营的法治环境方面指数各分项指数的进展

此外，原来在企业经营的法治环境方面指数项下还有一个分项指数"经营者财产和人身安全保障"。考虑到这与分项指数"司法公正保护企业合法权益"有一定程度的重合，这次予以精简。

4. 企业的税费负担

"企业的税费负担"方面指数 2022 年评分为 3.64 分,比 2019 年提高 0.21 分。该方面指数由以下 4 个分项指数组成。

其一是"法定税负合理性"(简称"法定税负"),数据来自样本企业负责人根据自身感受对"企业的法定税负是否合理"这一问题的回答。这一分项指数的 2022 年评分 3.74 分,比 2019 年下降 0.24 分。据一部分企业负责人反映,依据目前增值税征收的规定和企业实际经营活动的现状,有不少企业无法对进项成本进行全额抵扣,这是导致其税负较重的一个原因。遇到这类问题的大部分是小企业。

其二是"政府依法征税"(简称"依法征税"),数据来自样本企业对"税务机关是否依法征税"这一问题的回答。2022 年该分项指数评分 4.35 分,比 2019 年上升 0.27 分。这反映出 2022 年的税收优惠措施有了实际效果。

其三是"社保缴费负担"(简称"社保缴费"),这是一个数量指标,由企业负责人计算社保缴费占本企业销售额的比例,以判断社保缴费负担是否在企业合理承受范围以内。2022 年该分项指数评分为 2.74 分,比 2019 年下降 0.12 分。这反映了企业社保缴费负担偏重的现状。

其四是"其他缴费负担"(简称"其他缴费"),这也是一个数量指标,计算其他缴费占企业销售额的比例。2022 年该分项指数评分 3.71 分,比 2019 年大幅上升 0.91 分。这说明各地乱收费、乱摊派的情况有了明显的收敛。

以上两项缴费指标,我们定义占企业销售额的 0% 为 5 分,占销售额 0.1% 及以内为 4 分,占 0.1%~1% 为 3 分,占 1%~5% 为 2 分,占 5% 以上为 1 分。需要说明,这只是根据企业负担轻重的情况设定,并不意味着不应当缴纳社保费或缴费越少越好。事实上,扩大社保覆盖范围、让劳动者都能获得社会保障是非常必要的。但同时也需要研究如何解决一些企业缴费负担偏重的问题,合理减轻企业缴费负担。

表 2-2 显示,2022 年,在回答该问题的样本企业中,超过 19% 的企业

社保缴费占企业销售额的比重在5%以上，超过31%的企业社保缴费占销售额的1%~5%，社保缴费占企业销售额0.1%~1%的企业占23.3%。其余约1/4的企业社保缴费小于等于企业销售额的0.1%。与2019年相比，社保缴费占销售额1%~5%和5%以上的企业都明显增多了，没有缴费的企业也明显增加了，后一情况看来是因为享受了新冠疫情期间延缓缴费的政策。但从样本企业数量来看，该项优惠政策的惠及面并不大。考虑到多数企业的利润率较低，社保缴费占企业销售额5%就可能是一个相当重的负担。如果企业的销售利润率为5%，则仅社保缴费就与企业利润等量齐观了。

表2-2 样本企业社保缴费占企业销售额的比重

社保缴费占企业销售额比重	2019 年	2022 年
>5%	5.3%	19.4%
1%~5%	24.5%	31.4%
0.1%~1%	47.9%	23.3%
0~0.1%	19.9%	9.3%
0	2.3%	16.6%
合计	100%	100%
答题样本企业数（家）	1817	2168

注：表中各区间划分均包括上限，不包括下限。

图2-5显示了各分项指数变化的情况。

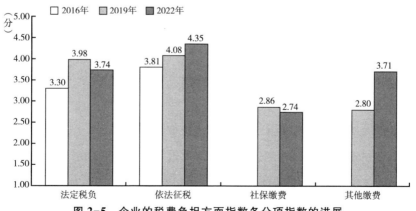

图 2-5 企业的税费负担方面指数各分项指数的进展

5. 金融服务和融资成本

2022 年，"金融服务和融资成本"方面指数评分 3.63 分，比 2019 年小幅提高 0.03 分，说明企业融资情况有所改善。但具体分析分项指数的变化，仍能发现一些问题。该方面指数由以下 4 个分项指数组成。

其一是"银行贷款难易度"（简称"银行贷款"），数据来自样本企业对"企业能否通过正常渠道得到银行贷款"这一问题的回答，衡量银行贷款的难易度。该分项指数 2022 年评分 3.20 分，与 2016 年和 2019 年相比，明显下降 0.26~0.27 分。该分项指数反映企业"贷款难"的问题相比前几年反而有所加重。

其二是"其他融资难易度"（简称"其他融资"），数据来自样本企业对"企业能否从其他正规或民间渠道得到融资"这一问题的回答。该分项指数 2022 年评分 2.88 分，比 2016 年和 2019 年（3.25 分和 3.27 分）有较大幅度的下降，说明企业通过银行以外的其他渠道融资也变得困难了。

其三是"银行贷款利率"（简称"贷款利率"），这是一个数量指标，用以了解样本企业贷款的平均年利率，以此考察企业融资成本的情况，并折算为 1~5 分的评分（较低的融资成本得到较高的评分）。为了保持评分的连续性和可比性，我们保持以前的标准不变，定义银行贷款年利率低于 6% 为 5 分，6%~6.99% 为 4 分，7%~7.99% 为 3 分，8%~9.99% 为 2 分，10% 及以上为 1 分。2022 年，各省份评分的平均得分为 4.40 分，比 2019 年大幅提高 0.55 分（但不分省的全部样本平均利率是 5.13%，在 6% 以下的区间）。这显然是央行近年来下调银行贷款基准利率带来的效果。

其四是"其他融资利率"（简称"其他利率"）。与上一个分项指数相同，这也是一个数量指标，衡量企业通过银行以外其他融资渠道进行融资的成本。我们保持以前的标准，定义年利率低于 10% 为 5 分，10%~12.99% 为 4 分，13%~15.99% 为 3 分，16%~19.99% 为 2 分，20% 及以上为 1 分。2022 年，"其他融资利率"各省份平均得分为 4.04 分，比 2019 年提高 0.21 分（不分省的全部样本平均利率是 9.86%，在 10% 以下的区间），说明银行贷款以外的其他渠道融资成本也下降了。

表 2-3 和表 2-4 给出了 2022 年银行贷款和其他融资的利率分布情况，并与 2016 年、2019 年进行了比较。从表中可见，银行贷款平均年利率小于 6% 的样本企业在 2016 年只占 24.0%，2019 年上升到 58.5%，2022 年进一步上升到 73.4%，同时全部发生贷款的样本企业的银行贷款平均年利率从 7.7%（2016 年）降到 6.4%（2019 年）再降到 5.1%（2022 年）。这反映企业的银行贷款融资成本有显著下降。但仍有少部分企业的融资成本仍然很高，2022 年有超过 10% 的企业银行贷款平均年利率仍然在 8% 以上。此外，从其他渠道融资的利率也有明显的下降。

表 2-3　企业银行贷款利率分布情况

年份	发生样本（家）	在各利率区间分布的比重（%）					平均利率（%）
		<6%	6%~7%	7%~8%	8%~10%	≥10%	
2016	1452	24.0	68.7	4.9	1.4	1.0	*7.7*
2019	1454	58.5	36.3	2.2	1.2	1.8	*6.4*
2022	1268	73.4	9.5	6.7	6.4	4.0	*5.1*

注：表中不同利率区间项下的百分数为处在该区间的样本企业占发生样本的百分比。个别年份各项合计与 100% 稍有出入是尾数四舍五入的结果。发生样本是指实际发生了贷款或其他融资，并报告了平均利率的样本企业数。表中最后一列的百分数（*用斜体字表示*）是平均年利率水平，请注意与前面各项百分数含义不同。表 2-4 同。

表 2-4　企业其他渠道融资利率分布情况

年份	发生样本（家）	在各利率区间分布的比重（%）					平均利率（%）
		<6%	6%~7%	7%~8%	8%~10%	≥10%	
2016	857	5.7	32.2	17.4	19.7	25.0	*14.5*
2019	1377	24.8	33.2	13.0	19.2	9.8	*10.9*
2022	528	50.4	25.1	11.9	5.7	7.0	*9.9*

综合上述 4 个分项指数的变化，可以看到一个似乎矛盾的现象：一方面，企业融资成本有显著下降；另一方面，一些企业贷款难的问题仍然存在，而且 2022 年与 2016 年和 2019 年相比，平均难度增加了。这说明在银行降息的同时，一部分企业贷款难的瓶颈并未打通，而且面临贷款难的企业主要是民营企业。在样本企业中，表示取得银行贷款"较难"或"很难"的非国有企业（绝大部分是内资民营企业）占样本非国有企业总数的 29.6%，而取得银行贷款"较难"或"很难"的国有企业只占样本国有企业总数的 11.3%。此外，两类企业的银行贷款利率也有明显的差异，非国有企业的贷款平均利率是 5.01%，国有企业的贷款平均利率是 4.59%。两者相差 0.42 个百分点。这些显著的差异，说明民企和国企在银行贷款方面的待遇仍然不公平。这是一个迫切需要解决的问题。

还有一个值得注意的现象是，2016 年实际发生银行贷款的样本企业占样本企业总数的 68%，发生其他渠道融资的企业占样本企业总数的 40%，而 2019 年这两个比例分别是 77% 和 73%，2019 年比 2016 年两者分别上升了 9 个和 33 个百分点，特别是其他融资渠道的融资面显著扩大。但 2022 年发生银行贷款的样本企业下降到样本企业总数的 55%，发生其他渠道融资的企业降到样本企业总数的 23%，有外部融资企业的数量明显减少。与 2019 年相比，两种渠道各下降了 22 个和 50 个百分点。由于下降幅度相当大，看来不能全部归咎于贷款难、融资难。

究其原因，除了融资难度增加外，另一个重要原因很可能是不景气的经济形势和市场环境，一部分企业也在主动减少外部融资，以求自保。这符合关于"资产负债表衰退"的理论。对企业而言，形势不利时减少外部融资，增加了企业的安全性，是理性行为。但在宏观层面，如果大量企业同步采取这种行动，可能也会导致某种金融冲击。这是值得进一步深入研究的重要问题。

图 2-6 显示了 4 个分项指数近年来的变化情况。

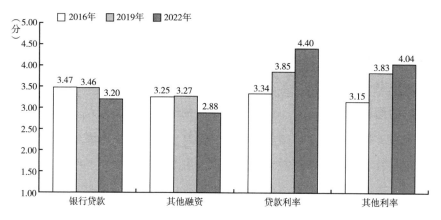

图 2-6　金融服务和融资成本方面指数各分项指数的进展

6. 人力资源供应

2022 年"人力资源供应"方面指数评分 3.11 分，与 2019 年相比发生了大幅度下降，下降了 0.51 分，与 2016 年相比也下降了 0.26 分。这种情况与 2022 年的新冠疫情有关，因为疫情期间限制人员流动的措施必然对企业的人力资源供应产生相当不利的影响。该方面指数下设 3 个分项指数，分别评价 3 类人力资源供应的充分程度。

其一是"技术人员供应"（简称"技术人员"）。数据来自样本企业对"在当地找到需要的技术人员是否容易"这一问题的回答。该分项指数 2022 年评分 3.01 分，比 2019 年下降 0.49 分。

其二是"管理人员供应"（简称"管理人员"）。数据来自样本企业对"在当地找到需要的管理人员是否容易"这一问题的回答。该分项指数 2022 年评分 3.08 分，比 2019 年下降 0.56 分。

其三是"熟练工人供应"（简称"熟练工人"）。数据来自样本企业对"在当地找到需要的熟练工人是否容易"这一问题的回答。该分项指数 2022 年评分 3.25 分，比 2019 年下降 0.46 分。

2022 年，3 个分项指数下降都很明显。但在 3 个分项指数中，技术人员的评分最低，说明其短缺程度最高，管理人员次之，熟练工人的供应情况相对好些。这与过去历年的情况相同。

值得注意的是，一方面，人力资源供应状况变差；另一方面，失业率显著上升。2022 年，城镇调查失业率达到 5.5%，全国 16~24 岁青年劳动者的失业率上升到 19.6%。这种情况除了与新冠疫情有关，也与人力资源供求的结构性错位有关。近年来每年高校毕业生近千万人，但就业状况很不理想，很多毕业生面临就业难问题。其中一个重要原因是他们所接受的教育与社会的人力资源需求之间发生了脱节，所学内容不符合企业和社会需要，而企业和社会需要的人才又严重供应不足。这说明我国教育体制存在比较严重的问题，已经妨碍了经济发展，迫切需要进行教育体制改革。

图 2-7 显示了人力资源供应各分项指数近年来的变化情况。

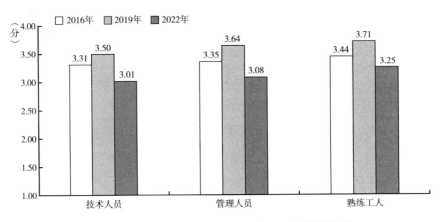

图 2-7 人力资源供应方面指数各分项指数的进展

7. 基础设施条件

"基础设施条件"方面指数 2022 年评分 4.04 分，比 2019 年提高 0.14 分，有所改善。同时，该方面指数在 8 个方面指数中评分最高，继续保持了一直以来的领先地位。"基础设施条件"方面指数目前由 2 个分项指数合成。

其一是"电水气网供应"（简称"电水气网"）。数据来自样本企业对"当地电水气供应和网络服务条件如何"这一问题的回答。该分项指数这次合并了原来的"电水气供应条件"和"其他基础设施条件"，不再单独保留"其他基础设施条件"。2022年，"电水气网供应"分项指数评分4.16分，高于原来的"电水气供应条件"和"其他基础设施条件"2019年的评分。

其二是"铁路公路运输"（简称"铁路公路"）。数据来自样本企业对"铁路公路运输条件如何"这一问题的回答。该分项指数2022年评分3.93分，比2019年微升0.03分。

2022年疫情期间，公路和城市交通运输受到了影响，当年全国交通运输、仓储和邮政业增加值下降0.8%。[①] 这影响了一部分企业的基础设施服务条件，但疫情和防疫措施对铁路、网络、电水气供应等基础设施服务的影响不大。另一方面，由于经济相对停滞，货物运输压力相对减轻，反而会使一些企业的运输条件有所好转。

图2-8显示了基础设施条件各分项指数近年来的变化情况。

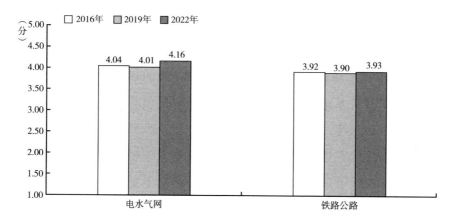

图2-8　基础设施条件方面指数各分项指数的进展

---

① 国家统计局：《中国经济景气月报》2023年第1期。

8. 市场供求和中介服务

该方面指数原称"市场环境和中介服务"，这次对名称做了调整，使之更加明确，内容不变。2022年"市场供求和中介服务"方面指数评分3.11分，比2019年显著下降0.30分。在8个方面指数中，该方面指数评分与"人力资源供应"方面指数并列最低。该方面指数原来下设4个分项指数，这次合并为3个分项指数。

其一是"市场需求旺盛度"（简称"市场需求"），数据来自样本企业对"所在行业市场需求是否旺盛"这一问题的回答。2022年该分项指数评分3.20分，比2019年下降0.24分。

其二是"过度竞争压力"（简称"过度竞争"）。数据来自样本企业对"企业是否面临过度竞争的压力"这一问题的回答。2022年该分项指数评分2.60分，比2019年大幅下降0.61分。

其三是"中介组织服务条件"（简称"中介服务"）。数据来自样本企业对"当地律师、会计师、技术服务、物流服务、行业协会服务等条件如何"这一问题的回答。原来的"中介组织服务条件"和"行业协会服务条件"2个分项指数这次合并为1个分项指数，统一评价当地市场中介组织服务条件。2022年，该分项指数评分3.51分，比2019年的"中介组织服务条件"下降0.15分，与原来的2个分项指数平均值持平。

2022年"市场供求和中介服务"方面指数的评分下降与"过度竞争"评分下降关系最大。企业之间过度竞争主要与产能过剩相关。在产能普遍过剩的情况下，企业之间不得不展开激烈的厮杀，有时牺牲利润甚至不顾成本进行降价竞争，以避免更大的损失。这种情况往往是之前的过度投资造成的，同时也与市场需求不足有关。供给过剩与需求不足分别从供、求两个侧面反映市场失衡的情况，但两者又是相对的，是一个问题的两个方面。在需求不足的情况下，供给过剩会更加凸显。

图2-9给出了该方面指数各分项指数的具体变化情况。

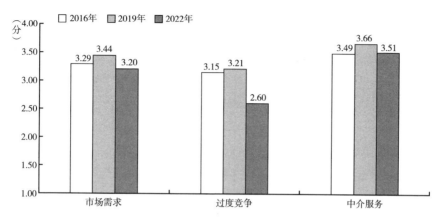

图 2-9　市场供求和中介服务方面指数各分项指数的进展

全国31个省份营商环境分方面的变化

以下用数据表的形式显示全国各省份营商环境 8 个方面指数及其下属分项指数 2012 年、2016 年、2019 年和 2022 年的评分，并显示各方面指数和分项指数在 2019~2022 年期间的评分变化情况，分别如表 2-5 至表 2-37 所示。"2019~2022 年变化"一栏中的正数表示评分上升幅度（表明该方面或分项营商环境改善），负数表示评分下降幅度（表明该方面或分项营商环境退步）。

各省份在表中的排列顺序，是根据它们 2022 年的该项评分，按从高到低的顺序排列的。排在最上面的省份，2022 年该项评分最高；排在最下面的省份，2022 年该项评分最低。

方面指数1　政策公开公平公正

表 2-5　各省份"政策公开公平公正"方面指数的进展

单位：分

省　份	2012 年	2016 年	2019 年	2022 年	2019~2022 年变化
北　京	3.09	3.58	3.22	3.26	0.04
天　津	3.45	3.77	3.15	3.22	0.07

续表

省　份	2012 年	2016 年	2019 年	2022 年	2019～2022 年变化
河　北	2.78	3.48	3.26	3.37	0.11
山　西	2.91	3.21	3.16	2.83	−0.33
内蒙古	2.78	3.5	3.20	3.01	−0.19
辽　宁	2.85	3.59	3.67	3.09	−0.58
吉　林	3.06	3.49	3.37	2.76	−0.61
黑龙江	2.98	3.65	3.24	2.85	−0.39
上　海	3.24	3.84	3.79	3.87	0.08
江　苏	3.04	3.80	4.07	4.20	0.13
浙　江	3.14	3.89	3.83	4.29	0.46
安　徽	2.95	3.76	3.70	3.72	0.02
福　建	3.02	3.74	3.78	4.12	0.34
江　西	2.83	3.71	3.77	3.76	−0.01
山　东	2.99	3.82	3.83	4.10	0.27
河　南	2.92	3.75	3.72	3.61	−0.11
湖　北	2.91	3.8	3.73	4.03	0.30
湖　南	2.78	3.68	3.67	3.77	0.10
广　东	3.09	3.87	4.01	4.19	0.18
广　西	3.01	3.85	3.76	3.46	−0.30
海　南	2.86	3.47	3.10	2.84	−0.26
重　庆	3.11	3.93	3.77	3.25	−0.52
四　川	2.87	3.62	3.81	3.93	0.12
贵　州	2.96	3.67	3.47	3.09	−0.38
云　南	2.81	3.70	3.69	3.35	−0.34
西　藏	—	3.55	3.05	2.75	−0.30
陕　西	2.99	3.63	3.61	3.84	0.23
甘　肃	2.84	3.51	3.34	2.67	−0.67
青　海	—	3.33	2.91	2.65	−0.26
宁　夏	2.78	3.58	3.19	2.87	−0.32
新　疆	2.74	3.22	3.10	2.64	−0.46
全　国	2.96	3.64	3.52	3.40	−0.12

分项指数 1.1 政策制度公开透明

表 2-6 各省份"政策制度公开透明"分项指数的进展

单位：分

省 份	2012 年	2016 年	2019 年	2022 年	2019~2022 年变化
北 京	3.23	4.08	3.89	3.91	0.02
天 津	3.65	4.19	3.85	3.78	-0.07
河 北	2.92	3.86	3.89	3.81	-0.08
山 西	3.12	3.43	3.71	3.55	-0.16
内蒙古	3.00	3.63	3.66	3.53	-0.13
辽 宁	3.03	3.67	3.76	3.67	-0.09
吉 林	3.20	3.63	3.75	3.60	-0.15
黑龙江	3.15	3.85	3.83	3.88	0.05
上 海	3.36	4.01	4.07	3.96	-0.11
江 苏	3.19	3.76	4.00	4.10	0.10
浙 江	3.29	3.95	3.90	4.17	0.27
安 徽	3.18	3.77	3.83	4.07	0.24
福 建	3.19	3.52	3.87	3.98	0.11
江 西	2.98	3.70	3.89	4.05	0.16
山 东	3.23	3.82	3.78	3.93	0.15
河 南	3.11	3.73	3.77	3.74	-0.03
湖 北	3.13	3.86	3.67	3.99	0.32
湖 南	2.97	3.63	3.81	4.04	0.23
广 东	3.24	3.70	4.05	3.98	-0.07
广 西	3.11	3.62	3.83	3.98	0.15
海 南	3.10	3.55	3.84	3.71	-0.13
重 庆	3.33	4.18	3.79	3.65	-0.14
四 川	3.04	3.56	3.72	3.81	0.09
贵 州	3.15	3.70	3.62	3.84	0.22
云 南	2.98	3.70	3.73	3.83	0.10
西 藏	—	3.73	3.80	3.79	-0.01
陕 西	3.14	3.69	3.57	3.44	-0.13
甘 肃	2.94	3.61	3.65	3.28	-0.37
青 海	—	3.66	3.75	3.45	-0.30
宁 夏	3.00	3.59	3.68	3.84	0.16
新 疆	3.10	3.31	3.59	3.17	-0.42
全 国	3.14	3.73	3.79	3.79	0.00

分项指数 1.2 各类企业公平竞争

表 2-7 各省份"各类企业公平竞争"分项指数的进展

单位：分

省 份	2012 年	2016 年	2019 年	2022 年	2019~2022 年变化
北 京	2.84	3.71	3.61	3.45	-0.16
天 津	3.16	3.90	3.29	3.27	-0.02
河 北	2.64	3.48	3.48	3.53	0.05
山 西	2.62	3.25	3.49	3.24	-0.25
内蒙古	2.55	3.34	3.48	3.29	-0.19
辽 宁	2.71	3.36	3.53	3.39	-0.14
吉 林	2.77	3.29	3.43	3.38	-0.05
黑龙江	2.78	3.45	3.45	3.46	0.01
上 海	2.94	3.78	3.81	3.60	-0.21
江 苏	2.79	3.44	3.93	3.69	-0.24
浙 江	2.88	3.65	3.61	3.82	0.21
安 徽	2.62	3.46	3.56	3.67	0.11
福 建	2.74	3.43	3.66	3.79	0.13
江 西	2.54	3.24	3.54	3.83	0.29
山 东	2.73	3.61	3.60	3.55	-0.05
河 南	2.66	3.51	3.56	3.43	-0.13
湖 北	2.56	3.43	3.48	3.66	0.18
湖 南	2.52	3.32	3.33	3.55	0.22
广 东	2.84	3.59	3.72	3.73	0.01
广 西	2.86	3.41	3.56	3.44	-0.12
海 南	2.62	3.52	3.41	3.18	-0.23
重 庆	2.79	3.71	3.62	3.17	-0.45
四 川	2.53	3.38	3.50	3.48	-0.02
贵 州	2.58	3.45	3.50	3.60	0.10
云 南	2.42	3.36	3.50	3.45	-0.05
西 藏	—	3.77	3.20	3.36	0.16
陕 西	2.72	3.25	3.54	3.17	-0.37
甘 肃	2.59	3.41	3.35	2.93	-0.42
青 海	—	3.47	3.25	3.12	-0.13
宁 夏	2.48	3.30	3.18	3.55	0.37
新 疆	2.38	3.31	3.48	3.20	-0.28
全 国	2.68	3.47	3.50	3.45	-0.05

分项指数 1.3 不合理的地方保护

表 2-8 各省份"不合理的地方保护"分项指数的进展

单位:分

省　份	2016 年	2019 年	2022 年	2019~2022 年变化
北　京	2.70	1.55	2.40	0.85
天　津	3.11	1.61	2.59	0.98
河　北	2.99	1.88	2.79	0.91
山　西	2.87	1.84	1.69	-0.15
内蒙古	3.55	2.09	2.21	0.12
辽　宁	3.86	3.66	2.21	-1.45
吉　林	3.55	2.69	1.31	-1.38
黑龙江	3.65	2.10	1.21	-0.89
上　海	3.54	3.31	4.05	0.74
江　苏	4.28	4.36	4.80	0.44
浙　江	4.14	4.00	4.86	0.86
安　徽	4.07	3.58	3.44	-0.14
福　建	4.27	3.76	4.60	0.84
江　西	4.35	3.90	3.40	-0.50
山　东	4.11	4.20	4.81	0.61
河　南	4.26	3.75	3.66	-0.09
湖　北	4.17	3.99	4.46	0.47
湖　南	4.15	3.88	3.71	-0.17
广　东	4.42	4.38	4.87	0.49
广　西	4.76	4.10	2.95	-1.15
海　南	3.16	1.49	1.63	0.14
重　庆	3.79	3.95	2.92	-1.03
四　川	4.05	4.24	4.51	0.27
贵　州	4.22	3.17	1.83	-1.34
云　南	4.20	3.86	2.76	-1.10
西　藏	2.70	1.39	1.08	-0.31
陕　西	3.87	3.85	4.91	1.06
甘　肃	3.39	2.77	1.78	-0.99
青　海	2.75	1.28	1.38	0.10
宁　夏	4.06	2.13	1.21	-0.92
新　疆	2.81	1.78	1.54	-0.24
全　国	3.73	3.05	2.95	-0.10

方面指数2　行政干预和行政效率

表2-9　各省份"行政干预和行政效率"方面指数的进展

单位：分

省　份	2012 年	2016 年	2019 年	2022 年	2019~2022 年变化
北　京	3.29	3.55	3.77	3.94	0.17
天　津	3.72	4.03	3.89	4.22	0.33
河　北	3.00	3.43	3.60	3.94	0.34
山　西	3.07	2.93	3.47	3.68	0.21
内蒙古	2.99	3.11	3.60	3.96	0.36
辽　宁	3.16	2.96	3.75	4.01	0.26
吉　林	3.34	3.38	3.55	3.86	0.31
黑龙江	3.25	3.73	3.70	4.10	0.40
上　海	3.52	3.75	4.05	4.24	0.19
江　苏	3.52	3.86	3.92	4.22	0.30
浙　江	3.50	3.85	3.85	4.39	0.54
安　徽	3.37	3.86	3.68	4.12	0.44
福　建	3.36	3.38	3.80	4.05	0.25
江　西	3.11	3.82	3.63	4.26	0.63
山　东	3.25	3.75	3.77	3.96	0.19
河　南	3.17	3.6	3.68	3.97	0.29
湖　北	3.24	3.52	3.62	4.12	0.50
湖　南	3.04	3.68	3.64	4.02	0.38
广　东	3.42	3.77	3.88	4.26	0.38
广　西	3.33	3.79	3.57	4.08	0.51
海　南	3.17	3.51	3.56	3.87	0.31
重　庆	3.22	3.54	3.69	4.02	0.33
四　川	3.22	3.37	3.78	3.98	0.20
贵　州	3.18	3.75	3.65	3.88	0.23
云　南	3.11	3.65	3.73	3.95	0.22
西　藏	—	3.56	3.50	3.93	0.43
陕　西	3.14	3.37	3.67	3.90	0.23
甘　肃	3.07	3.23	3.37	3.82	0.45
青　海	—	3.33	3.66	3.75	0.09
宁　夏	3.1	3.41	3.64	3.98	0.34
新　疆	2.86	3.05	3.66	3.82	0.16
全　国	3.23	3.53	3.69	4.01	0.32

分项指数 2.1　过多的政府干预

表 2-10　各省份"过多的政府干预"分项指数的进展

单位：分

省　份	2012 年	2016 年	2019 年	2022 年	2019~2022 年变化
北　京	3.52	3.77	3.76	3.63	-0.13
天　津	3.76	3.95	3.77	3.76	-0.01
河　北	3.33	3.59	3.69	3.79	0.10
山　西	3.26	3.34	3.52	3.41	-0.11
内蒙古	3.24	3.34	3.55	3.72	0.17
辽　宁	3.29	3.56	3.74	3.63	-0.11
吉　林	3.63	3.46	3.36	3.56	0.20
黑龙江	3.52	3.58	3.62	4.02	0.40
上　海	3.65	4.03	3.99	3.92	-0.07
江　苏	3.61	3.80	4.08	3.96	-0.12
浙　江	3.63	3.94	3.82	4.07	0.25
安　徽	3.42	3.74	3.65	3.86	0.21
福　建	3.44	3.69	3.72	3.91	0.19
江　西	3.31	3.70	3.63	4.20	0.57
山　东	3.41	3.71	3.72	3.61	-0.11
河　南	3.43	3.7	3.56	3.71	0.15
湖　北	3.54	3.63	3.76	3.95	0.19
湖　南	3.31	3.65	3.52	3.69	0.17
广　东	3.51	3.81	3.86	3.93	0.07
广　西	3.49	3.55	3.33	3.78	0.45
海　南	2.86	3.64	3.57	3.59	0.02
重　庆	3.49	3.71	3.74	3.69	-0.05
四　川	3.33	3.51	3.76	3.74	-0.02
贵　州	3.58	3.55	3.58	3.66	0.08
云　南	3.35	3.39	3.68	3.65	-0.03
西　藏	—	3.77	3.40	3.74	0.34
陕　西	3.24	3.83	3.58	3.51	-0.07
甘　肃	3.24	3.76	3.18	3.35	0.17
青　海	—	3.63	3.63	3.50	-0.13
宁　夏	3.21	3.74	3.55	3.66	0.11
新　疆	3.18	3.38	3.63	3.40	-0.23
全　国	3.41	3.66	3.64	3.73	0.09

分项指数2.2 与政府打交道时间比例

表2-11 各省份"与政府打交道时间比例"分项指数的进展

单位：分

省　份	2012 年	2016 年	2019 年	2022 年	2019~2022 年变化
北　京	3.76	3.18	3.77	4.33	0.56
天　津	3.96	4.14	3.71	4.82	1.11
河　北	3.34	2.93	3.24	4.18	0.94
山　西	3.18	1.62	3.23	3.92	0.69
内蒙古	3.29	2.33	3.77	4.29	0.52
辽　宁	3.62	1.59	3.74	4.60	0.86
吉　林	3.58	3.39	3.77	4.13	0.36
黑龙江	3.40	4.38	3.68	4.56	0.88
上　海	4.16	2.98	4.19	4.74	0.55
江　苏	4.04	4.40	3.65	4.62	0.97
浙　江	3.96	3.93	3.89	4.74	0.85
安　徽	3.59	4.59	3.52	4.35	0.83
福　建	3.68	2.79	4.00	4.16	0.16
江　西	3.41	4.75	3.46	4.46	1.00
山　东	3.55	3.97	3.75	4.25	0.50
河　南	3.61	3.52	3.74	4.27	0.53
湖　北	3.50	3.68	3.15	4.26	1.11
湖　南	3.39	3.90	3.60	4.17	0.57
广　东	4.09	3.87	3.85	4.71	0.86
广　西	3.77	4.65	3.82	4.25	0.43
海　南	3.67	3.39	3.60	4.08	0.48
重　庆	3.61	3.39	3.80	4.31	0.51
四　川	3.66	3.01	3.97	4.21	0.24
贵　州	3.31	4.46	3.59	4.13	0.54
云　南	3.34	4.76	3.86	4.35	0.49
西　藏	—	3.49	3.00	4.37	1.37
陕　西	3.35	2.64	3.77	4.24	0.47
甘　肃	3.79	1.98	3.31	4.41	1.10
青　海	—	3.21	3.83	4.25	0.42
宁　夏	3.36	2.87	3.62	4.11	0.49
新　疆	3.03	1.85	3.80	4.40	0.60
全　国	3.59	3.41	3.67	4.34	0.68

分项指数 2.3　审批手续简便易行

表 2-12　各省份"审批手续简便易行"分项指数的进展

单位：分

省　份	2012 年	2016 年	2019 年	2022 年	2019~2022 年变化
北　京	2.86	3.52	3.71	3.87	0.16
天　津	3.51	4.03	4.06	4.06	0.00
河　北	2.60	3.61	3.74	3.86	0.12
山　西	2.78	3.39	3.43	3.72	0.29
内蒙古	2.53	3.11	3.41	3.86	0.45
辽　宁	2.75	3.21	3.62	3.79	0.17
吉　林	2.89	3.29	3.43	3.87	0.44
黑龙江	2.89	3.39	3.69	3.72	0.03
上　海	3.12	3.96	3.92	4.07	0.15
江　苏	3.24	3.67	4.04	4.08	0.04
浙　江	3.15	3.70	3.78	4.36	0.58
安　徽	2.94	3.26	3.75	4.14	0.39
福　建	2.96	3.14	3.67	4.07	0.40
江　西	2.77	3.55	3.74	4.14	0.40
山　东	2.98	3.55	3.78	4.02	0.24
河　南	2.72	3.67	3.68	3.95	0.27
湖　北	2.90	3.27	3.73	4.15	0.42
湖　南	2.52	3.56	3.63	4.20	0.57
广　东	3.07	3.75	3.80	4.13	0.33
广　西	2.87	3.41	3.56	4.20	0.64
海　南	2.86	3.45	3.46	3.94	0.48
重　庆	2.85	3.65	3.33	4.04	0.71
四　川	2.76	3.48	3.67	3.98	0.31
贵　州	2.70	3.33	3.69	3.86	0.17
云　南	2.63	3.30	3.55	3.86	0.31
西　藏	—	3.31	3.80	3.67	-0.13
陕　西	2.69	3.22	3.67	3.94	0.27
甘　肃	2.58	3.51	3.35	3.70	0.35
青　海	—	3.16	3.63	3.50	-0.13
宁　夏	2.79	3.15	3.64	4.18	0.54
新　疆	2.34	3.34	3.52	3.66	0.14
全　国	2.84	3.45	3.66	3.95	0.29

方面指数3 企业经营的法治环境

表 2-13 各省份"企业经营的法治环境"方面指数的进展

单位：分

省 份	2012 年	2016 年	2019 年	2022 年	2019~2022 年变化
北 京	3.33	3.88	3.96	3.83	-0.13
天 津	3.63	3.96	4.08	3.98	-0.10
河 北	3.00	3.77	3.88	3.85	-0.03
山 西	3.17	3.72	3.82	3.68	-0.14
内蒙古	3.17	3.82	3.72	3.70	-0.02
辽 宁	3.19	3.85	3.73	3.72	-0.01
吉 林	3.35	3.96	3.89	3.75	-0.14
黑龙江	3.30	4.10	3.91	3.90	-0.01
上 海	3.36	4.12	4.05	4.04	-0.01
江 苏	3.32	3.84	4.10	4.09	-0.01
浙 江	3.32	4.08	3.96	4.10	0.14
安 徽	3.27	3.81	3.96	4.14	0.18
福 建	3.26	4.02	3.85	4.09	0.24
江 西	3.01	3.83	3.91	4.12	0.21
山 东	3.20	3.86	3.96	4.00	0.04
河 南	3.14	3.70	3.91	3.82	-0.09
湖 北	3.15	3.90	3.83	3.90	0.07
湖 南	3.07	3.79	3.90	4.01	0.11
广 东	3.21	3.88	3.98	4.11	0.13
广 西	3.32	3.81	3.90	3.94	0.04
海 南	3.21	3.61	3.65	3.82	0.17
重 庆	3.33	3.94	3.88	3.70	-0.18
四 川	3.23	3.81	3.91	3.86	-0.05
贵 州	3.16	3.78	3.77	3.90	0.13
云 南	3.09	3.52	3.84	4.00	0.16
西 藏	—	3.80	3.70	3.89	0.19
陕 西	3.20	3.90	3.81	3.65	-0.16
甘 肃	3.02	3.85	3.69	3.42	-0.27
青 海	—	3.62	3.81	3.69	-0.12
宁 夏	3.02	3.80	3.74	4.05	0.31
新 疆	3.00	3.53	3.85	3.66	-0.19
全 国	3.21	3.83	3.87	3.88	0.02

分项指数 3.1 司法公正保护企业合法权益

表 2-14 各省份"司法公正保护企业合法权益"分项指数的进展

单位：分

省 份	2012 年	2016 年	2019 年	2022 年	2019~2022 年变化
北 京	3.14	3.72	3.97	3.82	-0.15
天 津	3.47	3.90	4.00	3.98	-0.02
河 北	2.70	3.55	3.89	3.75	-0.14
山 西	2.89	3.64	3.86	3.56	-0.30
内蒙古	2.76	3.51	3.62	3.58	-0.04
辽 宁	2.99	3.62	3.85	3.70	-0.15
吉 林	3.10	3.60	3.86	3.67	-0.19
黑龙江	2.99	3.61	3.76	3.91	0.15
上 海	3.21	3.95	4.08	4.11	0.03
江 苏	3.13	3.58	4.06	4.09	0.03
浙 江	3.13	3.86	4.00	4.13	0.13
安 徽	2.98	3.63	3.89	4.13	0.24
福 建	3.06	3.71	3.94	4.07	0.13
江 西	2.75	3.73	3.81	4.14	0.33
山 东	2.94	3.68	3.88	4.10	0.22
河 南	2.83	3.58	3.80	3.87	0.07
湖 北	2.89	3.48	3.88	3.84	-0.04
湖 南	2.78	3.49	3.88	4.04	0.16
广 东	2.96	3.73	3.97	4.04	0.07
广 西	3.09	3.62	3.89	4.02	0.13
海 南	2.93	3.42	3.62	3.63	0.00
重 庆	3.16	3.63	3.92	3.60	-0.32
四 川	3.03	3.65	3.87	3.82	-0.05
贵 州	2.92	3.48	3.77	3.84	0.07
云 南	2.92	3.32	3.9	4.15	0.25
西 藏	—	3.50	3.80	3.99	0.19
陕 西	2.99	3.72	3.83	3.67	-0.16
甘 肃	2.73	3.76	3.71	3.37	-0.34
青 海	—	3.31	3.88	3.74	-0.14
宁 夏	2.66	3.52	3.68	4.05	0.37
新 疆	2.74	3.28	3.85	3.65	-0.20
全 国	2.96	3.61	3.86	3.87	0.01

分项指数 3.2　党政官员廉洁守法

表 2-15　各省份"党政官员廉洁守法"分项指数的进展

单位：分

省　份	2012 年	2016 年	2019 年	2022 年	2019~2022 年变化
北　京	3.52	3.72	3.84	3.95	0.11
天　津	3.89	4.01	4.04	3.94	-0.10
河　北	3.03	3.59	3.75	4.00	0.25
山　西	3.19	3.39	3.69	3.68	-0.01
内蒙古	3.26	3.66	3.66	3.74	0.08
辽　宁	3.33	3.49	3.92	3.54	-0.38
吉　林	3.53	3.40	3.64	3.76	0.12
黑龙江	3.42	3.58	3.83	3.85	0.02
上　海	3.74	4.03	4.11	4.23	0.12
江　苏	3.58	3.57	3.92	4.24	0.32
浙　江	3.63	3.82	3.91	4.25	0.34
安　徽	3.65	3.86	3.81	4.23	0.42
福　建	3.61	3.88	3.8	4.15	0.35
江　西	3.22	3.27	3.70	3.95	0.25
山　东	3.32	3.76	3.83	4.04	0.21
河　南	3.30	3.52	3.74	3.86	0.12
湖　北	3.35	3.52	3.85	3.94	0.09
湖　南	3.22	3.6	3.81	4.07	0.26
广　东	3.53	3.65	3.99	4.17	0.18
广　西	3.55	3.55	3.56	4.10	0.54
海　南	3.45	3.55	3.62	4.02	0.40
重　庆	3.39	3.41	3.87	3.82	-0.05
四　川	3.49	3.5	3.73	3.97	0.24
贵　州	3.52	3.68	3.73	4.00	0.27
云　南	3.41	3.16	3.82	4.06	0.24
西　藏	—	3.65	3.80	3.85	0.05
陕　西	3.44	3.78	3.66	3.63	-0.04
甘　肃	3.15	3.68	3.65	3.58	-0.07
青　海	—	3.34	3.57	3.64	0.07
宁　夏	3.24	3.89	3.77	4.24	0.47
新　疆	3.16	3.63	3.70	3.76	0.06
全　国	3.42	3.62	3.78	3.94	0.16

分项指数3.3 企业合同正常履行

表2-16 各省份"企业合同正常履行"分项指数的进展

单位：分

省 份	2012 年	2016 年	2019 年	2022 年	2019~2022 年变化
北 京	3.44	3.86	3.9	3.70	-0.20
天 津	3.80	3.91	4.04	3.80	-0.24
河 北	3.37	3.77	3.81	3.79	-0.02
山 西	3.49	3.48	3.69	3.61	-0.08
内蒙古	3.48	3.80	3.52	3.44	-0.08
辽 宁	3.41	3.79	3.59	3.61	0.02
吉 林	3.62	3.89	3.89	3.62	-0.27
黑龙江	3.60	4.06	3.86	3.74	-0.12
上 海	3.47	3.97	3.87	3.88	0.01
江 苏	3.46	3.85	4.00	3.89	-0.11
浙 江	3.55	3.98	3.83	3.98	0.15
安 徽	3.47	3.60	3.87	4.00	0.13
福 建	3.44	3.67	3.79	4.01	0.22
江 西	3.31	3.79	3.89	4.08	0.19
山 东	3.39	3.77	3.95	3.85	-0.10
河 南	3.42	3.59	3.84	3.59	-0.25
湖 北	3.35	3.96	3.79	3.74	-0.05
湖 南	3.38	3.74	3.77	3.85	0.08
广 东	3.53	3.87	3.86	4.06	0.20
广 西	3.59	3.76	3.61	3.49	-0.12
海 南	3.38	3.42	3.38	3.67	0.29
重 庆	3.48	3.98	3.49	3.58	0.09
四 川	3.44	3.61	3.78	3.65	-0.13
贵 州	3.39	3.55	3.65	3.86	0.21
云 南	3.33	3.48	3.60	3.65	0.05
西 藏	—	3.96	3.60	3.77	0.17
陕 西	3.41	3.83	3.66	3.44	-0.22
甘 肃	3.09	3.88	3.59	3.10	-0.49
青 海	—	3.81	3.63	3.52	-0.11
宁 夏	3.24	3.52	3.64	3.82	0.18
新 疆	3.07	3.31	3.77	3.53	-0.24
全 国	3.43	3.76	3.75	3.72	-0.03

分项指数 3.4　知识产权技术品牌保护

表 2-17　各省份"知识产权技术品牌保护"分项指数的进展

单位：分

省　份	2012 年	2016 年	2019 年	2022 年	2019~2022 年变化
北　京	3.41	3.81	3.92	3.87	−0.05
天　津	3.69	3.94	4.06	4.18	0.12
河　北	3.13	3.75	3.85	3.88	0.02
山　西	3.27	3.86	3.80	3.87	0.07
内蒙古	3.55	3.80	3.97	4.05	0.08
辽　宁	3.33	3.79	3.74	4.03	0.29
吉　林	3.48	4.09	3.77	3.95	0.18
黑龙江	3.58	4.36	3.97	4.11	0.14
上　海	3.33	4.15	4.08	3.95	−0.13
江　苏	3.38	3.79	4.14	4.12	−0.02
浙　江	3.33	4.09	3.97	4.03	0.06
安　徽	3.56	3.69	4.00	4.23	0.23
福　建	3.41	4.36	3.81	4.13	0.32
江　西	3.20	3.85	3.93	4.32	0.39
山　东	3.37	3.77	3.96	4.00	0.04
河　南	3.30	3.81	3.96	3.96	0.00
湖　北	3.34	3.95	3.79	4.10	0.31
湖　南	3.32	3.86	3.91	4.08	0.17
广　东	3.31	3.79	4.04	4.17	0.13
广　西	3.42	3.76	3.94	4.15	0.21
海　南	3.62	3.58	3.75	3.96	0.21
重　庆	3.51	3.88	4.03	3.82	−0.21
四　川	3.41	3.91	3.98	4.00	0.02
贵　州	3.39	3.98	3.73	3.90	0.17
云　南	3.14	3.52	3.85	4.14	0.29
西　藏	—	3.69	3.40	3.97	0.57
陕　西	3.35	3.72	3.83	3.85	0.02
甘　肃	3.50	3.66	3.59	3.62	0.03
青　海	—	3.47	3.75	3.86	0.11
宁　夏	3.32	3.89	3.70	4.11	0.41
新　疆	3.41	3.63	3.96	3.71	−0.25
全　国	3.39	3.85	3.88	4.00	0.13

方面指数4　企业的税费负担

表2-18　各省份"企业的税费负担"方面指数的进展

单位：分

省　份	2012 年	2016 年	2019 年	2022 年	2019~2022 年变化
北　京	2.87	3.71	3.48	3.38	-0.10
天　津	3.21	3.98	3.50	3.52	0.02
河　北	2.66	3.70	3.47	3.81	0.34
山　西	2.66	3.69	3.4	3.66	0.26
内蒙古	2.56	3.37	3.39	3.64	0.25
辽　宁	2.71	3.60	3.32	3.53	0.21
吉　林	2.73	3.51	3.49	3.57	0.08
黑龙江	2.87	3.59	3.30	3.69	0.39
上　海	2.92	4.03	3.47	3.53	0.06
江　苏	2.68	3.66	3.58	3.52	-0.06
浙　江	2.82	3.65	3.45	3.59	0.14
安　徽	2.86	3.47	3.44	3.62	0.18
福　建	2.81	3.47	3.61	3.67	0.06
江　西	2.68	3.62	3.44	3.83	0.39
山　东	2.69	3.62	3.51	3.66	0.15
河　南	2.76	3.48	3.47	3.84	0.37
湖　北	2.74	3.72	3.37	3.66	0.29
湖　南	2.77	3.54	3.32	3.66	0.34
广　东	2.73	3.48	3.48	3.60	0.12
广　西	2.86	3.66	3.51	3.72	0.21
海　南	3.12	3.62	3.32	3.60	0.28
重　庆	2.82	3.63	3.38	3.37	-0.01
四　川	2.81	3.64	3.49	3.52	0.03
贵　州	2.95	3.59	3.51	3.59	0.08
云　南	2.58	3.35	3.49	3.74	0.25
西　藏	—	3.87	3.20	3.94	0.74
陕　西	2.84	3.53	3.43	3.76	0.33
甘　肃	2.86	3.88	3.33	3.44	0.11
青　海	—	3.49	3.30	3.76	0.46
宁　夏	2.73	3.73	3.50	3.67	0.17
新　疆	2.61	3.49	3.43	3.66	0.23
全　国	2.79	3.62	3.43	3.64	0.20

分项指数4.1 法定税负合理性

表2-19 各省份"法定税负合理性"分项指数的进展

单位:分

省 份	2012年	2016年	2019年	2022年	2019~2022年变化
北 京	2.15	3.62	3.89	3.41	-0.48
天 津	2.51	3.94	3.87	3.62	-0.25
河 北	2.06	3.44	3.87	3.90	0.03
山 西	2.18	3.39	4.08	3.91	-0.17
内蒙古	2.07	2.89	4.12	3.72	-0.40
辽 宁	2.02	3.21	4.14	3.62	-0.52
吉 林	2.11	3.23	3.92	3.57	-0.35
黑龙江	2.26	3.52	3.90	3.40	-0.50
上 海	2.04	3.92	4.13	3.51	-0.62
江 苏	2.02	3.30	4.08	3.78	-0.30
浙 江	2.03	3.23	3.91	3.64	-0.27
安 徽	2.14	3.20	3.71	3.72	0.01
福 建	2.09	2.95	4.19	3.92	-0.27
江 西	2.17	3.39	3.96	3.83	-0.13
山 东	2.10	3.36	3.97	3.97	0.00
河 南	2.09	3.12	4.04	3.96	-0.08
湖 北	2.13	3.29	3.97	3.73	-0.24
湖 南	2.19	3.14	3.79	3.76	-0.03
广 东	2.02	3.23	3.98	3.69	-0.29
广 西	2.21	3.34	4.14	3.85	-0.29
海 南	2.29	3.18	3.78	3.73	-0.05
重 庆	2.08	3.35	4.30	3.35	-0.95
四 川	2.07	3.21	4.09	3.64	-0.45
贵 州	2.18	3.10	3.88	3.74	-0.14
云 南	1.97	3.20	3.95	3.67	-0.28
西 藏	—	3.50	4.00	4.39	0.39
陕 西	2.22	2.92	3.88	3.63	-0.25
甘 肃	2.26	3.90	3.94	3.55	-0.39
青 海	—	3.16	3.86	3.98	0.12
宁 夏	2.00	3.00	4.00	3.95	-0.05
新 疆	1.97	2.94	4.18	3.71	-0.47
全 国	2.13	3.30	3.98	3.74	-0.25

分项指数 4.2 政府依法征税

表 2-20 各省份"政府依法征税"分项指数的进展

单位：分

省 份	2016 年	2019 年	2022 年	2019~2022 年变化
北 京	4.03	4.18	4.33	0.15
天 津	4.32	4.10	4.22	0.12
河 北	3.82	4.12	4.43	0.31
山 西	3.95	4.10	4.24	0.14
内蒙古	3.91	4.04	4.41	0.37
辽 宁	3.85	4.00	4.31	0.31
吉 林	3.66	4.13	4.45	0.32
黑龙江	3.73	4.07	4.21	0.14
上 海	4.22	4.16	4.49	0.33
江 苏	3.87	4.18	4.32	0.14
浙 江	3.89	4.10	4.40	0.30
安 徽	3.66	4.12	4.46	0.34
福 建	3.76	4.20	4.41	0.21
江 西	3.88	3.89	4.47	0.58
山 东	3.81	4.07	4.27	0.20
河 南	3.63	4.04	4.36	0.32
湖 北	3.68	3.97	4.31	0.34
湖 南	3.68	4.05	4.26	0.21
广 东	3.81	4.18	4.27	0.09
广 西	3.76	4.00	4.52	0.52
海 南	3.76	4.05	4.43	0.38
重 庆	3.82	4.26	4.15	−0.11
四 川	3.86	4.04	4.27	0.23
贵 州	3.85	4.12	4.24	0.12
云 南	3.32	4.11	4.38	0.27
西 藏	3.88	4.00	4.50	0.50
陕 西	3.83	4.06	4.31	0.25
甘 肃	3.98	4.13	4.27	0.14
青 海	3.34	4.00	4.43	0.43
宁 夏	3.89	4.05	4.39	0.34
新 疆	3.53	4.12	4.37	0.25
全 国	3.81	4.08	4.35	0.27

分项指数4.3社保缴费负担和分项指数4.4其他缴费负担

表2-21 各省份"社保缴费负担"分项指数和"其他缴费负担"
分项指数的进展

单位：分

省　份	社保缴费负担			其他缴费负担		
	2019 年	2022 年	2019~2022 年变化	2019 年	2022 年	2019~2022 年变化
北　京	2.89	2.37	-0.52	2.98	3.42	0.44
天　津	2.90	2.51	-0.39	3.12	3.73	0.61
河　北	2.88	2.95	0.07	3.02	3.95	0.93
山　西	2.62	2.86	0.24	2.81	3.63	0.82
内蒙古	2.75	2.56	-0.19	2.68	3.84	1.16
辽　宁	2.69	2.50	-0.19	2.44	3.67	1.23
吉　林	2.96	2.71	-0.25	2.96	3.55	0.59
黑龙江	2.79	2.86	0.07	2.43	4.27	1.84
上　海	2.81	2.33	-0.48	2.77	3.79	1.02
江　苏	2.96	2.42	-0.54	3.10	3.57	0.47
浙　江	2.87	2.60	-0.27	2.92	3.71	0.79
安　徽	2.98	2.74	-0.24	2.96	3.55	0.59
福　建	3.16	2.85	-0.31	2.91	3.50	0.59
江　西	2.89	3.06	0.17	3.00	3.94	0.94
山　东	3.04	2.62	-0.42	2.98	3.80	0.82
河　南	2.98	3.13	0.15	2.82	3.93	1.11
湖　北	2.69	2.93	0.24	2.84	3.66	0.82
湖　南	2.74	2.85	0.11	2.69	3.77	1.08
广　东	2.89	2.69	-0.20	2.87	3.74	0.87
广　西	3.06	2.64	-0.42	2.83	3.90	1.07
海　南	2.70	2.48	-0.22	2.72	3.74	1.02
重　庆	2.82	2.48	-0.34	2.15	3.49	1.34
四　川	3.09	2.67	-0.42	2.74	3.49	0.75
贵　州	2.96	2.84	-0.12	3.08	3.54	0.46
云　南	2.95	3.12	0.17	2.95	3.80	0.85
西　藏	2.6	3.16	0.56	2.2	3.68	1.48
陕　西	2.88	3.01	0.13	2.91	4.08	1.17
甘　肃	2.82	2.72	-0.10	2.41	3.21	0.80
青　海	2.5	2.93	0.43	2.86	3.71	0.85
宁　夏	2.95	2.78	-0.17	3.00	3.56	0.56
新　疆	2.85	2.65	-0.20	2.56	3.91	1.35
全　国	2.86	2.74	-0.12	2.80	3.71	0.92

方面指数5　金融服务和融资成本

表2-22　各省份"金融服务和融资成本"方面指数的进展

单位：分

省　份	2012 年	2016 年	2019 年	2022 年	2019~2022 年变化
北　京	2.96	3.68	3.51	3.49	-0.02
天　津	3.33	3.07	3.52	3.58	0.06
河　北	3.03	3.43	3.5	3.78	0.28
山　西	2.95	2.37	3.39	3.64	0.25
内蒙古	2.97	3.54	3.68	3.40	-0.28
辽　宁	3.10	3.96	3.66	3.28	-0.38
吉　林	3.16	3.52	3.51	3.73	0.22
黑龙江	2.99	3.28	3.79	3.69	-0.10
上　海	3.21	3.53	3.74	3.89	0.15
江　苏	3.20	3.63	3.72	4.06	0.34
浙　江	3.32	3.76	3.80	4.10	0.30
安　徽	3.04	3.84	3.42	4.00	0.58
福　建	2.99	3.21	3.82	3.92	0.10
江　西	3.07	3.46	3.54	3.84	0.30
山　东	3.02	3.28	3.57	3.69	0.12
河　南	3.01	3.04	3.46	3.64	0.18
湖　北	3.04	3.37	3.76	3.96	0.20
湖　南	3.17	2.96	3.54	3.55	0.01
广　东	3.02	3.02	3.70	3.74	0.04
广　西	3.20	4.32	3.73	3.64	-0.09
海　南	3.04	3.72	3.64	3.33	-0.31
重　庆	3.12	3.40	3.80	3.50	-0.30
四　川	3.06	2.29	3.80	3.65	-0.15
贵　州	3.00	3.26	3.68	3.46	-0.22
云　南	2.92	2.89	3.45	3.80	0.35
西　藏	—	3.49	3.05	3.56	0.51
陕　西	3.03	3.47	3.56	3.29	-0.27
甘　肃	2.79	2.72	3.81	3.05	-0.76
青　海	—	2.62	3.63	3.41	-0.22
宁　夏	3.45	3.33	3.58	3.49	-0.09
新　疆	2.84	3.03	3.33	3.39	0.06
全　国	3.07	3.31	3.60	3.63	0.03

分项指数 5.1 银行贷款难易度

表 2-23 各省份"银行贷款难易度"分项指数的进展

单位：分

省　份	2012 年	2016 年	2019 年	2022 年	2019~2022 年变化
北　京	2.78	3.65	3.34	2.91	-0.43
天　津	3.24	3.83	3.27	3.12	-0.15
河　北	2.61	3.61	3.51	3.41	-0.10
山　西	2.51	3.20	3.31	3.07	-0.24
内蒙古	2.23	3.17	3.59	3.02	-0.57
辽　宁	2.90	3.81	3.58	2.91	-0.67
吉　林	2.93	3.53	3.30	3.05	-0.25
黑龙江	2.52	3.50	3.61	3.09	-0.52
上　海	2.95	3.74	3.61	3.37	-0.24
江　苏	3.00	3.59	3.45	3.85	0.40
浙　江	3.23	3.87	3.51	3.88	0.37
安　徽	2.84	3.59	3.33	3.83	0.50
福　建	2.79	3.14	3.68	3.67	-0.01
江　西	2.52	3.36	3.29	3.71	0.42
山　东	2.77	3.51	3.62	3.28	-0.34
河　南	2.58	3.28	3.35	3.42	0.07
湖　北	2.78	3.54	3.70	3.57	-0.13
湖　南	2.95	3.58	3.40	3.28	-0.12
广　东	2.76	3.52	3.50	3.31	-0.19
广　西	3.01	3.72	3.72	3.17	-0.55
海　南	2.71	3.58	3.59	2.76	-0.83
重　庆	2.97	3.67	3.97	2.82	-1.15
四　川	2.78	3.23	3.60	3.47	-0.13
贵　州	2.61	3.18	3.58	2.98	-0.60
云　南	2.32	3.05	3.59	3.29	-0.30
西　藏	—	2.92	2.60	2.92	0.32
陕　西	2.79	3.46	3.12	2.86	-0.26
甘　肃	2.39	3.37	3.47	2.48	-0.99
青　海	—	3.47	3.25	2.81	-0.44
宁　夏	3.03	3.33	3.45	2.92	-0.53
新　疆	2.62	3.69	3.41	3.00	-0.41
全　国	2.76	3.47	3.46	3.20	-0.26

分项指数5.2　其他融资难易度

表2-24　各省份"其他融资难易度"分项指数的进展

单位：分

省　份	2012年	2016年	2019年	2022年	2019~2022年变化
北　京	2.91	3.63	3.28	2.86	-0.42
天　津	3.35	3.5	3.16	2.96	-0.20
河　北	3.13	3.47	3.33	3.04	-0.29
山　西	3.02	3.23	3.24	2.78	-0.46
内蒙古	3.19	3.43	3.38	2.69	-0.69
辽　宁	3.13	3.62	3.30	2.61	-0.69
吉　林	3.22	3.03	3.04	2.91	-0.13
黑龙江	3.00	3.44	3.25	2.69	-0.56
上　海	3.2	3.64	3.4	2.97	-0.43
江　苏	3.27	3.35	3.37	3.28	-0.09
浙　江	3.38	3.14	3.36	3.36	0.00
安　徽	3.00	3.10	3.22	3.10	-0.12
福　建	2.96	2.68	3.55	3.20	-0.35
江　西	3.31	3.45	3.21	2.91	-0.30
山　东	3.08	3.42	3.33	3.10	-0.23
河　南	3.13	3.28	3.19	2.83	-0.36
湖　北	3.13	3.30	3.55	3.28	-0.27
湖　南	3.23	3.36	3.40	2.96	-0.44
广　东	3.01	3.50	3.38	3.10	-0.28
广　西	3.21	3.22	3.61	2.86	-0.75
海　南	2.95	3.12	3.38	2.59	-0.79
重　庆	3.17	3.31	3.59	2.56	-1.03
四　川	3.10	3.12	3.41	3.15	-0.26
贵　州	3.10	3.18	3.19	2.93	-0.26
云　南	3.06	3.16	3.36	3.09	-0.27
西　藏	—	2.54	2.20	2.82	0.62
陕　西	2.99	3.39	2.91	2.78	-0.13
甘　肃	2.78	2.93	3.29	2.32	-0.97
青　海	—	3.06	3.00	2.55	-0.45
宁　夏	3.67	2.89	3.36	2.58	-0.78
新　疆	2.72	3.32	3.15	2.43	-0.72
全　国	3.12	3.25	3.27	2.88	-0.39

分项指数 5.3　银行贷款利率

表 2-25　各省份"银行贷款利率"分项指数的进展

单位：分

省　份	2016 年	2019 年	2022 年	2019~2022 年变化
北　京	3.80	3.53	3.95	0.42
天　津	2.46	3.82	4.54	0.72
河　北	3.52	3.56	4.53	0.97
山　西	1.27	3.51	4.15	0.64
内蒙古	2.99	4.08	4.18	0.10
辽　宁	4.05	3.91	4.40	0.49
吉　林	3.80	3.78	4.27	0.49
黑龙江	3.61	4.24	4.37	0.13
上　海	3.55	4.02	4.82	0.80
江　苏	3.70	3.98	4.76	0.78
浙　江	3.75	4.17	4.67	0.50
安　徽	3.69	3.53	4.61	1.08
福　建	3.66	3.94	4.62	0.68
江　西	3.36	3.88	4.65	0.77
山　东	3.28	3.56	4.20	0.64
河　南	2.53	3.43	4.35	0.92
湖　北	3.65	3.83	4.60	0.77
湖　南	3.02	3.81	4.30	0.49
广　东	2.54	3.82	4.49	0.67
广　西	4.39	3.9	4.61	0.71
海　南	4.19	3.68	3.63	-0.06
重　庆	3.35	3.64	4.42	0.78
四　川	1.15	4.11	4.00	-0.11
贵　州	3.37	3.94	4.08	0.14
云　南	3.40	3.29	4.73	1.44
西　藏	5.00	4.75	4.70	-0.05
陕　西	3.25	3.96	4.02	0.06
甘　肃	3.05	4.21	4.00	-0.21
青　海	2.95	4.25	4.78	0.53
宁　夏	3.82	3.84	4.47	0.63
新　疆	3.33	3.23	4.63	1.40
全　国	3.34	3.85	4.40	0.56

分项指数5.4　其他融资利率

表2-26　各省份"其他融资利率"分项指数的进展

单位：分

省　份	2016年	2019年	2022年	2019~2022年变化
北　京	3.65	3.87	4.24	0.37
天　津	2.49	3.86	3.70	-0.16
河　北	3.12	3.59	4.15	0.56
山　西	1.76	3.51	4.58	1.07
内蒙古	4.57	3.67	3.73	0.06
辽　宁	4.36	3.85	3.18	-0.67
吉　林	3.74	3.94	4.69	0.75
黑龙江	2.56	4.06	4.60	0.54
上　海	3.19	3.92	4.40	0.48
江　苏	3.89	4.06	4.32	0.26
浙　江	4.29	4.15	4.48	0.33
安　徽	5.00	3.59	4.47	0.88
福　建	3.35	4.11	4.19	0.08
江　西	3.67	3.77	4.11	0.34
山　东	2.93	3.78	4.19	0.41
河　南	3.06	3.86	3.94	0.08
湖　北	2.98	3.97	4.40	0.43
湖　南	1.90	3.54	3.67	0.13
广　东	2.54	4.08	4.04	-0.04
广　西	5.93	3.70	3.94	0.24
海　南	3.99	3.92	4.33	0.41
重　庆	3.26	4.00	4.19	0.19
四　川	1.67	4.10	3.97	-0.13
贵　州	3.33	4.00	3.85	-0.15
云　南	1.95	3.57	4.08	0.51
西　藏	—	2.67	3.80	1.13
陕　西	3.77	4.26	3.50	-0.76
甘　肃	1.54	4.25	3.40	-0.85
青　海	1.00	4.00	3.50	-0.50
宁　夏	3.28	3.67	4.00	0.33
新　疆	1.80	3.52	3.50	-0.02
全　国	3.15	3.83	4.04	0.20

方面指数6　人力资源供应

表2-27　各省份"人力资源供应"方面指数的进展

单位：分

省　份	2012年	2016年	2019年	2022年	2019~2022年变化
北　京	2.86	3.58	3.85	3.46	-0.39
天　津	3.17	3.41	3.40	3.06	-0.34
河　北	2.90	3.26	3.51	3.27	-0.24
山　西	2.83	3.50	3.75	2.86	-0.89
内蒙古	2.79	3.21	3.60	2.99	-0.61
辽　宁	2.79	3.35	3.86	2.80	-1.06
吉　林	2.84	3.49	3.45	3.11	-0.34
黑龙江	2.89	3.43	3.39	2.60	-0.79
上　海	2.90	3.84	3.82	3.19	-0.63
江　苏	2.81	3.24	3.82	3.21	-0.61
浙　江	2.69	3.5	3.71	3.17	-0.54
安　徽	2.59	3.25	3.70	3.21	-0.49
福　建	2.57	4.15	3.91	3.17	-0.74
江　西	2.83	3.22	3.81	3.21	-0.60
山　东	2.87	3.35	3.75	3.17	-0.58
河　南	2.99	3.29	3.59	3.20	-0.39
湖　北	2.75	3.53	3.89	3.31	-0.58
湖　南	2.87	3.42	3.56	3.22	-0.34
广　东	2.72	3.40	3.77	3.46	-0.31
广　西	2.87	3.31	3.48	3.50	0.02
海　南	2.87	3.21	3.35	3.01	-0.34
重　庆	3.01	3.63	3.98	3.51	-0.47
四　川	2.77	3.50	3.67	3.38	-0.29
贵　州	2.76	3.10	3.56	3.13	-0.43
云　南	2.71	3.31	3.76	3.34	-0.42
西　藏	—	2.87	2.73	2.74	0.01
陕　西	2.83	3.19	3.56	3.19	-0.37
甘　肃	2.42	3.11	3.74	2.78	-0.96
青　海	—	3.19	3.51	2.70	-0.81
宁　夏	2.54	3.14	3.47	2.81	-0.66
新　疆	2.33	3.36	3.21	2.76	-0.45
全　国	2.79	3.37	3.62	3.11	-0.50

分项指数6.1　技术人员供应

表2-28　各省份"技术人员供应"分项指数的进展

单位：分

省　份	2012 年	2016 年	2019 年	2022 年	2019~2022 年变化
北　京	2.82	3.62	3.86	3.49	-0.37
天　津	3.16	3.36	3.35	3.00	-0.35
河　北	2.84	3.28	3.5	3.10	-0.40
山　西	2.68	3.43	3.69	2.63	-1.06
内蒙古	2.77	3.14	3.34	2.97	-0.37
辽　宁	2.66	3.26	3.73	2.61	-1.12
吉　林	2.74	3.37	3.32	2.91	-0.41
黑龙江	2.79	3.33	3.34	2.53	-0.81
上　海	2.90	3.93	3.84	3.20	-0.64
江　苏	2.77	3.25	3.76	3.08	-0.68
浙　江	2.65	3.47	3.69	3.02	-0.67
安　徽	2.50	3.23	3.61	3.04	-0.57
福　建	2.55	4.10	4.11	3.13	-0.98
江　西	2.72	3.52	3.71	3.05	-0.66
山　东	2.78	3.32	3.73	3.09	-0.64
河　南	2.92	3.29	3.58	3.22	-0.36
湖　北	2.71	3.34	3.91	3.22	-0.69
湖　南	2.81	3.19	3.58	3.00	-0.58
广　东	2.66	3.34	3.71	3.45	-0.26
广　西	2.80	3.21	3.17	3.37	0.20
海　南	2.81	3.15	3.22	2.86	-0.36
重　庆	2.89	3.51	3.82	3.36	-0.46
四　川	2.70	3.40	3.58	3.47	-0.11
贵　州	2.79	2.95	3.31	2.91	-0.40
云　南	2.72	3.18	3.73	3.11	-0.62
西　藏	—	2.73	2.00	2.62	0.62
陕　西	2.79	3.06	3.47	3.18	-0.29
甘　肃	2.33	3.12	3.75	2.72	-1.03
青　海	—	2.84	3.14	2.48	-0.66
宁　夏	2.41	3.07	3.09	2.71	-0.38
新　疆	2.27	3.63	2.93	2.71	-0.22
全　国	2.72	3.31	3.50	3.01	-0.49

分项指数6.2 管理人员供应

表2-29 各省份"管理人员供应"分项指数的进展

单位：分

省　份	2012年	2016年	2019年	2022年	2019~2022年变化
北　京	2.86	3.63	3.89	3.47	-0.42
天　津	3.20	3.49	3.46	3.04	-0.42
河　北	2.83	3.24	3.49	3.20	-0.29
山　西	2.78	3.36	3.69	2.68	-1.01
内蒙古	2.77	3.11	3.66	3.02	-0.64
辽　宁	2.76	3.41	4.03	2.66	-1.37
吉　林	2.85	3.46	3.43	3.29	-0.14
黑龙江	2.87	3.45	3.34	2.57	-0.77
上　海	3.04	3.90	3.95	3.36	-0.59
江　苏	2.89	3.15	3.87	3.31	-0.56
浙　江	2.72	3.61	3.81	3.28	-0.53
安　徽	2.54	3.20	3.57	3.14	-0.43
福　建	2.59	4.17	3.83	3.11	-0.72
江　西	2.9	3.06	3.82	3.14	-0.68
山　东	2.93	3.25	3.68	3.16	-0.52
河　南	2.94	3.29	3.49	2.97	-0.52
湖　北	2.68	3.54	3.88	3.14	-0.74
湖　南	2.97	3.47	3.42	3.26	-0.16
广　东	2.83	3.44	3.80	3.58	-0.22
广　西	2.78	3.28	3.72	3.19	-0.53
海　南	2.86	3.03	3.30	3.14	-0.16
重　庆	3.01	3.73	4.10	3.56	-0.54
四　川	2.72	3.48	3.67	3.27	-0.40
贵　州	2.73	3.05	3.73	3.16	-0.57
云　南	2.59	3.25	3.73	3.14	-0.59
西　藏	—	2.81	3.00	2.69	-0.31
陕　西	2.76	3.19	3.50	3.11	-0.39
甘　肃	2.26	3.15	3.65	2.60	-1.05
青　海	—	3.19	3.63	2.55	-1.08
宁　夏	2.38	3.11	3.45	2.89	-0.56
新　疆	2.47	3.38	3.22	2.94	-0.28
全　国	2.78	3.35	3.64	3.08	-0.55

分项指数6.3　熟练工人供应

表2-30　各省份"熟练工人供应"分项指数的进展

单位：分

省　份	2012 年	2016 年	2019 年	2022 年	2019~2022 年变化
北　京	2.89	3.5	3.79	3.41	-0.38
天　津	3.16	3.38	3.38	3.14	-0.24
河　北	3.03	3.27	3.56	3.50	-0.06
山　西	3.04	3.70	3.88	3.28	-0.60
内蒙古	2.84	3.37	3.79	2.98	-0.81
辽　宁	2.93	3.38	3.83	3.13	-0.70
吉　林	2.94	3.63	3.61	3.13	-0.48
黑龙江	3.02	3.52	3.48	2.70	-0.78
上　海	2.76	3.67	3.65	3.01	-0.64
江　苏	2.77	3.33	3.84	3.24	-0.60
浙　江	2.71	3.43	3.63	3.20	-0.43
安　徽	2.72	3.31	3.91	3.46	-0.45
福　建	2.56	4.19	3.79	3.26	-0.53
江　西	2.88	3.09	3.89	3.45	-0.44
山　东	2.91	3.49	3.83	3.27	-0.56
河　南	3.11	3.30	3.71	3.39	-0.32
湖　北	2.87	3.71	3.88	3.56	-0.32
湖　南	2.84	3.60	3.67	3.39	-0.28
广　东	2.66	3.41	3.80	3.34	-0.46
广　西	3.04	3.45	3.56	3.93	0.37
海　南	2.95	3.45	3.54	3.04	-0.50
重　庆	3.12	3.65	4.03	3.61	-0.42
四　川	2.90	3.63	3.76	3.39	-0.37
贵　州	2.76	3.30	3.65	3.31	-0.34
云　南	2.81	3.50	3.82	3.77	-0.05
西　藏	—	3.08	3.2	2.92	-0.28
陕　西	2.93	3.31	3.72	3.27	-0.45
甘　肃	2.65	3.07	3.82	3.03	-0.79
青　海	—	3.53	3.75	3.07	-0.68
宁　夏	2.83	3.22	3.86	2.82	-1.04
新　疆	2.27	3.09	3.48	2.63	-0.85
全　国	2.86	3.44	3.71	3.25	-0.47

方面指数7　基础设施条件

表 2-31　各省份"基础设施条件"方面指数的进展

单位：分

省　份	2012 年	2016 年	2019 年	2022 年	2019~2022 年变化
北　京	3.45	4.22	4.27	4.13	-0.14
天　津	3.53	4.12	4.16	4.25	0.09
河　北	3.32	3.90	3.99	4.11	0.12
山　西	3.33	4.08	3.83	3.72	-0.11
内蒙古	3.45	3.67	3.47	3.95	0.48
辽　宁	3.46	3.91	3.92	3.88	-0.04
吉　林	3.49	3.74	3.82	4.08	0.26
黑龙江	3.24	3.80	3.93	3.85	-0.08
上　海	3.49	4.54	4.41	4.45	0.04
江　苏	3.44	4.13	4.13	4.30	0.17
浙　江	3.28	4.37	4.13	4.26	0.13
安　徽	3.32	3.74	3.99	4.34	0.35
福　建	3.38	4.17	4.04	4.40	0.36
江　西	3.23	3.89	3.99	4.21	0.22
山　东	3.44	4.00	4.06	4.16	0.10
河　南	3.24	3.90	3.86	4.14	0.28
湖　北	3.29	4.27	4.05	4.10	0.05
湖　南	3.25	4.11	3.81	4.17	0.36
广　东	3.21	4.17	4.23	4.34	0.11
广　西	3.08	3.93	4.04	4.14	0.10
海　南	2.98	3.56	3.82	3.95	0.13
重　庆	3.35	4.44	3.89	4.20	0.31
四　川	3.31	4.04	3.72	4.25	0.53
贵　州	3.11	3.77	3.65	4.03	0.38
云　南	2.86	3.62	3.74	3.96	0.22
西　藏	—	3.08	3.07	3.60	0.53
陕　西	3.29	3.89	3.85	3.97	0.12
甘　肃	3.12	3.69	3.84	3.43	-0.41
青　海	—	3.75	3.63	3.55	-0.08
宁　夏	3.35	3.60	3.82	4.24	0.42
新　疆	3.03	3.61	3.62	3.21	-0.41
全　国	3.29	3.93	3.90	4.04	0.15

分项指数7.1　电水气网供应

表2-32　各省份"电水气网供应"分项指数的进展

单位：分

省　份	2012年	2016年	2019年	2022年	2019～2022年变化
北　京	3.96	4.32	4.26	4.22	-0.04
天　津	3.98	4.10	4.31	4.25	-0.06
河　北	3.98	3.93	4.04	4.19	0.15
山　西	3.98	4.25	3.90	3.92	0.02
内蒙古	4.48	3.66	3.66	4.04	0.38
辽　宁	4.13	4.05	4.15	3.91	-0.24
吉　林	4.14	3.94	3.93	4.15	0.22
黑龙江	4.23	4.09	4.21	3.98	-0.23
上　海	3.92	4.58	4.46	4.56	0.10
江　苏	3.99	4.17	4.19	4.41	0.22
浙　江	3.70	4.39	4.24	4.36	0.12
安　徽	4.01	3.86	4.06	4.36	0.30
福　建	4.01	4.29	4.11	4.46	0.35
江　西	3.81	3.97	4.00	4.27	0.27
山　东	4.09	4.15	4.10	4.28	0.18
河　南	3.81	3.87	3.91	4.14	0.23
湖　北	3.90	4.21	4.06	4.26	0.20
湖　南	3.82	4.14	3.86	4.37	0.51
广　东	3.51	4.26	4.27	4.39	0.12
广　西	3.57	4.07	4.11	4.10	-0.01
海　南	3.62	3.79	4.00	3.92	-0.08
重　庆	3.86	4.35	4.00	4.25	0.25
四　川	3.89	4.06	3.87	4.29	0.42
贵　州	3.77	3.93	3.88	4.03	0.15
云　南	3.70	3.82	4.09	3.97	-0.12
西　藏	—	3.27	3.40	3.97	0.57
陕　西	3.93	4.06	3.89	4.00	0.11
甘　肃	4.09	3.78	3.82	3.68	-0.14
青　海	—	3.91	3.63	3.83	0.20
宁　夏	4.38	3.93	3.95	4.58	0.63
新　疆	3.70	3.94	3.89	3.77	-0.12
全　国	3.93	4.04	4.01	4.16	0.15

分项指数7.2 铁路公路运输

表2-33 各省份"铁路公路运输"分项指数的进展

单位：分

省 份	2012 年	2016 年	2019 年	2022 年	2019~2022 年变化
北 京	3.29	4.19	4.33	4.03	-0.30
天 津	3.44	4.19	4.12	4.25	0.13
河 北	3.13	3.99	4.11	4.03	-0.08
山 西	3.11	4.02	3.88	3.51	-0.37
内蒙古	3.07	3.66	3.45	3.86	0.41
辽 宁	3.30	3.95	3.95	3.85	-0.10
吉 林	3.26	3.69	3.79	4.02	0.23
黑龙江	2.82	3.73	3.86	3.71	-0.15
上 海	3.35	4.58	4.49	4.35	-0.14
江 苏	3.22	4.20	4.12	4.19	0.07
浙 江	3.15	4.40	4.15	4.16	0.01
安 徽	3.10	3.74	3.94	4.32	0.38
福 建	3.15	4.24	4.06	4.35	0.29
江 西	3.01	3.79	3.93	4.15	0.22
山 东	3.19	3.92	4.13	4.04	-0.09
河 南	3.04	4.06	3.95	4.14	0.19
湖 北	3.24	4.45	4.12	3.95	-0.17
湖 南	3.10	4.11	3.84	3.96	0.12
广 东	3.12	4.15	4.30	4.30	0.00
广 西	2.91	3.83	4.06	4.17	0.11
海 南	2.95	3.52	3.92	3.98	0.06
重 庆	3.26	4.41	4.00	4.15	0.15
四 川	3.11	4.14	3.65	4.21	0.56
贵 州	3.03	3.73	3.65	4.02	0.37
云 南	2.53	3.55	3.50	3.95	0.45
西 藏	—	3.04	2.80	3.23	0.43
陕 西	3.12	3.97	3.97	3.93	-0.04
甘 肃	2.71	3.83	3.88	3.19	-0.69
青 海	—	3.75	3.63	3.26	-0.37
宁 夏	2.75	3.33	3.86	3.89	0.03
新 疆	2.63	3.31	3.59	2.66	-0.93
全 国	3.07	3.92	3.90	3.93	0.03

方面指数8　市场供求和中介服务

表2-34　各省份"市场供求和中介服务"方面指数的进展

单位：分

省　份	2012 年	2016 年	2019 年	2022 年	2019~2022 年变化
北　京	3.30	3.58	3.54	3.25	-0.29
天　津	3.41	3.33	3.38	3.13	-0.25
河　北	2.90	3.31	3.47	3.19	-0.28
山　西	2.72	3.13	3.38	3.10	-0.28
内蒙古	3.01	2.81	3.26	2.99	-0.27
辽　宁	3.00	3.19	3.36	3.06	-0.30
吉　林	2.90	3.54	3.43	3.04	-0.39
黑龙江	3.15	3.27	3.27	2.97	-0.30
上　海	3.29	3.73	3.70	3.11	-0.59
江　苏	3.04	3.12	3.59	3.26	-0.33
浙　江	3.12	3.58	3.55	3.31	-0.24
安　徽	2.92	3.11	3.46	3.14	-0.32
福　建	3.05	3.54	3.62	3.33	-0.29
江　西	2.77	3.17	3.51	3.10	-0.41
山　东	2.99	3.35	3.52	3.26	-0.26
河　南	3.05	3.14	3.36	3.14	-0.22
湖　北	2.90	3.25	3.43	3.26	-0.17
湖　南	2.95	3.40	3.34	3.23	-0.11
广　东	3.13	3.55	3.63	3.25	-0.38
广　西	3.01	3.04	3.50	3.03	-0.47
海　南	3.00	3.05	3.29	2.97	-0.32
重　庆	3.02	3.39	3.59	3.04	-0.55
四　川	2.92	3.23	3.39	3.22	-0.17
贵　州	2.81	2.96	3.31	3.18	-0.13
云　南	2.80	2.98	3.33	2.95	-0.38
西　藏	—	3.12	3.05	3.01	-0.04
陕　西	2.92	3.26	3.40	2.96	-0.44
甘　肃	2.74	3.13	3.38	2.84	-0.54
青　海	—	3.23	2.88	2.91	0.03
宁　夏	2.79	3.29	3.38	3.00	-0.38
新　疆	2.78	3.23	3.44	3.02	-0.42
全　国	2.98	3.26	3.41	3.11	-0.31

分项指数 8.1 市场需求旺盛度

表 2-35 各省份"市场需求旺盛度"分项指数的进展

单位：分

省 份	2016 年	2019 年	2022 年	2019~2022 年变化
北 京	3.59	3.57	3.22	−0.35
天 津	3.21	3.23	2.96	−0.27
河 北	3.39	3.52	3.30	−0.22
山 西	2.95	3.45	3.30	−0.15
内蒙古	2.83	3.45	3.22	−0.23
辽 宁	3.28	3.48	3.27	−0.21
吉 林	3.71	3.64	3.20	−0.44
黑龙江	3.21	3.24	3.19	−0.05
上 海	3.55	3.63	3.03	−0.60
江 苏	3.25	3.68	3.32	−0.36
浙 江	3.34	3.60	3.27	−0.33
安 徽	2.97	3.44	3.22	−0.22
福 建	3.64	3.70	3.38	−0.32
江 西	3.24	3.5	3.29	−0.21
山 东	3.32	3.55	3.35	−0.20
河 南	3.24	3.43	3.21	−0.22
湖 北	3.43	3.48	3.32	−0.16
湖 南	3.32	3.37	3.19	−0.18
广 东	3.67	3.66	3.17	−0.49
广 西	3.00	3.67	3.00	−0.67
海 南	3.15	3.32	3.20	−0.12
重 庆	3.45	3.33	3.14	−0.19
四 川	3.20	3.36	3.29	−0.07
贵 州	3.25	3.42	3.54	0.12
云 南	2.98	3.27	3.11	−0.16
西 藏	3.42	3.20	2.95	−0.25
陕 西	3.11	3.33	3.06	−0.27
甘 肃	3.22	3.29	3.00	−0.29
青 海	3.44	2.88	3.12	0.24
宁 夏	3.37	3.45	3.32	−0.13
新 疆	3.19	3.37	3.11	−0.26
全 国	3.29	3.44	3.20	−0.23

分项指数8.2　过度竞争压力

表2-36　各省份"过度竞争压力"分项指数的进展

单位：分

省　份	2016 年	2019 年	2022 年	2019~2022 年变化
北　京	3.35	3.12	2.77	-0.35
天　津	3.03	3.06	2.63	-0.43
河　北	2.97	3.14	2.77	-0.37
山　西	3.09	3.36	2.76	-0.60
内蒙古	2.69	3.17	2.37	-0.80
辽　宁	2.95	3.08	2.43	-0.65
吉　林	3.34	3.18	2.56	-0.62
黑龙江	2.94	3.03	2.37	-0.66
上　海	3.34	3.33	2.60	-0.73
江　苏	2.86	3.26	2.64	-0.62
浙　江	3.49	3.36	2.79	-0.57
安　徽	3.09	3.28	2.55	-0.73
福　建	3.43	3.43	2.87	-0.56
江　西	3.12	3.50	2.52	-0.98
山　东	3.20	3.37	2.80	-0.57
河　南	2.80	3.27	2.80	-0.47
湖　北	3.23	3.21	2.90	-0.31
湖　南	3.21	3.05	2.69	-0.36
广　东	3.30	3.27	2.74	-0.53
广　西	2.90	3.44	2.54	-0.90
海　南	3.06	3.11	2.27	-0.84
重　庆	3.31	3.36	2.59	-0.77
四　川	3.01	3.13	2.77	-0.36
贵　州	2.88	3.15	2.57	-0.58
云　南	3.02	3.27	2.36	-0.91
西　藏	3.46	3.00	2.62	-0.38
陕　西	3.14	3.36	2.47	-0.89
甘　肃	3.17	3.35	2.42	-0.93
青　海	3.41	2.50	2.52	0.02
宁　夏	3.52	3.00	2.18	-0.82
新　疆	3.25	3.41	2.83	-0.58
全　国	3.15	3.21	2.60	-0.61

分项指数 8.3　中介组织服务条件

表 2-37　各省份"中介组织服务条件"分项指数的进展

单位：分

省　份	2012 年	2016 年	2019 年	2022 年	2019~2022 年变化
北　京	3.30	3.96	3.96	3.77	-0.19
天　津	3.46	3.81	3.83	3.80	-0.03
河　北	2.92	3.63	3.62	3.49	-0.13
山　西	2.90	3.41	3.55	3.24	-0.31
内蒙古	3.03	3.20	3.28	3.38	0.10
辽　宁	3.05	3.41	3.73	3.49	-0.24
吉　林	2.98	3.86	3.68	3.36	-0.32
黑龙江	3.25	3.52	3.55	3.35	-0.20
上　海	3.27	4.14	4.24	3.69	-0.55
江　苏	3.03	3.58	3.90	3.83	-0.07
浙　江	3.10	3.91	3.83	3.85	0.02
安　徽	2.98	3.31	3.74	3.65	-0.09
福　建	3.10	3.74	3.74	3.76	0.02
江　西	2.85	3.33	3.61	3.49	-0.12
山　东	2.95	3.64	3.71	3.64	-0.07
河　南	3.12	3.43	3.57	3.39	-0.18
湖　北	2.99	3.43	3.69	3.57	-0.12
湖　南	3.03	3.61	3.65	3.83	0.18
广　东	3.12	3.86	3.99	3.84	-0.15
广　西	3.03	3.41	3.56	3.56	0.00
海　南	3.04	3.03	3.54	3.43	-0.11
重　庆	3.09	3.65	4.05	3.41	-0.64
四　川	2.99	3.55	3.65	3.61	-0.04
贵　州	2.86	3.23	3.38	3.41	0.03
云　南	2.84	3.14	3.70	3.39	-0.31
西　藏	—	2.88	3.00	3.46	0.46
陕　西	3.02	3.58	3.58	3.36	-0.22
甘　肃	2.91	3.22	3.59	3.12	-0.47
青　海	—	3.03	3.57	3.10	-0.47
宁　夏	2.86	3.26	3.64	3.50	-0.14
新　疆	2.93	3.41	3.48	3.11	-0.37
全　国	2.92	3.49	3.66	3.51	-0.15

对企业经营有严重影响的因素

在2022年的企业调查中，我们除了收集各地企业负责人对当地营商环境各方面因素的评价，也了解了哪些因素对他们的企业经营有比较严重的影响。问卷中的这一问题是"以上26项中有哪些项对您的企业经营有比较严重的影响？（最多选5项，都无严重影响不必填）"。

样本企业中，总共有1156家企业的负责人认为其中某些因素对其企业经营有较严重的影响，占到样本企业总数的50.4%，总体影响面相当大。在表2-38中，我们分别计算了26项影响因素各自的影响面（这里指某个单一因素对样本企业中百分之多少企业的经营有较严重的影响），并基于营商环境方面指数的分类，将这26项影响因素归并为影响企业经营环境的9个方面（其中"市场供求和中介服务"按问题的性质分成两个方面），分别计算各方面影响因素的影响面和发生率。影响面和发生率的区别在于，如果两三个因素对同一家企业发生影响，影响面只计一家企业，而发生率则按影响因素的发生频次计算。前者反映有多大比例的企业受到影响，后者反映某方面因素影响的严重程度。请注意两者都以全部有效样本企业数为基数，而并非以受影响的企业数为基数。各方面因素按影响面大小排列，影响面大的因素排在前面（并非按8个方面指数的序号排列）①。

从表2-38可见，在2022年各方面影响因素中，对企业影响面最大的因素是市场供求状况。有10.2%的样本企业面临过度竞争，对企业经营造成了较严重的影响；8.1%的企业因市场需求疲软而严重影响了经营，合计影响面14.3%，合计发生率18.3%。与2019年企业调查数据相比，

---

① 在我们的2020年报告中（2019年数据），严重影响企业经营因素的发生率分别是以总发生频次为基数和以受到严重影响的样本企业数为基数计算的。本报告对计算方法做了改变，与以前的发生率不可比。

当时该方面因素按同样口径计算的发生率只有8.7%。这反映出企业产能过剩和市场需求不足的严重程度比2019年显著上升了。

表2-38 对企业经营有严重影响的因素

	受影响企业数（家）	影响面（%）	发生率（%）
一、市场供求	329	14.3	
市场需求旺盛度	186	8.1	18.3
过度竞争压力	235	10.2	
二、金融服务和融资成本	316	13.8	
银行贷款难易度	243	10.6	
其他融资难易度	85	3.7	19.6
银行贷款利率	69	3.0	
其他融资利率	52	2.3	
三、人力资源供应	273	11.9	
技术人员供应	197	8.6	
管理人员供应	169	7.4	22.3
熟练工人供应	146	6.4	
四、企业的税费负担	259	11.3	
法定税负合理性	170	7.4	
政府依法征税	28	1.2	15.3
社保缴费负担	113	4.9	
其他缴费负担	40	1.7	
五、政策公开公平公正	242	10.5	
政策制度公开透明	64	2.8	
各类企业公平竞争	97	4.2	12.4
不合理的地方保护	123	5.4	
六、行政干预和行政效率	128	5.6	
过多的政府干预	81	3.5	
与政府打交道时间比例	15	0.7	5.8
审批手续简便易行	38	1.7	
七、企业经营的法治环境	108	4.7	
司法公正保护企业合法权益	54	2.4	
党政官员廉洁守法	26	1.1	6.4
企业合同正常履行	47	2.0	
知识产权技术品牌保护	19	0.8	

续表

	受影响企业数（家）	影响面（%）	发生率（%）
八、基础设施条件	90	3.9	3.9
电水气网供应	39	1.7	
铁路公路运输	42	1.8	
九、中介组织服务条件	49	2.1	2.1
中介组织服务条件	49	2.1	
合　计	1156	50.4	

注：表中各影响因素中，"人力资源供应"的影响是指人力资源供应不良对企业经营造成的影响，"政策公开公平公正"的影响是指政策公开公平公正做得不好对企业经营造成的影响，其余类推。

对一家企业有严重影响的因素可能不止一项，因此9个方面影响因素的发生率合计可以超过100%。表中有些方面的分项因素发生率合计与该方面因素发生率略有出入，是尾数四舍五入所致。

第二位影响因素是金融服务和融资成本。其中因获得银行贷款困难而严重影响经营的企业占到10.6%；加上通过其他渠道融资的困难和融资成本高造成的困难，金融服务和融资成本因素的合计影响面占样本企业的13.8%，合计发生率达到19.6%。与2019年调查数据相比，当时因获得银行贷款困难而严重影响经营的企业只占5.8%，按同口径计算的金融服务和融资成本因素合计发生率只有14.2%。本次调查的影响面和发生率有明显上升。这一结果出乎意料。因为近年来货币当局多次实行了降准降息，货币和信贷宽松程度明显上升，本来应该使企业融资成本和贷款难易度双双下降。但事实上，在企业平均融资成本下降的同时，不少企业贷款难的问题并没有解决，反而影响面扩大了。此外，还有一个值得注意的情况是，在平均融资成本下降的同时，一部分企业的融资成本仍然居高不下，企业间苦乐不均的情况相当突出。这些都需要靠银行体制的创新和银行业规章制度的改革来解决。

按影响面排序，第三位的影响因素是人力资源供应，该方面因素对企业的影响面为11.9%。但按发生率计算则达到22.3%，在诸方面因素中最高，比2019年有大幅度上升。这种情况显然是2022年疫情期间人员不能自由流动造成的。各类人力资源中，企业找不到合适的技术人员导致的影响最大，其次是管理人员、熟练工人，但三者的影响程度相差不大。

接下来对企业经营造成影响的因素依次是企业的税费负担、政策公开公平公正、行政干预和行政效率、企业经营的法治环境。这几方面因素的影响面排序虽然都在第三位之后，但合计发生率仍高达39.9%。而2019年这几方面因素同口径的合计发生率是27.7%，影响程度显著上升。这说明体制和政策因素仍然是影响企业经营的重要因素，而且情况趋于恶化。这些问题迫切需要通过体制改革和政策调整来解决。

对企业经营影响较小的因素是基础设施条件和中介服务。两者的发生率都低于4%。

企业经营在2022年新冠疫情期间受到的影响

2022年，新冠疫情及相关因素对企业经营状况产生了显著影响。本次营商环境调查大部分在2022年第四季度完成，调查问卷反映出大部分接受调查的企业都受到了不同程度的影响。表2-39列出了按样本企业当时经营状况的分类情况（该分类来自企业负责人对本企业经营状况的判断）。其中，处在快速发展中的样本企业只占8.5%，基本正常发展的企业占33.7%，两者合计占42.2%，显著低于一半。有27.1%的企业只能维持现状。处在经营困难和很难维持（这两者互不包括）的企业各占20.6%和10.1%，两者合计30.7%，这是一个相当高的比例。

表2-39　调查期间样本企业经营状况（单选）

企业经营状况	样本数（家）	占比（%）
企业快速发展	194	8.5
基本正常发展	768	33.7
维持现状	617	27.1
经营困难	469	20.6
很难维持	229	10.1
合　计	2277	100.0

注："占比"一栏以回答该题的企业数2277家为100%。因为是单选题，各选项之间无重合。

在调查中，我们同时了解了导致企业经营困难的原因，结果见表2-40。从该表可以看到，2022年疫情和相关因素导致超过1/4的企业面临经营困难，远高于其他原因导致经营困难的比例，说明这在当时是影响企业经营第一位的原因。其他影响企业经营的因素都是我们历年企业调查包括的常规因素。其中，2022年影响较大的因素还包括资金紧张、某些体制和政策因素、过度竞争等，受这几项因素影响的企业均超过了答题企业的10%。

表 2-40　导致企业经营困难的原因（多选）

原因	样本数（家）	占比（%）
疫情和相关因素	510	26.6
资金紧张	327	14.4
某些体制和政策因素	279	12.3
过度竞争	261	11.5
内需不振	176	7.7
外贸形势变差	95	4.2
企业决策失误	48	2.1
其他	61	2.7

注：占比计算以回答相关问题的企业数为100%。其中回答疫情和相关因素对企业有无影响问题的企业1915家（少数较早的调查问卷未包括该问题），该问题的占比计算以1915家为100%，其他问题以回答企业经营状况问题的企业数2277家为100%。关于困难原因的问题是多选题，未面临困难的企业不选，有困难的企业可选择一个以上的原因，故合计不等于100%。

实际上，疫情和相关因素对企业的影响面还更大。在1915家回答该问题的企业中，回答该方面因素对企业经营"有影响"的企业为1612家，占84.2%，只是对多数企业的影响还没有达到使其陷入困难的程度。回答"没有影响"的企业为303家，只占15.8%。

在问卷中，我们进一步了解了疫情和相关因素影响到企业经营的哪些方面及其影响程度，结果见表2-41。在回答该问题的企业中，企业开工/营业时间减少、企业从业人员减少、预计全年营业收入将下降、预计全年利润将下降的企业都占到2/3以上。调查当时，预计本企业全年能够保持盈利的企业和维持盈亏平衡的企业各占 18.0% 和 20.4%，两者合计占 38.4%，而预计全年亏损的企业占 45.7%，超过预计盈利和盈亏平衡的企业。其余 15.9% 的企业未给出预期。

表 2-41　调查期间疫情和相关因素对企业的具体影响

具体影响	样本数（家）	占比（%）
企业开工/营业时间减少	1339	69.9
企业从业人员减少	1397	73.0
预计全年营业收入将下降	1297	67.7
预计全年利润将下降	1319	68.9
预计全年盈亏,其中:		
预计盈利	345	18.0
预计盈亏平衡	391	20.4
预计亏损	875	45.7

注：占比计算以回答该问题的企业 1915 家为 100%。

第三部分
不同类型企业面临的营商环境比较

在这一部分，我们对不同类型企业面临的营商环境进行比较分析，借助图表对2022年不同类型企业的营商环境总指数、各方面指数、各分项指数的评分进行直观显示。我们具体比较国有企业（含国有控股企业）和非国有企业营商环境的差异，大型、中型、小型和微型企业营商环境的差异，以及不同行业企业营商环境的差异。在数据比较的基础上，进一步对导致不同类型企业营商环境差异的原因进行解读，为进一步改善企业的营商环境提供参考。

国有企业和非国有企业的营商环境比较

本节比较国有企业与非国有企业面临的营商环境，考察这两类企业营商环境各个方面指数的异同。这里的国有企业包括国有独资企业和国有控股企业（下同）；非国有企业是指除此以外的所有企业，包括私营企业、非国有控股的股份有限公司和有限责任公司、集体所有制企业、股份合作制企业、其他内资企业，以及外商和港澳台商投资企业。在我国的非国有企业中，主体部分是私营企业和私人控股的有限责任公司、股份有限公司。外商和港澳台商投资企业，以及其他类型的非国有内资企业占比不大。本报告中我们将以上两类企业简称为"国有企业"和"非国有企业"，以下不再解释。

在本次调查的全部 2295 家有效样本企业中，国有企业 142 家，占样本总数的 6.2%；非国有企业 2153 家，占 93.8%。非国有企业中绝大部分是私营企业、私人（自然人）或非国有法人控股的有限责任公司、股份有限公司，也有少量外资和港澳台资企业。国有企业样本以大中型企业为主。非国有企业样本中，小微企业约占 2/3。

在表 3-1 中，我们列出了 2012 年以来国有企业和非国有企业（基本上是民营企业）营商环境总指数的变化情况。从表中可见，国有企业和非国有企业的营商环境在 2012～2019 年的多数年份都有所改善，但两者间始终有明显差异，非国有企业营商环境比国有企业营商环境差的情况始终没有改变。差异的大小呈不稳定变化，2012～2016 年两者差异呈扩大趋势，2016～2019 年呈缩小趋势，而 2019～2022 年两者差异重新扩大，非国有企业营商环境明显变差了。从表中可以清楚地看到，2019 年非国有企业的营商环境总指数比国有企业只差 0.05 分，但从 2019 年到 2022 年，国有企业的总指数提高了 0.09 分，而非国有企业的总指数下降了 0.10 分，说明在这期间的营商环境发生了更加不利于非国有企业的变化。

表 3-1　国有企业和非国有企业的营商环境总指数变化

单位：分

企业类型	2012 年	2016 年	2019 年	2022 年	2019～2022 年变化
国有企业	3.13	3.83	3.76	3.85	0.09
非国有企业	3.08	3.59	3.71	3.61	−0.10
差异	0.05	0.24	0.05	0.24	

注："差异"一行的正值表示同一年份国有企业营商环境评分高于非国有企业的差额。

表 3-2 列出了 2022 年国有企业和非国有企业面临的各方面营商环境指数比较，包括营商环境总指数、8 个方面指数和 26 个分项指数。从表中可见，2022 年国有企业营商环境总指数为 3.85 分，非国有企业营商环境总指数为 3.61 分，比国有企业低 0.24 分。非国有企业的 8 个方面指数

中，有 7 个方面指数显著低于国有企业。其中，"政策公开公平公正""企业经营的法治环境""金融服务和融资成本"三个方面的差别最突出，非国有企业的营商环境指数比国有企业低 0.37~0.40 分。非国有企业的 25 个分项指数，有 23 个显著低于国有企业。

表 3-2　国有企业与非国有企业营商环境指数比较（2022 年）

单位：分

指数	国有企业	非国有企业	差异
总指数	3.85	3.61	0.24
政策公开公平公正	4.04	3.64	0.40
政策制度公开透明	4.17	3.81	0.36
各类企业公平竞争	3.91	3.46	0.45
不合理的地方保护	—	—	—
行政干预和行政效率	3.98	4.02	-0.04
过多的政府干预	3.99	3.74	0.25
与政府打交道时间比例	3.88	4.39	-0.51
审批手续简便易行	4.04	3.98	0.06
企业经营的法治环境	4.27	3.88	0.39
司法公正保护企业合法权益	4.30	3.86	0.44
党政官员廉洁守法	4.23	3.95	0.28
企业合同正常履行	4.21	3.72	0.49
知识产权技术品牌保护	4.32	3.99	0.33
企业的税费负担	3.74	3.64	0.10
法定税负合理性	3.84	3.71	0.13
政府依法征税	4.38	4.34	0.04
社保缴费负担	2.68	2.73	-0.05
其他缴费负担	3.88	3.70	0.18
金融服务和融资成本	3.71	3.34	0.37
银行贷款难易度	3.74	3.23	0.51
其他融资难易度	3.41	2.91	0.50
银行贷款利率	4.63	4.41	0.22
其他融资利率	4.95	4.03	0.92
人力资源供应	3.36	3.16	0.20
技术人员供应	3.29	3.06	0.23
管理人员供应	3.35	3.13	0.22
熟练工人供应	3.44	3.28	0.16

续表

指数	国有企业	非国有企业	差异
基础设施条件	4.29	4.08	0.21
电水气网供应	4.35	4.18	0.17
铁路公路运输	4.23	3.99	0.24
市场供求和中介服务	3.39	3.12	0.27
市场需求旺盛度	3.51	3.20	0.31
过度竞争压力	2.86	2.62	0.24
中介组织服务条件	3.81	3.54	0.27

注：最后一列的"差异"正值表示国有企业营商环境指数高于非国有企业，负值表示国有企业营商环境指数低于非国有企业。"不合理的地方保护"分项指数的评分方法与其他分项指数不同，是根据样本企业在全国各地遭遇的地方保护措施计算的，故无法按相同方法区分国有企业和非国有企业。

非国有企业高于国有企业的唯一一个方面指数是"行政干预和行政效率"。从表中的分项指数可以看到，其原因是非国有企业负责人与政府打交道的时间显著低于国有企业。这种情况容易理解，因为国有企业与政府的关系更为密切，自然打交道更多。同时国有企业中大中型企业较多，而非国有企业中小微企业数量众多，政府机构很难有太多时间和精力频繁地与其直接打交道。特别是在2022年疫情期间，非国有企业负责人与政府直接打交道的时间显著减少了，这是一个发生在特定时期的特殊原因。但可看到，在"行政干预和行政效率"方面指数中，另外两个分项指数"过多的政府干预"和"审批手续简便易行"，非国有企业还是低于国有企业。这反映出政府对非国有企业的干预更多采取其他方式（例如下达各种文件指令、要求各种审批手续等等）。

在"政策公开公平公正"方面，国有企业的指数为4.04分，非国有企业的指数为3.64分，两者相差0.40分。其中，"政策制度公开透明"和"各类企业公平竞争"两个分项指数分别差0.36分和0.45分（"不合理的地方保护"分项指数未能按国有企业和非国有企业分别进行分省份统计）。非国有企业的指数显著低于国有企业，这可能是因为各地在政策、规章制度和行政实践方面对国有企业和非国有企业有一定区别，政策和行政的公开透明度仍然有欠缺。这些都是当前需要解决的突出问题。

在"行政干预和行政效率"方面，国有企业的指数低于非国有企业0.04分，这与其他方面指数的情况都不同。但从3个分项指数看，"过多的政府干预"和"审批手续简便易行"分项指数都是国有企业高于非国有企业，只有"与政府打交道时间比例"相反，是国有企业显著低于非国有企业，因此拉低了国有企业该方面指数的评分。其原因在前面解释过。

在"企业经营的法治环境"方面，国有企业的指数为4.27分，非国有企业的指数为3.88分，两者相差0.39分，差别同样很大。其中，3个分项指数都是国有企业高于非国有企业。"司法公正保护企业合法权益"分项指数国有企业比非国有企业高0.44分，"党政官员廉洁守法"分项指数，国有企业高0.28分，"企业合同正常履行"分项指数，国有企业高0.49分。

国有企业和非国有企业之所以对"党政官员廉洁守法"的评价有明显差异，通过问卷分析可知，主要是民营企业中的小微企业较多，而小微企业与基层官员打交道较多，又因为纪检监察覆盖力度的差异，基层官员的非规范行为可能也相对较多。

关于"企业合同正常履行"，问卷中非国有企业反映相当集中的问题是当地政府不遵守与企业的合同或对企业的承诺，拖欠工程款、货款或根据政策应付的财政补贴等，导致企业面临困难甚至难以为继。这些情况导致非国有企业对合同正常履行的评价与国有企业差距很大。出现这类问题，常常是因为当地政府自身面临财政困难。但这绝不是政府失信、不履行合同的理由。法治国家的政府必须守法，不管自身有再大的困难，合同必须履行。

在"企业的税费负担"方面，国有企业和非国有企业的指数差异相对较小，国有企业比非国有企业高 0.10 分。从分项指数看，两者的"政府依法征税"分项指数差异不大，相差 0.04 分。国有企业的"社保缴费负担"分项指数比非国有企业低 0.05 分。这是因为有一部分非国有企业没有实现社保全覆盖。国有企业和非国有企业的差异主要反映在对"法定税负合理性"和"其他缴费负担"的评价，国有企业比非国有企业分别高 0.13 分和 0.18 分。

"其他缴费负担"分项指数的差异，可能反映了部分地区还存在不合理收费现象，而非国有企业的负担相对较重。关于法定税负合理性，两者之所以对同样的法定税率有不同评价，根据样本企业的反映，主要是由于一部分企业无法享受增值税进项抵扣政策。尤其是非国有企业中小微企业较多，它们的原材料和其他服务采购也较多来自小微企业，其中一部分供货企业不属于增值税一般纳税人，不能提供增值税发票，因此增加了采购方实际上的增值税缴税负担。这种情况可能与征税方式和征税环节的某些具体规定欠周到有关，也可能与当地税务部门没有严格执行相关政策有关。例如，在哪些情况下可以或应当采取按核定比例抵扣而不必凭票据抵扣增值税？这些问题需要职能部门和政策研究部门进行研究，找出解决办法。

在"金融服务和融资成本"方面，国有企业的指数比非国有企业高 0.37 分，差异很大。4 个分项指数都是国有企业显著高于非国有企业。其中，"银行贷款难易度"和"其他融资难易度"分别相差 0.51 分和 0.50 分，"银行贷款利率"和"其他融资利率"分别相差 0.22 分和 0.92 分。这反映出非国有企业在取得银行贷款和通过其他渠道融资方面都比国有企业面临更多困难。在贷款利率方面非国有企业也面临不利的条件。非国有企业在无法获得银行贷款的情况下，不得不转向利率更高的其他渠道融资，它们在这方面就更处于相对劣势地位，因为不仅难借，而且市场利率要高得多，导致成本大幅度增加。而国有企业在通过其他渠道融资方面有更多的选择空间，例如可能有利率很低的财政借款等等。

在"人力资源供应"和"基础设施条件"方面，国有企业的指数分别高于非国有企业 0.20 分和 0.21 分。为什么面对同样的人力资源市场和基础设施条件，两者评价不同？其一，这反映了人力资源流向选择性的变化。较早的改革时期，很多人青睐就业机制更灵活的非国有企业，因为个人努力更可能得到认可，勤奋工作可能得到更高的报酬。但近些年来更多人偏好选择国有企业，因为国有企业的就业相对更为稳定，工资水平相对非国有企业更高。这种择业倾向的改变当然与市场环境变化有关，同时也影响了非国有企业的人力资源供应状况。其二，虽然基础设施硬件条件对所有企业是相同的，但软件（基础设施服务）会有差异，上述评分差异说明国有企业在利用基础设施方面可能得到更好的服务。例如，在铁路运力紧张的情况下，国有企业、大企业的货运可能得到优先权，在供电方面可能也有类似情况，这种服务条件差异也会发生在大中小微企业之间。

在"市场供求和中介服务"方面，国有企业的指数高于非国有企业 0.27 分，差异显著。非国有企业比国有企业面临更激烈的过度竞争和更疲软的市场需求，两个分项指数分别相差 0.24 分和 0.31 分（国有企业有在某些领域的垄断地位和政府采购、执行政府投资等优先条件，是非国有企业享受不到的）。非国有企业所面临的中介组织服务条件也不如国有企业，该分项指数相差 0.27 分。

综上，非国有企业面临的营商环境显著不如国有企业，说明在国有企业和非国有企业之间确实存在不平等竞争，这是当前需要解决的突出问题。

在表 3-3 中，我们具体显示了 2019～2022 年国有企业和非国有企业营商环境各个方面指数和分项指数的变化。2022 年，国有企业的营商环境总指数为 3.85 分，比 2019 年上升 0.09 分。非国有企业的营商环境总指数为 3.61 分，比 2019 年下降 0.10 分。国有企业和非国有企业的指数差异从 0.05 分扩大到 0.24 分。这是一个显著的变化。

表 3-3　2019~2022 年国有企业与非国有企业营商环境指数各方面变化

单位：分

指数	国有企业			非国有企业		
	2019 年	2022 年	变化	2019 年	2022 年	变化
总指数	3.76	3.85	0.09	3.71	3.61	-0.10
1　政策公开公平公正	3.78	4.04	0.26	3.74	3.64	-0.10
政策制度公开透明	3.87	4.17	0.30	3.85	3.81	-0.04
各类企业公平竞争	3.72	3.91	0.19	3.57	3.46	-0.11
不合理的地方保护	—	—	—	—	—	—
2　行政干预和行政效率	3.75	3.98	0.23	3.75	4.02	0.27
过多的政府干预	3.87	3.99	0.12	3.73	3.74	0.01
与政府打交道时间比例	3.38	3.88	0.50	3.71	4.39	0.68
审批手续简便易行	3.83	4.04	0.21	3.72	3.98	0.26
3　企业经营的法治环境	4.03	4.27	0.24	3.92	3.88	-0.04
司法公正保护企业合法权益	4.04	4.30	0.26	3.91	3.86	-0.05
党政官员廉洁守法	3.91	4.23	0.32	3.83	3.95	0.12
企业合同正常履行	3.96	4.21	0.25	3.82	3.72	-0.10
知识产权技术品牌保护	3.96	4.32	0.36	3.93	3.99	0.06
4　企业的税费负担	3.53	3.74	0.21	3.46	3.64	0.18
法定税负合理性	4.02	3.84	-0.18	3.96	3.71	-0.25
政府依法征税	4.13	4.38	0.25	4.11	4.34	0.23
社保缴费负担	2.93	2.68	-0.25	2.89	2.73	-0.16
其他缴费负担	3.05	3.88	0.83	2.88	3.70	0.82
5　金融服务和融资成本	3.68	3.71	0.03	3.60	3.34	-0.26
银行贷款难易度	3.73	3.74	0.01	3.47	3.23	-0.24
其他融资难易度	3.33	3.41	0.08	3.32	2.91	-0.41
银行贷款利率	3.73	4.63	0.90	3.75	4.41	0.66
其他融资利率	3.92	4.95	1.03	3.87	4.03	0.16
6　人力资源供应	3.57	3.36	-0.21	3.70	3.16	-0.55
技术人员供应	3.57	3.29	-0.28	3.65	3.06	-0.59
管理人员供应	3.50	3.35	-0.15	3.72	3.13	-0.59
熟练工人供应	3.63	3.44	-0.19	3.74	3.28	-0.46
7　基础设施条件	4.21	4.29	0.08	4.04	4.08	0.04
电水气网供应	4.24	4.35	0.11	4.11	4.18	0.07
铁路公路运输	4.38	4.23	-0.15	4.08	3.99	-0.09
8　市场供求和中介服务	3.54	3.39	-0.15	3.49	3.12	-0.37
市场需求旺盛度	3.59	3.51	-0.08	3.51	3.20	-0.31
过度竞争压力	3.17	2.86	-0.31	3.23	2.62	-0.61
中介组织服务条件	3.89	3.81	-0.08	3.78	3.54	-0.24

　　注："变化"一栏中，正值表示 2022 年评分比 2019 年上升，显示营商环境有所改善；负值表示 2022 年评分比 2019 年下降，显示营商环境变差。

分方面来看，2019~2022 年，在 8 个方面指数中，国有企业有 6 个方面指数是上升的，只有 2 个方面指数下降。而非国有企业只有 3 个方面指数上升，5 个方面指数下降。在所有 8 个方面中，除了第 2 方面"行政干预和行政效率"以外，其他 7 个方面指数，国有企业评价好于非国有企业的差异都明显扩大了。

从分项指数来看，国有企业有 16 个上升，只有 9 个下降。而非国有企业只有 10 个上升，15 个下降。

上述情况说明，当前迫切需要解决国有企业和非国有企业之间待遇不平等的问题。

大中小微企业营商环境比较

本节考察不同规模企业的营商环境，对大型、中型、小型和微型企业的营商环境总指数、各方面指数和分项指数进行比较。2022 年样本企业中有大型企业 160 家，中型企业 706 家，小型企业 931 家，微型企业 495 家，分别占全部样本企业的 7.0%、30.8%、40.6%、21.5%；未分类 3 家，占 0.1%。

2022 年，大型、中型、小型、微型企业的营商环境总指数分别为 3.81 分、3.67 分、3.59 分、3.58 分。非常明显，企业规模越大，营商环境评价越好，小微企业的营商环境相对较差，这与历年的情况一致。近年来不同规模企业的营商环境变化情况见表 3-4。

表 3-4　不同规模企业的营商环境变化（2012~2022 年）

单位：分

企业规模	2012 年	2016 年	2019 年	2022 年	2019~2022 年变化
大型企业	3.20	3.80	3.84	3.81	-0.03
中型企业	3.09	3.64	3.77	3.67	-0.10
小型企业	3.07	3.54	3.68	3.59	-0.09
微型企业	2.98	3.40	3.65	3.58	-0.07

从表中可见，从 2012 年到 2019 年，不同规模企业的营商环境总指数都有不同程度的上升。但 2022 年与 2019 年相比，不同规模企业的营商环境总指数都下降了，说明它们的营商环境都在不同程度上变差了。其中，大型企业只下降了 0.03 分，变化不大；中、小、微型企业分别下降了0.10 分、0.09 分和 0.07 分。因此，大小企业之间的营商环境差异重新扩大了。2019 年微型企业比大型企业的评分低 0.19 分，2022 年该差异扩大至 0.23 分。中型企业与大型企业的差距也从 2019 年的 0.07 分扩大到2022 年的 0.14 分。

下面我们将分不同方面来看政策环境和市场环境差异对企业经营环境的影响。表 3-5 列出了不同规模企业 2022 年营商环境总指数、方面指数和分项指数的平均得分。表 3-6 计算了各类不同规模企业之间差异的大小。这两张表显示，除少数例外，企业经营环境的大多数方面指数和分项指数，都呈现大型企业高于中型企业、中型企业高于小型企业、小型企业高于微型企业的排列顺序。几个例外的方面如下。

其一，"行政干预和行政效率"方面，微型企业评分明显高于其他规模的企业。主要原因在于这类企业负责人与政府打交道时间相对较少。这显然是微型企业数量众多、政府无暇顾及的结果。这一现象以前也存在。此外，微型企业对分项指数"审批手续简便易行"的评分也小幅高于其他企业，应该也与该原因有关。

其二，在"企业的税费负担"方面，大、中、小型企业评分同样是大型企业评分较高，中、小型企业较低。这与 2019 年调查的情况有差别，改变了大型企业社保缴费和其他缴费负担较重的情况。可能与当时中、小型企业的社保覆盖率较低有关。本次调查发现微型企业评分高于小型企业，反映出小型企业的税费负担不仅在总体上高于大、中型企业，也比微型企业的税费负担重一些。根据一些企业的反映，小型企业在增值税的进项抵扣方面可能因取得发票有困难而使负担加重。而微型企业大多数属于小规模纳税人，目前享受免缴增值税的优惠政策，减轻了负担。

表 3-5　不同规模企业 2022 年营商环境指数评分

单位：分

指数	大型企业	中型企业	小型企业	微型企业
总指数	3.81	3.67	3.59	3.58
1　政策公开公平公正	3.92	3.73	3.62	3.55
政策制度公开透明	4.09	3.88	3.81	3.73
各类企业公平竞争	3.74	3.58	3.44	3.38
不合理的地方保护	—	—	—	—
2　行政干预和行政效率	3.97	4.02	3.98	4.09
过多的政府干预	3.79	3.83	3.71	3.74
与政府打交道时间比例	4.17	4.31	4.36	4.51
审批手续简便易行	4.01	3.97	3.95	4.05
3　企业经营的法治环境	4.14	3.95	3.87	3.83
司法公正保护企业合法权益	4.08	3.91	3.88	3.82
党政官员廉洁守法	4.19	4.07	3.94	3.81
企业合同正常履行	4.13	3.79	3.68	3.68
知识产权技术品牌保护	4.15	4.04	3.97	4.00
4　企业的税费负担	3.73	3.69	3.58	3.65
法定税负合理性	3.87	3.75	3.67	3.72
政府依法征税	4.42	4.35	4.32	4.36
社保缴费负担	2.73	2.80	2.68	2.71
其他缴费负担	3.62	3.78	3.64	3.76
5　金融服务和融资成本	3.86	3.49	3.30	3.14
银行贷款难易度	3.86	3.42	3.17	3.04
其他融资难易度	3.48	3.06	2.89	2.69
银行贷款利率	4.65	4.32	4.41	4.56
其他融资利率	4.65	4.13	4.02	3.90
6　人力资源供应	3.21	3.13	3.17	3.20
技术人员供应	3.11	3.02	3.10	3.10
管理人员供应	3.22	3.13	3.10	3.21
熟练工人供应	3.30	3.25	3.31	3.31
7　基础设施条件	4.28	4.08	4.06	4.13
电水气网供应	4.34	4.17	4.17	4.23
铁路公路运输	4.23	3.99	3.96	4.02
8　市场供求和中介服务	3.40	3.22	3.09	3.02
市场需求旺盛度	3.56	3.37	3.18	2.96
过度竞争压力	3.02	2.69	2.58	2.55
中介组织服务条件	3.64	3.61	3.51	3.56

表 3-6 不同规模企业 2022 年营商环境指数评分的差异

单位：分

指数	大-中	中-小	小-微	大-微
总指数	0.14	0.08	0.01	0.23
1 政策公开公平公正	0.19	0.11	0.07	0.37
政策制度公开透明	0.21	0.07	0.08	0.36
各类企业公平竞争	0.16	0.14	0.06	0.36
不合理的地方保护	—	—	—	—
2 行政干预和行政效率	-0.05	0.04	-0.11	-0.12
过多的政府干预	-0.04	0.12	-0.03	0.05
与政府打交道时间比例	-0.14	-0.05	-0.15	-0.34
审批手续简便易行	0.04	0.02	-0.10	-0.04
3 企业经营的法治环境	0.19	0.08	0.04	0.31
司法公正保护企业合法权益	0.17	0.03	0.06	0.26
党政官员廉洁守法	0.12	0.13	0.13	0.38
企业合同正常履行	0.34	0.11	0.00	0.45
知识产权技术品牌保护	0.11	0.07	-0.03	0.15
4 企业的税费负担	0.04	0.11	-0.07	0.08
法定税负合理性	0.12	0.08	-0.05	0.15
政府依法征税	0.07	0.03	-0.04	0.06
社保缴费负担	-0.07	0.12	-0.03	0.02
其他缴费负担	-0.16	0.14	-0.12	-0.14
5 金融服务和融资成本	0.37	0.19	0.16	0.72
银行贷款难易度	0.44	0.25	0.13	0.82
其他融资难易度	0.42	0.17	0.20	0.79
银行贷款利率	0.33	-0.09	-0.15	0.09
其他融资利率	0.52	0.11	0.12	0.75
6 人力资源供应	0.08	-0.04	-0.03	0.01
技术人员供应	0.09	-0.08	0.00	0.01
管理人员供应	0.09	0.03	-0.11	0.01
熟练工人供应	0.05	-0.06	0.00	-0.01
7 基础设施条件	0.20	0.02	-0.07	0.15
电水气网供应	0.17	0.00	-0.06	0.11
铁路公路运输	0.24	0.03	-0.06	0.21
8 市场供求和中介服务	0.18	0.13	0.07	0.38
市场需求旺盛度	0.19	0.19	0.22	0.60
过度竞争压力	0.33	0.11	0.03	0.47
中介组织服务条件	0.03	0.10	-0.05	0.08

注：表中"大-中"表示大型企业与中型企业评分的差异，正值表示大型企业评分高于中型企业的幅度，负值表示大型企业评分低于中型企业的幅度，其余各列类推。

在某种程度上，各类企业享受的基础设施服务条件也存在与上述情况类似的差异，小型企业的评价逊于微型企业。是什么原因导致的，有待更多的研究。

其三，在"人力资源供应"方面，不同规模企业面临的情况接近（而且与 2019 年相比情况都显著变差），其中，中、小型企业获得所需的技术人员难度相对更大些。

综合 8 个方面指数的情况，大、中、小、微型企业营商环境差异特别大的方面排第一的是"金融服务和融资成本"，微型企业与大型企业之间评分差距高达 0.72 分。小微企业虽然在融资成本方面的情况有所好转，但仍然面临融资难问题，而且与 2019 年相比难度增加了。

排第二和第三的分别是"市场供求和中介服务"与"政策公开公平公正"。在这两个方面，微型企业与大型企业分别相差 0.38 分和 0.37 分。在前一个方面，主要是小微企业面临更严重的市场需求不振和企业间过度竞争问题。在后一个方面，小微企业同时面临政策透明度不高和不公平竞争问题。

排第四的是"企业经营的法治环境"。微型企业与大型企业评分相差 0.31 分。其中，小微企业更多面临合同违约带来的损害，特别是一些地方政府违约给企业带来的损害。在这方面很多企业都有反映。小微企业面临政府官员不廉洁守法的问题和司法执法欠公正、不能给企业提供有效保护的问题也比大中型企业更突出。

当前改善营商环境，应继续把更多的注意力放在改善小微企业的经营环境；推进金融市场改革，进一步解决小微企业融资难问题；继续实行竞争中性政策，无论大小企业、国企民企，保证公平的国民待遇；继续减少对企业的行政干预；继续改善企业面临的法治环境。

分行业营商环境比较

在本节中我们考察不同行业的企业对营商环境的评价差别，试图通过分析发现某些具有规律性的现象。这些分析旨在对以下关于营商环境的假设进行检验。

（1）一个充分竞争的市场有利于大多数企业公平参与竞争，是营商环境的有利因素。但在某些技术进步不足的竞争性传统行业，比较容易形成过度竞争，可能是一个不利因素。

（2）新兴行业和高技术行业的企业面临较多的市场机遇，或拥有较大的技术优势，是营商环境的有利条件。

（3）垄断程度较高的市场对大多数竞争性企业不利，但对拥有垄断地位的少数企业有利，这并非良好的营商环境。进入壁垒较高的行业对试图进入的竞争性企业不利，也会影响资源的优化配置，但对已经进入的企业可能有利。

（4）政府管制程度较高的行业竞争不充分，可能对营商环境有不利影响。但享受特殊政策优惠的行业对该行业的企业有利。

（5）资源配置市场化程度较低的行业对大多数竞争性企业是不利因素，只对少数在资源配置中拥有特殊优先地位的企业有利。

前面的分析已经证明，国有企业和非国有企业对当地的营商环境评价差异很大，因此如果不同行业中的国有企业和非国有企业样本数比例不同，就可能影响我们对不同行业营商环境的观察。为此，我们在表3-7中将样本企业按国有企业和非国有企业分为两组，再按企业所属的行业分组，分别计算它们对营商环境的评价，得出分行业的营商环境评价结果。

表3-7中分别列出了国有企业和非国有企业按行业分组后的样本数、每组的评分，以及按评分高低进行的行业排序。表中的行业是按非国有企业的评分以从高到低的顺序排列的。非国有企业和国有企业分别给出了按评分排序的序号。

需要说明，因为国有企业样本总数较小，按行业分组后有些行业的国有企业样本数过少，得到的评价结果可能有较大的随机误差，因此表中的国有企业评价结果仅供参考，非国有企业的样本数量大，且基本都属于竞争性企业，其评价结果可信度相对较高。

表 3-7　不同行业的营商环境差异

单位：家，分

行业	非国有企业			国有企业		
	样本数	评分	排序	样本数	评分	排序
制造业	570	3.70	1	24	3.93	3
科学研究和技术服务业	123	3.67	2	5	3.46	15
水利、环境和公共设施管理业	34	3.64	3	6	3.78	9
金融业	25	3.62	4	13	3.71	11
批发和零售业	283	3.62	5	9	3.73	10
租赁和商务服务业	214	3.60	6	12	3.86	6
住宿和餐饮业	35	3.59	7	1	3.67	13
采矿业	25	3.58	8	9	3.83	8
建筑业	292	3.56	9	11	3.91	4
信息传输、软件和信息技术服务业	243	3.55	10	11	3.85	7
其他行业	56	3.55	11	5	3.56	14
交通运输、仓储和邮政业	53	3.55	12	15	3.91	5
农林牧渔业	91	3.52	13	9	4.05	2
电力热力燃气及水的生产和供应业	31	3.46	14	8	4.07	1
房地产业	50	3.41	15	4	3.69	12
居民服务、修理和其他服务业	11	3.20	16	0	—	—
样本合计/平均评分	2136	3.55		142	3.80	

从表 3-7 可见，根据非国有企业的评价结果，在 16 个行业中，营商环境排在第 1 位的行业是制造业，是典型的竞争性行业，评分达到 3.70分。排在第 2 位的是科学研究和技术服务业，符合新兴和高技术行业的特征。这两个行业的营商环境评分显著高于各行业的平均分。它们排在营商环境评分的前 2 位，验证了前面提出的第 1 和第 2 点假设。排在第 5、第6、第 7 位的分别是批发和零售业、租赁和商务服务业、住宿和餐饮业，这 3 个行业也都属于充分竞争的行业，符合第 1 点假设。

排在第 3 和第 4 位的是水利、环境和公共设施管理业，金融业。这 2 个行业是政府管制较多的行业，但前者可能享受政府的优惠政策，后者进入壁垒较高，对已经进入的企业有利，符合第 3 点和第 4 点假设。

信息传输、软件和信息技术服务业是一个新兴领域，但同时又是一个政府管制较多的行业。该行业的营商环境评分只达到 3.55 分的平均水平，居第 10 位。

从表中可见，非国有企业营商环境评分较低的行业多数是垄断程度较高、资源配置市场化程度较低的行业。其中，农林牧渔业涉及土地资源的管制，市场配置资源程度较低，排在第 13 位；电力热力燃气及水的生产和供应业的垄断程度高，排在第 14 位；房地产业的主要生产要素是土地资源，其配置由地方政府垄断，又受到更高层政府的严格管制，排在第 15 位。它们的营商环境评分都显著低于平均分。这符合第 3、第 4、第 5 点假设。但按照国有企业的评价，电力热力燃气及水的生产和供应业及农林牧渔业却高居第 1 位和第 2 位，评分分别高达 4.07 分和 4.05 分。这与第 3、第 5 点假设提出的附加情况，即内部人获利的情况是一致的。

上述情况验证了本节提出的几点假设。其核心在于，充分的市场竞争是保持良好营商环境的关键。垄断、政府管制过多、对资源配置干预过多，总体上都不利于营商环境改善。

第四部分
东部、中部、西部
及东北区域营商环境比较

在本部分，我们将全国 31 个省份按照东部、中部、西部及东北 4 个区域进行分组①，分别计算 4 个区域 2022 年营商环境总指数、各方面指数和分项指数的平均评分，并与历史数据进行对比，以显示各区域营商环境的差异和发展变化。

分区域营商环境的总体比较

从总指数评分看，2022 年与 2019 年相比，只有中部区域有小幅改善，其他 3 个区域持平或下降，明显不及 2016～2019 年的改善情况。具体来看，2022 年东部区域仍然保持营商环境领先位置，但评分没有改善，维持在 3.73 分。中部区域评分为 3.69 分，排在东部区域之后，相比 2019 年，评分小幅提高 0.05 分，是 4 个区域中唯一评分有改善的地区。自 2016 年以来，中部区域的改善幅度高于东部区域，使得中部区域与东部区域的差距逐步缩小。2022 年西部区域评分为 3.49 分，相比 2019

---

① 东部区域包括北京、天津、河北、上海、江苏、浙江、福建、山东、广东、海南 10 个省份；中部区域包括山西、安徽、江西、河南、湖北、湖南 6 个省份；西部区域包括内蒙古、广西、重庆、四川、贵州、云南、西藏、陕西、甘肃、青海、宁夏、新疆 12 个省份；东北区域包括辽宁、吉林、黑龙江 3 个省份。

年评分小幅下滑 0.06 分。2022 年东北区域评分为 3.46 分，相比 2019 年下滑 0.14 分，下降幅度超过西部区域，评分也首次降到西部区域之下，成为 4 个区域中评分最低的区域。图 4-1 直观显示了 4 个区域 2012~2022 年总指数的变动情况。

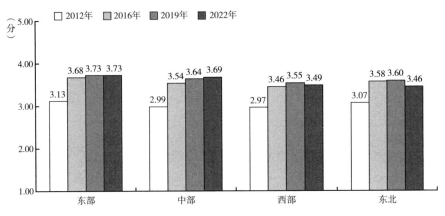

图 4-1　分区域营商环境总指数的进展

表 4-1 展示了 2019 年和 2022 年 4 个区域营商环境总指数和各方面指数的平均得分，以及 2022 年与 2019 年相比评分的变化情况。

表 4-1　分区域营商环境总指数和方面指数的进展

单位：分

	总指数	政策公开公平公正	行政干预和行政效率	企业经营的法治环境	企业的税费负担	金融服务和融资成本	人力资源供应	基础设施条件	市场供求和中介服务
2019 年									
东部	3.73	3.61	3.81	3.95	3.49	3.65	3.69	4.13	3.53
中部	3.64	3.62	3.62	3.89	3.41	3.52	3.72	3.92	3.41
西部	3.55	3.41	3.63	3.80	3.41	3.59	3.52	3.69	3.32
东北	3.60	3.43	3.67	3.84	3.37	3.65	3.57	3.89	3.35
全国	3.63	3.52	3.69	3.87	3.43	3.60	3.62	3.90	3.41
2022 年									
东部	3.73	3.75	4.11	3.99	3.59	3.76	3.22	4.24	3.21
中部	3.69	3.62	4.03	3.95	3.71	3.77	3.17	4.11	3.16

续表

	总指数	政策公开公平公正	行政干预和行政效率	企业经营的法治环境	企业的税费负担	金融服务和融资成本	人力资源供应	基础设施条件	市场供求和中介服务
西部	3.49	3.13	3.92	3.79	3.65	3.47	3.07	3.88	3.01
东北	3.46	2.90	3.99	3.79	3.60	3.57	2.84	3.94	3.02
全国	3.60	3.40	4.01	3.88	3.64	3.63	3.11	4.04	3.11
2022 年比 2019 年提高幅度									
东部	0.00	0.14	0.30	0.04	0.10	0.11	−0.47	0.11	−0.32
中部	0.05	0.00	0.41	0.06	0.31	0.25	−0.55	0.19	−0.25
西部	−0.06	−0.28	0.30	−0.01	0.24	−0.12	−0.45	0.18	−0.31
东北	−0.14	−0.53	0.32	−0.05	0.23	−0.09	−0.73	0.05	−0.33
全国	−0.03	−0.12	0.32	0.02	0.20	0.03	−0.51	0.15	−0.30

注："2022 年比 2019 年提高幅度"中有少部分数据与上述两个年份数据相减的结果略有出入，是尾数四舍五入导致的误差。下同。

表 4-1 显示，与 2019 年相比，4 个区域 2022 年的营商环境总指数一平、一升、两降。东北区域营商环境总指数评分比西部地区低了 0.03 分，首次降到西部地区之下。从各区域营商环境 8 个方面指数看，2022 年与 2019 年相比，"政策公开公平公正"方面指数，只有东部区域有改善，东北区域有大幅度下降。"行政干预和行政效率"、"企业经营的法治环境"、"企业的税费负担"、"金融服务和融资成本"和"基础设施条件" 5 个方面指数，东部和中部区域都有改善，中部区域改善幅度更大，东北和西部区域有升有降。"人力资源供应"与"市场供求和中介服务" 2 个方面指数，4 个区域评分都有明显下降，东北区域降幅最大。

分区域各方面指数和分项指数的比较

表 4-2 至表 4-9 分 8 个方面展示了 2019 年和 2022 年，东部、中部、西部及东北 4 个区域营商环境各方面指数下属分项指数的平均得分，以及

2022 年与 2019 年相比评分的变化情况。各方面指数的区域比较由图 4-2 至图 4-9 直观展示。

1. 政策公开公平公正

从图 4-2 可以看出，"政策公开公平公正"方面指数，2022 年相比 2019 年，只有东部区域评分有改善，提高 0.14 分至 3.75 分，在 4 个区域中排名最靠前。东北区域评分下降幅度最大，下滑 0.53 分至 2.90 分，降至中性值以下，且评分落后于西部区域，成为 4 个区域中最靠后的地区。2016~2022 年，东北和西部区域该方面的评分逐年下滑。

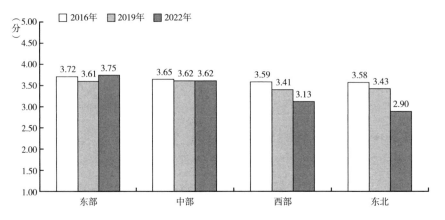

图 4-2　分区域营商环境进展：政策公开公平公正

从表 4-2 中可见，2022 年与 2019 年相比，"公开透明"分项指数的评分，中部区域提升幅度最大，与东部区域的差距逐渐缩小。"公平竞争"分项指数的评分，只有中部区域有提升。"地方保护"分项指数的评分，东部区域提升幅度最大，为 0.68 分。3 个分项指数的评分，东北和西部区域均出现不同幅度的下跌，其中"地方保护"分项指数的评分，东北区域大幅下滑 1.24 分，说明东北区域对外地企业的不公平待遇问题比较突出。

表 4-2 分区域"政策公开公平公正"分项指数变化

单位：分

	公开透明	公平竞争	地方保护
2019 年			
东部	3.91	3.61	3.06
中部	3.78	3.49	3.49
西部	3.70	3.43	2.88
东北	3.78	3.47	2.82
全国	3.79	3.50	3.05
2022 年			
东部	3.93	3.56	3.74
中部	3.91	3.56	3.39
西部	3.63	3.31	2.42
东北	3.72	3.41	1.58
全国	3.79	3.45	2.95
2022 年比 2019 年提高幅度			
东部	0.02	-0.05	0.68
中部	0.13	0.07	-0.10
西部	-0.07	-0.12	-0.46
东北	-0.06	-0.06	-1.24
全国	0.00	-0.05	-0.10

2.行政干预和行政效率

图 4-3 显示，"行政干预和行政效率"方面指数的评分，相比 2019 年，2022 年 4 个区域都有不同幅度的提升，中部区域提升幅度最大，提高 0.41 分至 4.03 分，评分超过东北和西部区域，仅次于东部区域。2016～2022 年，4 个区域的评分均逐年上升。

从表 4-3 中可以看到，2022 年与 2019 年相比，4 个区域的分项指数评分均有提升。其中，中部区域各分项指数提升改善幅度最大。但"打交道时间"分项指数的评分，中部区域仍处于劣势。

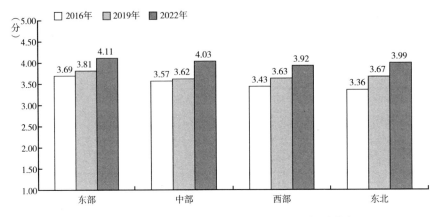

图 4-3　分区域营商环境进展：行政干预和行政效率

表 4-3　分区域"行政干预和行政效率"分项指数变化

单位：分

	政府干预	打交道时间	审批简便
2019 年			
东部	3.80	3.77	3.80
中部	3.61	3.45	3.66
西部	3.55	3.68	3.57
东北	3.57	3.73	3.58
全国	3.64	3.67	3.66
2022 年			
东部	3.82	4.46	4.05
中部	3.80	4.24	4.05
西部	3.62	4.28	3.87
东北	3.74	4.43	3.79
全国	3.73	4.34	3.95
2022 年比 2019 年提高幅度			
东部	0.02	0.70	0.25
中部	0.20	0.79	0.39
西部	0.07	0.60	0.30
东北	0.16	0.70	0.22
全国	0.09	0.68	0.29

3.企业经营的法治环境

从图4-4可以看到，"企业经营的法治环境"方面指数评分，2022年中部与东部区域的差距进一步缩小。东北区域的评分下滑至3.79分，与西部区域持平。2016~2022年，东部和中部区域的评分逐年有小幅度提升，东北区域的评分逐年下滑，西部区域的评分有小幅波动。

表4-4显示，2022年与2019年相比，4个区域的各分项指数评分或升或降，但幅度都不大。其中，"司法公正"分项指数评分，东北区域下降幅度最大，为0.06分，导致排名最末。"官员廉洁"分项指数评分，只有东北区域下滑，使得排名最靠后。"合同履行"分项指数评分，也是东北区域下滑幅度最大，但排名在西部区域之前。"知识产权保护"分项指数评分，中部区域赶超东部区域，居于首位。

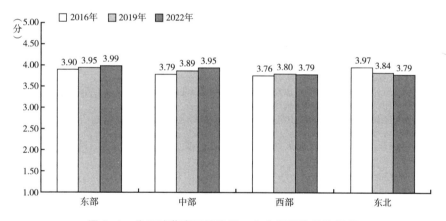

图4-4　分区域营商环境进展：企业经营的法治环境

表4-4　分区域"企业经营的法治环境"分项指数变化

单位：分

	司法公正	官员廉洁	合同履行	知识产权保护
2019年				
东部	3.94	3.88	3.84	3.96
中部	3.85	3.77	3.81	3.90
西部	3.81	3.71	3.63	3.81

续表

	司法公正	官员廉洁	合同履行	知识产权保护
东北	3.82	3.80	3.78	3.83
全国	3.86	3.78	3.75	3.88
2022 年				
东部	3.97	4.10	3.86	4.03
中部	3.93	3.96	3.81	4.09
西部	3.79	3.87	3.57	3.93
东北	3.76	3.72	3.66	4.03
全国	3.87	3.94	3.72	4.00
2022 年比 2019 年提高幅度				
东部	0.03	0.22	0.02	0.07
中部	0.08	0.19	0.01	0.20
西部	-0.02	0.16	-0.06	0.12
东北	-0.06	-0.08	-0.12	0.20
全国	0.01	0.16	-0.03	0.13

4. 企业的税费负担

图 4-5 表明，2016~2022 年，"企业的税费负担"方面指数评分，4个区域均出现小幅波动，先降后升。2022 年中部区域超过东部区域居于首位。而东部区域由 2019 年的第 1 位下滑至 2022 年的第 4 位，后退明显。西部区域这方面表现较好，一直位列第 2。

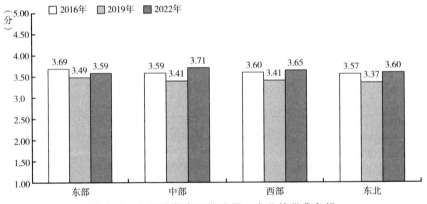

图 4-5 分区域营商环境进展：企业的税费负担

从表 4-5 可以看出，2022 年与 2019 年相比，"法定税负"分项指数评分，4 个区域均出现幅度不等的下跌。其中，东北区域下降幅度最大，为 0.45 分，导致其在该分项指数中排名最靠后。"依法征税"分项指数评分，4 个区域都有提升，其中，西部区域得分 4.36 分，与东部区域持平，并列第 1 位。"社保缴费"分项指数评分，只有中部区域有提高，其他 3 个区域都有不同幅度下降。"其他缴费"分项指数评分，东北区域明显提升 1.22 分，以 3.83 分位列第 1。

表 4-5　分区域"企业的税费负担"分项指数变化

单位：分

	法定税负	依法征税	社保缴费	其他缴费
2019 年				
东部	3.97	4.13	2.91	2.94
中部	3.92	4.03	2.82	2.85
西部	4.03	4.08	2.85	2.70
东北	3.98	4.07	2.82	2.61
全国	3.98	4.08	2.86	2.80
2022 年				
东部	3.72	4.36	2.58	3.70
中部	3.82	4.35	2.93	3.75
西部	3.77	4.36	2.80	3.68
东北	3.53	4.33	2.69	3.83
全国	3.74	4.35	2.74	3.71
2022 年比 2019 年提高幅度				
东部	-0.25	0.23	-0.33	0.76
中部	-0.10	0.32	0.11	0.89
西部	-0.26	0.28	-0.06	0.99
东北	-0.45	0.26	-0.13	1.22
全国	-0.25	0.27	-0.12	0.92

5. 金融服务和融资成本

图 4-6 表明，2016～2022 年，"金融服务和融资成本"方面指数评

分，东部和中部区域都持续上升。2022年中部区域超过东部区域居首位。东北和西部区域则出现波动，2022年比2019年都有下降。

表4-6显示，2022年与2019年相比，"银行贷款"分项指数评分，中部区域是唯一有提升的地区，评分小幅上升0.08分至3.48分，超过东部区域，居于首位。西部和东北区域评分都有显著下降，西部评分最低。"其他融资"分项指数评分，4个区域都出现不同幅度的下滑，且中部、西部及东北区域评分均降至3.00分以下。"贷款利率"分项指数评分，4个区域都有提升，中部区域提升幅度最大，评分居第1位。东北区域的提升幅度最小，从2019年的第1位滑至第4位。"其他利率"分项指数评分，仍是中部区域提升程度最大，评分与东部地区持平。

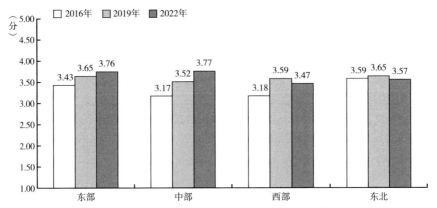

图4-6 分区域营商环境进展：金融服务和融资成本

表4-6 分区域"金融服务和融资成本"分项指数变化

单位：分

	银行贷款	其他融资	贷款利率	其他利率
2019年				
东部	3.51	3.35	3.81	3.93
中部	3.40	3.30	3.67	3.71
西部	3.45	3.21	3.93	3.78
东北	3.49	3.20	3.97	3.95
全国	3.46	3.27	3.85	3.83

续表

	银行贷款	其他融资	贷款利率	其他利率
2022 年				
东部	3.36	3.05	4.42	4.20
中部	3.48	2.98	4.44	4.20
西部	2.98	2.73	4.39	3.79
东北	3.02	2.74	4.35	4.16
全国	3.20	2.88	4.40	4.04
2022 年比 2019 年提高幅度				
东部	-0.15	-0.31	0.61	0.27
中部	0.08	-0.33	0.78	0.49
西部	-0.47	-0.48	0.45	0.00
东北	-0.48	-0.46	0.37	0.21
全国	-0.26	-0.39	0.56	0.20

6. 人力资源供应

从图 4-7 中可以看到，2016～2019 年，"人力资源供应"方面指数，4 个区域评分均上升。2019～2022 年，4 个区域评分都出现下滑。其中，东北区域下滑幅度最大，评分降至中性值以下，居于最末位。

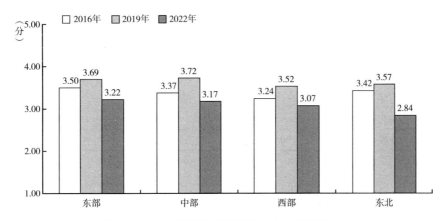

图 4-7　分区域营商环境进展：人力资源供应

表 4-7 表明，2022 年与 2019 年相比，3 个分项指数评分，4 个区域全部出现下跌。东部区域评分仍然保持了"技术人员"和"管理人员"分项指数的相对优势，中部区域保持了"熟练工人"分项指数的相对优势。表现最不理想的是东北区域，3 个分项指数评分下降幅度均最大，均降至中性值以下，排名末位。

表 4-7　分区域"人力资源供应"分项指数变化

单位：分

	技术人员	管理人员	熟练工人
2019 年			
东部	3.68	3.71	3.68
中部	3.68	3.65	3.82
西部	3.28	3.59	3.70
东北	3.46	3.60	3.64
全国	3.50	3.64	3.71
2022 年			
东部	3.14	3.27	3.24
中部	3.03	3.06	3.42
西部	2.97	3.01	3.23
东北	2.68	2.84	2.99
全国	3.01	3.08	3.25
2022 年比 2019 年提高幅度			
东部	−0.53	−0.44	−0.44
中部	−0.65	−0.59	−0.40
西部	−0.31	−0.58	−0.48
东北	−0.78	−0.76	−0.65
全国	−0.49	−0.55	−0.47

7. 基础设施条件

图 4-8 显示，2016~2019 年，"基础设施条件"方面指数评分，4 个区域有升有降。2019~2022 年，4 个区域均出现幅度不等的上升。

从表4-8可以看出，2022年与2019年相比，东北区域的"电水气网"分项指数评分出现小幅下降，是4个区域中唯一评分下降的地区，导致排名降至最后一位。"铁路公路"分项指数东部和东北区域评分下滑，中部和西部区域评分上升，排名依次为东部、中部、东北和西部区域。

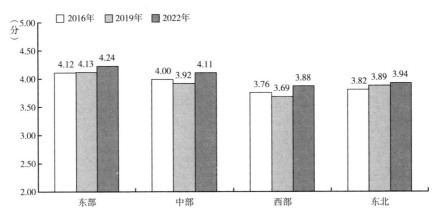

图4-8 分区域营商环境进展：基础设施条件

表4-8 分区域"基础设施条件"分项指数变化

单位：分

	电水气网	铁路公路
2019 年		
东部	4.20	4.17
中部	3.96	3.94
西部	3.85	3.67
东北	4.10	3.87
全国	4.01	3.90
2022 年		
东部	4.30	4.17
中部	4.22	4.01
西部	4.04	3.71
东北	4.01	3.86
全国	4.16	3.93

续表

	电水气网	铁路公路
2022 年比 2019 年提高幅度		
东部	0.11	−0.01
中部	0.26	0.06
西部	0.19	0.04
东北	−0.08	−0.01
全国	0.15	0.03

8. 市场供求和中介服务

从图 4-9 可以看到，2016~2019 年，"市场供求和中介服务"方面指数，4 个区域评分都有幅度不等的上升，但 2019~2022 年都出现不同幅度的下滑。

表 4-9 表明，2022 年与 2019 年相比，各分项指数评分，4 个区域均出现下跌。其中，"市场需求"分项指数的评分，东部区域下降幅度最大，评分为 3.22 分，排名在中部区域之后，与东北区域持平。4 个区域的"过度竞争"分项指数的评分均降到中性值以下，东部和中部区域仍相对好于西部和东北区域。"中介服务"分项指数的评分，东北区域下跌幅度最大，评分仍然略高于西部区域。

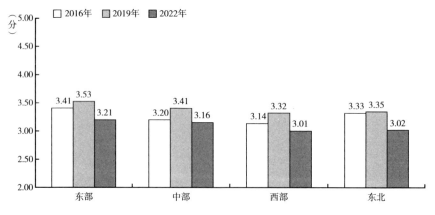

图 4-9　分区域营商环境进展：市场供求和中介服务

表 4-9　分区域"市场供求和中介服务"分项指数变化

单位：分

	市场需求	过度竞争	中介服务
2019 年			
东部	3.55	3.24	3.84
中部	3.45	3.28	3.63
西部	3.34	3.18	3.54
东北	3.45	3.10	3.65
全国	3.44	3.21	3.66
2022 年			
东部	3.22	2.69	3.71
中部	3.26	2.70	3.53
西部	3.16	2.52	3.37
东北	3.22	2.45	3.40
全国	3.20	2.60	3.51
2022 年比 2019 年提高幅度			
东部	-0.33	-0.56	-0.13
中部	-0.19	-0.57	-0.11
西部	-0.18	-0.66	-0.17
东北	-0.23	-0.64	-0.25
全国	-0.23	-0.61	-0.15

第五部分
各省份营商环境评分和排序

为了便于分别研究各省份营商环境的进展情况，我们在这一部分用表格的形式把每个省份 2012~2022 年期间 4 个年份的营商环境总指数、各方面指数及其下属分项指数的评分变化分别整理出来（见表 5-1 至表 5-31），并简要分析各省份营商环境各方面的变化情况，揭示其进展和短板。

我们这次对少数方面指数和分项指数做了调整，在本报告的前言里已做了具体介绍。为了方便读者阅读，在此再做说明。原来的方面指数"行政干预和政府廉洁效率"改为"行政干预和行政效率"，原属该项下的"党政官员廉洁守法"分项指数调整到"企业经营的法治环境"方面指数项下。"基础设施条件"方面指数项下的"电水气供应条件"与"其他基础设施条件"分项指数合并为"电水气网供应"分项指数。"市场供求和中介服务"方面指数项下的"行业协会服务条件"分项指数合并到"中介组织服务条件"分项指数中。此外，还减掉了 2 个分项指数，分别是"政策公开公平公正"方面指数项下"政策执行和行政执法公正"分项指数（在"行政干预和行政效率"方面指数中已包含了相关内容）、"企业经营的法治环境"方面指数项下"经营者财产和人身安全保障"分项指数（同一方面指数中已包括了保护企业合法权益的内容）。考虑到各省份营商环境的改善趋势或某些停滞具有共同性，同时每个省份的具体情况又不相同，我们重点通过横向比较来分析各省份与其他省份的相对位置变化。

　　由于页面限制，在各省份营商环境各方面指数、各分项指数的分值及排名表中，较长的分项指数名称使用简称（可参见本报告第二部分），全称请读者参考本报告第六部分中的表6-1。

北京

表 5-1　北京营商环境各方面指数、各分项指数的分值及排名

指数	2012 年		2016 年		2019 年		2022 年	
	分值	排名	分值	排名	分值	排名	分值	排名
政策公开公平公正	3.09	5	3.58	21	3.22	23	3.26	17
公开透明	3.23	7	4.08	3	3.89	7	3.91	12
行政执法公正	3.21	6	3.86	5	3.84	5	—	—
公平竞争	2.84	6	3.71	5	3.61	7	3.45	17
地方保护	—	—	2.70	31	1.55	28	2.40	19
行政干预和行政效率	3.29	10	3.55	16	3.77	9	3.94	21
政府干预	3.52	9	3.77	7	3.76	6	3.63	22
打交道时间	3.76	8	3.18	20	3.77	14	4.33	14
审批简便	2.86	13	3.52	12	3.71	12	3.87	20
官员廉洁	3.06	8	3.72	9	3.84	9	—	—
企业经营的法治环境	3.33	5	3.88	10	3.96	7	3.83	20
司法公正	3.14	4	3.72	8	3.97	5	3.82	20
官员廉洁	—	—	—	—	—	—	3.95	17
合同履行	3.44	13	3.86	11	3.90	4	3.70	17
经营者财产和人身安全保障	3.70	5	4.13	14	4.05	8	—	—
知识产权保护	3.41	10	3.81	15	3.92	16	3.87	25
企业的税费负担	2.87	5	3.71	7	3.48	11	3.38	30
法定税负	2.15	11	3.62	4	3.89	23	3.41	29
依法征税	—	—	4.03	3	4.18	5	4.33	17
税外收费	3.59	6	3.49	29	—	—	—	—
社保缴费	—	—	—	—	2.89	15	2.37	30
其他缴费	—	—	—	—	2.98	7	3.42	30
金融服务和融资成本	2.96	25	3.68	6	3.51	24	3.49	23
银行贷款	2.78	16	3.65	8	3.34	23	2.91	25
其他融资	2.91	27	3.63	2	3.28	19	2.86	18
贷款利率	—	—	3.80	6	3.53	26	3.95	30
其他利率	—	—	3.65	11	3.87	16	4.24	10
人力资源供应	2.86	11	3.58	4	3.85	5	3.46	3
技术人员	2.82	6	3.62	4	3.86	3	3.49	1
管理人员	2.86	11	3.63	4	3.89	4	3.47	3
熟练工人	2.89	14	3.50	11	3.79	14	3.41	8

续表

指数	2012 年		2016 年		2019 年		2022 年	
	分值	排名	分值	排名	分值	排名	分值	排名
基础设施条件	3.45	5	4.22	5	4.27	2	4.13	16
电水气	3.96	14	4.32	4	4.26	4	—	—
电水气网	—	—	—	—	—	—	4.22	15
铁路公路	3.29	4	4.19	8	4.33	2	4.03	14
其他基础设施	3.10	3	4.16	4	4.23	2	—	—
市场供求和中介服务	3.30	2	3.58	2	3.54	7	3.25	6
市场需求	—	—	3.59	4	3.57	8	3.22	13
过度竞争	—	—	3.35	6	3.12	23	2.77	9
中介服务	3.52	3	3.96	2	3.96	4	3.77	6
行业协会服务	3.09	2	3.41	4	3.49	7	—	—
总指数	3.17	3	3.72	4	3.7	9	3.59	17

北京的营商环境，2022 年全国排名第 17 位，比 2019 年下降 8 位，比 2016 年下降 13 位。2022 年评分为 3.59 分，比 2019 年和 2016 年分别下降 0.11 分和 0.13 分。

在营商环境的 8 个方面指数中，2022 年只有 2 个方面指数排在全国上游位置（1~10 位），3 个方面指数列于中游位置（11~20 位），还有 3 个排在全国下游位置。这反映北京的营商环境发生了退步。总指数评分从全国上游位置降到中游位置。

与 2019 年相比，只有"政策公开公平公正"与"行政干预和行政效率"方面指数的评分有小幅改善，但全国排名前者上升，后者明显下降。其他方面指数的评分都有不同幅度的下降。其中，"企业经营的法治环境"、"企业的税费负担"和"基础设施条件"方面指数评分和排名都下降了。"金融服务和融资成本"、"人力资源供应"与"市场供求和中介服务"方面指数评分有不同幅度的下降，但全国排名略有上升。

政策公开公平公正

北京"政策公开公平公正"方面指数，2022 年与 2019 年相比，评分从 3.22 分微升至 3.26 分，排名提高 6 位，从第 23 位升至第 17 位。该方面指数是各方面指数中唯一评分和排名都上升的指数，主要得益于分项指数"地方保护"的评分上升，该评分提高 0.85 分，排名从第 28 位跃升至第 19 位。分项指数"公平竞争"评分从 3.61 分下降至 3.45 分，排名从第 7 位跌至第 17 位。"公开透明"分项指数评分微升 0.02 分，排名从第 7 位降至第 12 位。

行政干预和行政效率

北京"行政干预和行政效率"方面指数，2022 年与 2019 年相比，评分小幅提高 0.17 分，但排名从第 9 位大幅降至第 21 位。下属 3 个分项指数中，表现最不理想的是"政府干预"，评分下降 0.13 分，排名从第 6 位降至第 22 位，陡降 16 位。"打交道时间"评分上升 0.56 分，排名维持在第 14 位。"审批简便"评分提高 0.16 分，但排名由第 12 位下跌至第 20 位。

企业经营的法治环境

北京"企业经营的法治环境"方面指数，2022 年与 2019 年相比，评分从 3.96 分降至 3.83 分，排名从第 7 位降至第 20 位，大幅下滑 13 位。下属分项指数中，"司法公正"、"合同履行"和"知识产权保护"评分均小幅下降，而排名分别大幅下滑 15 位、13 位和 9 位，至第 20 位、第 17 位和第 25 位。"官员廉洁"首次出现在"企业经营的法治环境"方面指数下，与历年的"官员廉洁"做比较，是分项指数中唯一评分有提升的，评分小幅上升 0.11 分，但上升幅度不及其他省份，导致排名从第 9 位下降至第 17 位。

企业的税费负担

北京"企业的税费负担"方面指数，2022 年与 2019 年相比，评分小幅下降，但排名由第 11 位大幅下滑至第 30 位。近年来，该方面指数连续退步。下属 4 个分项指数中，"依法征税"和"其他缴费"评分分别提高 0.15 分和 0.44 分，但排名分别下跌 12 位和 23 位，前者从第 5

位降至第 17 位，后者从第 7 位陡降至第 30 位，说明提升幅度不及大部分省份。"法定税负"和"社保缴费"评分和排名双双下跌，前者下跌 0.48 分，从第 23 位下降至第 29 位，后者下跌 0.52 分，从第 15 位下跌至第 30 位。

金融服务和融资成本

北京"金融服务和融资成本"方面指数，2022 年与 2019 年相比，评分从 3.51 分微降至 3.49 分，排名上升 1 位至第 23 位。下属 4 个分项指数中，"银行贷款"评分下降 0.43 分，排名从第 23 位降至第 25 位。"其他融资"评分下降 0.42 分，排名上升 1 位至第 18 位。"贷款利率"评分上升 0.42 分，但上升幅度仍不及其他一些省份，排名从第 26 位降至第 30 位。"其他利率"表现最好，评分提高 0.37 分，排名从第 16 位提升至第 10 位。

人力资源供应

北京"人力资源供应"方面指数，2022 年与 2019 年相比，评分从 3.85 分降至 3.46 分，但由于下降幅度小于其他省份，排名由第 5 位上升至第 3 位，是各方面指数中排名最靠前的指数。下属 3 个分项指数评分均出现下降，排名都有不同幅度的上升。"技术人员"评分下降 0.37 分，排名上升 2 位至全国第 1 位。"管理人员"评分下降 0.42 分，排名上升 1 位至第 3 位。"熟练工人"评分下降 0.38 分，排名上升 6 位，从第 14 位升至第 8 位。

基础设施条件

北京"基础设施条件"方面指数，2022 年与 2019 年相比，评分从 4.27 分降至 4.13 分，排名由第 2 位降至第 16 位，大幅下跌 14 位。下属分项指数"铁路公路"评分从 4.33 分降至 4.03 分，排名由第 2 位大幅下降至第 14 位，这应当是疫情防控期间交通运输受阻的结果。"电水气网"分项指数评分为 4.22 分，排名第 15 位，与 2019 年"电水气"分项指数做有限对比，评分微降 0.04 分，排名下降 11 位。

市场供求和中介服务

北京"市场供求和中介服务"方面指数，2022年与2019年相比，评分从3.54分下降至3.25分，排名上升1位至第6位。下属3个分项指数中，"市场需求"评分从3.57分降至3.22分，排名从第8位降至第13位。"过度竞争"评分虽下降0.35分，但排名提升14位，从第23位陡升至第9位。"中介服务"评分从3.96分下降至3.77分，排名下降2位。

天津

表 5-2 天津营商环境各方面指数、各分项指数的分值及排名

指数	2012 年		2016 年		2019 年		2022 年	
	分值	排名	分值	排名	分值	排名	分值	排名
政策公开公平公正	3.45	1	3.77	9	3.15	27	3.22	19
公开透明	3.65	1	4.19	1	3.85	9	3.78	20
行政执法公正	3.55	1	3.87	4	3.87	4	—	—
公平竞争	3.16	1	3.90	1	3.29	28	3.27	24
地方保护	—	—	3.11	25	1.61	27	2.59	18
行政干预和行政效率	3.72	1	4.03	1	3.89	3	4.22	6
政府干预	3.76	1	3.95	2	3.77	5	3.76	12
打交道时间	3.96	5	4.14	8	3.71	18	4.82	1
审批简便	3.51	1	4.03	1	4.06	1	4.06	12
官员廉洁	3.53	1	4.01	2	4.04	2	—	—
企业经营的法治环境	3.63	1	3.96	5	4.08	2	3.98	12
司法公正	3.47	1	3.90	2	4.00	3	3.98	14
官员廉洁	—	—	—	—	—	—	3.94	18
合同履行	3.80	1	3.91	7	4.04	1	3.80	12
经营者财产和人身安全保障	3.88	1	4.09	20	4.23	1	—	—
知识产权保护	3.69	1	3.94	8	4.06	3	4.18	3
企业的税费负担	3.21	1	3.98	2	3.50	7	3.52	27
法定税负	2.51	1	3.94	1	3.87	27	3.62	24
依法征税	—	—	4.32	1	4.10	16	4.22	29
税外收费	3.92	2	3.68	23	—	—	—	—
社保缴费	—	—	—	—	2.90	12	2.51	25
其他缴费	—	—	—	—	3.12	1	3.73	15
金融服务和融资成本	3.33	2	3.07	22	3.52	22	3.58	18
银行贷款	3.24	1	3.83	2	3.27	28	3.12	16
其他融资	3.35	3	3.50	4	3.16	26	2.96	13
贷款利率	—	—	2.46	29	3.82	19	4.54	13
其他利率	—	—	2.49	23	3.86	18	3.70	25
人力资源供应	3.17	1	3.41	12	3.40	27	3.06	21
技术人员	3.16	1	3.36	11	3.35	21	3.00	18
管理人员	3.2	1	3.49	7	3.46	24	3.04	21
熟练工人	3.16	1	3.38	19	3.38	30	3.14	20

续表

指数	2012 年		2016 年		2019 年		2022 年	
	分值	排名	分值	排名	分值	排名	分值	排名
基础设施条件	3.53	1	4.12	9	4.16	4	4.25	7
电水气	3.98	12	4.10	12	4.31	2	—	—
电水气网	—	—	—	—	—	—	4.25	13
铁路公路	3.44	1	4.19	7	4.12	8	4.25	5
其他基础设施	3.18	2	4.05	8	4.06	5	—	—
市场供求和中介服务	3.41	1	3.33	10	3.38	18	3.13	14
市场需求	—	—	3.21	22	3.23	29	2.96	30
过度竞争	—	—	3.03	21	3.06	26	2.63	14
中介服务	3.69	1	3.81	6	3.83	7	3.80	5
行业协会服务	3.24	1	3.30	8	3.42	12	—	—
总指数	3.44	1	3.71	5	3.64	15	3.62	16

天津的营商环境，2022 年全国排名第 16 位，比 2019 年下降 1 位，比 2016 年下降 11 位。2022 年评分为 3.62 分，比 2019 年和 2016 年分别下降 0.02 分和 0.09 分。这反映出天津的营商环境有退步。

在营商环境的 8 个方面指数中，有 4 个排在全国中游位置，2 个排在下游位置，只有 2 个排在上游位置。2022 年与 2019 年相比，只有"政策公开公平公正"与"金融服务和融资成本"2 个方面指数的评分和排名有不同幅度的提高。"企业经营的法治环境"方面指数的评分和排名都下降。"行政干预和行政效率"、"企业的税费负担"和"基础设施条件"方面指数的评分虽有所上升，但升幅小于多数省份，因此排名下降。特别是"企业的税费负担"方面指数的排名大幅下滑 20 位。"人力资源供应"与"市场供求和中介服务"方面指数评分下降，排名上升。

政策公开公平公正

天津"政策公开公平公正"方面指数，2022 年与 2019 年相比，评分小幅上升 0.07 分，排名回升 8 位，从第 27 位上升至第 19 位。下属 3 个分项指数中，"公开透明"表现不理想，评分从 3.85 分下降至 3.78 分，排名从第 9 位大幅下降至第 20 位。"公平竞争"分项指数，评分微降 0.02 分，排名从第 28 位回升至第 24 位。"地方保护"分项指数评分和排名都上升了，评分从 1.61 分上升至 2.59 分，提高 0.98 分，排名提升 9 位至第 18 位。

行政干预和行政效率

天津"行政干预和行政效率"方面指数，2022 年与 2019 年相比，评分从 3.89 分提高至 4.22 分，但排名下降 3 位至第 6 位。下属分项指数中，"打交道时间"改善明显，评分从 3.71 分提高至 4.82 分，大幅提高 1.11 分，排名从第 18 位升至第 1 位，陡升 17 位。"政府干预"评分微降，排名从第 5 位降至第 12 位。"审批简便"评分保持在 4.06 分不变，但排名从全国第 1 位降至第 12 位。

企业经营的法治环境

天津"企业经营的法治环境"方面指数，2022 年与 2019 年相比，评分从 4.08 分下降至 3.98 分，排名下滑 10 位，从全国第 2 位下降至第 12 位。下属分项指数中，表现最好的是"知识产权保护"分项指数，评分从 4.06 分提高至 4.18 分，排名维持在第 3 位。"司法公正"和"合同履行"评分分别下降了 0.02 分和 0.24 分，排名均下降 11 位，分别至第 14 位和第 12 位。首次出现在该方面指数下的"官员廉洁"分项指数与 2019 年数据相比较，评分下降 0.10 分，排名从第 2 位大幅下降至第 18 位。

企业的税费负担

天津"企业的税费负担"方面指数，2022 年与 2019 年相比，评分从 3.50 分微升至 3.52 分，但排名大幅下滑 20 位，从第 7 位降至第 27 位，说明该方面指数改善幅度远不及其他省份。下属分项指数中，"依法征税"和"其他缴费"分项指数评分都有不同幅度的上升，前者从 4.10 分上升至 4.22 分，后者从 3.12 分上升至 3.73 分，但排名出现大幅下跌，前者从第 16 位下跌至第 29 位，陡降 13 位，后者从第 1 位下跌至第 15 位，陡降 14 位。"社保缴费"分项指数评分从 2.90 分下降至 2.51 分，排名下降 13 位，从第 12 位降至第 25 位。"法定税负"评分从 3.87 分下跌至 3.62 分，排名由第 27 位提高至第 24 位，是 4 个分项指数中唯一排名上升的指数。

金融服务和融资成本

天津"金融服务和融资成本"方面指数，2022 年与 2019 年相比，评分从 3.52 分微升至 3.58 分，排名上升 4 位，从第 22 位上升至第 18 位。下属 4 个分项指数中，"银行贷款"和"其他融资"评分分别下降 0.15 分和 0.20 分，但排名分别从第 28 位大幅回升至第 16 位、从第 26 位回升至第 13 位，说明评分下降幅度小于其他一些省份。"贷款利率"分项指数的评分提高 0.72 分，排名从第 19 位上升至第 13 位。"其他利率"分项指数的评分和排名均下降，评分下降 0.16 分，排名从第 18 位下降至第 25 位。

人力资源供应

天津"人力资源供应"方面指数，2022 年与 2019 年相比，评分下降 0.34 分，但排名上升 6 位，从第 27 位上升至第 21 位。下属 3 个分项指数的评分均有不同幅度的下降，但排名均有上升，说明评分下降幅度小于部分省份。其中，"技术人员"分项指数评分下降 0.35 分，排名上升 3 位至第 18 位。"管理人员"分项指数评分下降 0.42 分，排名上升 3 位至第 21 位。"熟练工人"分项指数评分下降 0.24 分，排名上升 10 位至第 20 位。

基础设施条件

天津"基础设施条件"方面指数，2022 年与 2019 年相比，评分从 4.16 分提高至 4.25 分，排名下降 3 位，从第 4 位降至第 7 位。下属分项指数"铁路公路"的评分上升 0.13 分，排名从第 8 位升至第 5 位。"电水气网"分项指数评分为 4.25 分，排名第 13 位，如果与 2019 年"电水气"分项指数做有限对比，则评分下降 0.06 分，排名从第 2 位大幅下降至第 13 位。

市场供求和中介服务

天津"市场供求和中介服务"方面指数，2022年与2019年相比，评分从3.38分下降至3.13分，但排名上升4位至第14位。下属3个分项指数的评分都有不同幅度的下降。"市场需求"分项指数评分下降0.27分，排名下跌1位至第30位。"过度竞争"分项指数评分下降0.43分，但排名从第26位上升至第14位，说明评分下降幅度小于大部分省份。"中介服务"分项指数评分微跌0.03分，排名上升2位，从第7位上升至第5位。

河北

表 5-3 河北营商环境各方面指数、各分项指数的分值及排名

指数	2012 年		2016 年		2019 年		2022 年	
	分值	排名	分值	排名	分值	排名	分值	排名
政策公开公平公正	2.78	28	3.48	27	3.26	21	3.37	15
公开透明	2.92	29	3.86	6	3.89	6	3.81	17
行政执法公正	2.78	28	3.59	19	3.79	11	—	—
公平竞争	2.64	16	3.48	11	3.48	20	3.53	13
地方保护	—	—	2.99	26	1.88	24	2.79	16
行政干预和行政效率	3.00	27	3.43	20	3.60	24	3.94	22
政府干预	3.33	19	3.59	21	3.69	13	3.79	10
打交道时间	3.34	25	2.93	23	3.24	28	4.18	24
审批简便	2.60	25	3.61	8	3.74	10	3.86	24
官员廉洁	2.61	29	3.59	17	3.75	18	—	—
企业经营的法治环境	3.00	29	3.77	25	3.88	16	3.85	19
司法公正	2.70	28	3.55	21	3.89	10	3.75	21
官员廉洁	—	—	—	—	—	—	4.00	13
合同履行	3.37	23	3.77	18	3.81	13	3.79	13
经营者财产和人身安全保障	3.39	24	4.03	24	3.99	20	—	—
知识产权保护	3.13	29	3.75	23	3.85	18	3.88	24
企业的税费负担	2.66	25	3.70	8	3.47	13	3.81	4
法定税负	2.06	21	3.44	7	3.87	26	3.90	8
依法征税	—	—	3.82	16	4.12	10	4.43	8
税外收费	3.27	24	3.84	10	—	—	—	—
社保缴费	—	—	—	—	2.88	17	2.95	6
其他缴费	—	—	—	—	3.02	4	3.95	3
金融服务和融资成本	3.03	17	3.43	14	3.50	25	3.78	9
银行贷款	2.61	22	3.61	9	3.51	14	3.41	9
其他融资	3.13	15	3.47	6	3.33	15	3.04	10
贷款利率	—	—	3.52	15	3.56	24	4.53	14
其他利率	—	—	3.12	17	3.59	25	4.15	14
人力资源供应	2.90	4	3.26	20	3.51	22	3.27	8
技术人员	2.84	5	3.28	17	3.50	19	3.10	12
管理人员	2.83	14	3.24	20	3.49	23	3.20	10
熟练工人	3.03	6	3.27	26	3.56	25	3.50	5

指数	2012 年		2016 年		2019 年		2022 年	
	分值	排名	分值	排名	分值	排名	分值	排名
基础设施条件	3.32	14	3.90	16	3.99	12	4.11	17
电水气	3.98	11	3.93	21	4.04	15	—	—
电水气网	—	—	—	—	—	—	4.19	16
铁路公路	3.13	12	3.99	14	4.11	9	4.03	15
其他基础设施	2.84	18	3.78	16	3.82	14	—	—
市场供求和中介服务	2.90	21	3.31	11	3.47	11	3.19	10
市场需求	—	—	3.39	10	3.52	10	3.30	7
过度竞争	—	—	2.97	24	3.14	21	2.77	7
中介服务	3.17	21	3.63	10	3.62	18	3.49	17
行业协会服务	2.66	25	3.25	10	3.62	1	—	—
总指数	2.97	24	3.54	18	3.59	20	3.67	14

河北的营商环境，2022 年全国排名第 14 位，比 2019 年上升 6 位。2022 年评分为 3.67 分，比 2019 年提高 0.08 分。河北的营商环境近年来呈波动上升趋势，从全国中下游水平提高到中游水平。

在营商环境的 8 个方面指数中，2022 年有 4 个方面指数列于全国上游，3 个方面指数列于中游，1 个方面指数（行政干预和行政效率）仍然列于下游。与 2019 年相比，2022 年"政策公开公平公正"、"行政干预和行政效率"、"企业的税费负担"和"金融服务和融资成本"4 个方面指数的评分和排名均有幅度不等的上升，排名分别上升 6 位、2 位、9 位和16 位，改善明显。但其中"行政干预和行政效率"排名仍然较低。其他方面指数中，"基础设施条件"评分虽有上升，但排名下降了 5 位。"企业经营的法治环境"评分和排名均有下降，仍保持在全国中游。"人力资源供应"与"市场供求和中介服务"评分均有下降，但排名提高，均进入全国前 10 位。

政策公开公平公正

河北"政策公开公平公正"方面指数，2022 年与 2019 年相比，评分从 3.26 分上升至 3.37 分，排名提高 6 位至第 15 位。下属 3 个分项指数中，"地方保护"评分上升幅度最大，从 1.88 分上升至 2.79 分，提高 0.91 分，排名从第 24 位升至第 16 位。"公开透明"的评分下降 0.08 分，排名从靠前的第 6 位下降至第 17 位。"公平竞争"评分上升 0.05 分，排名从第 20 位上升至第 13 位。总体来看，该方面指数处于全国中游水平。

行政干预和行政效率

河北"行政干预和行政效率"方面指数，2022 年与 2019 年相比，评分从 3.60 分提高至 3.94 分，排名上升 2 位，从第 24 位升至第 22 位，仍是 8 个方面指数中排名最低的指数。下属 3 个分项指数的评分均有上升，其中，"政府干预"评分上升 0.10 分，排名提高 3 位至第 10 位。"打交道时间"评分上升 0.94 分，排名从第 28 位上升至第 24 位，但仍比较落后。"审批简便"评分上升 0.12 分，但排名从第 10 位大幅下滑至第 24 位，说明该分项指数的改善幅度小于其他一些省份。

企业经营的法治环境

河北"企业经营的法治环境"方面指数，2022 年与 2019 年相比，评分微降 0.03 分，排名从第 16 位下降至第 19 位。下属分项指数中，"司法公正"和"合同履行"分项指数的评分分别下降 0.14 分和 0.02 分，前者排名下降 11 位至第 21 位，后者维持在第 13 位。首次出现在该方面指数下的"官员廉洁"分项指数与 2019 年数据相比较，评分上升 0.25 分，排名从第 18 位上升至第 13 位。"知识产权保护"分项指数评分上升 0.03 分，排名从第 18 位下降至第 24 位。

企业的税费负担

河北"企业的税费负担"方面指数，2022 年与 2019 年相比，评分从 3.47 分上升至 3.81 分，排名提高 9 位，从第 13 位上升至第 4 位，首次进入全国前 4 位。下属 4 个分项指数的评分和排名均有不同幅度的上升。其中，"法定税负"的评分微升 0.03 分，是全国评分上升的 4 个省份之一，排名跃升 18 位，从第 26 位升至第 8 位。"依法征税"的评分上升 0.31

分，排名从第 10 位提高至第 8 位。"社保缴费"的评分小幅上升 0.07 分，但因上升幅度超过其他一些省份，排名从第 17 位跃升至第 6 位。"其他缴费"分项指数的评分上升 0.93 分，排名上升 1 位至第 3 位。总体来看，河北企业的税费负担较轻。

金融服务和融资成本

河北"金融服务和融资成本"方面指数，2022 年与 2019 年相比，评分从 3.50 分升至 3.78 分，提高 0.28 分，因上升幅度超过大部分省份，排名大幅提高 16 位，从第 25 位跃升至第 9 位。下属 4 个分项指数的排名均有上升。"银行贷款"和"其他融资"的评分分别下降 0.10 分和 0.29 分，但排名均上升 5 位，前者从第 14 位上升至第 9 位，后者从第 15 位上升至第 10 位。"贷款利率"和"其他利率"评分分别上升 0.97 分和 0.56 分，排名分别上升 10 位和 11 位，均排在第 14 位。总体来看，河北融资成本的下降比较明显。

人力资源供应

河北"人力资源供应"方面指数，2022 年与 2019 年相比，评分从 3.51 分降至 3.27 分，下降 0.24 分，但排名从第 22 位升至第 8 位，跃升 14 位。下属 3 个分项指数的评分均有不同幅度的下降，但排名明显上升。其中"技术人员"评分下降 0.40 分，排名从第 19 位升至第 12 位。"管理人员"评分下降 0.29 分，排名从第 23 位升至第 10 位。"熟练工人"分项指数评分微降 0.06 分，排名陡升 20 位，从第 25 位升至第 5 位。总体来看，河北人力资源供应的评分虽有下降，但降幅小于大部分省份。

基础设施条件

河北"基础设施条件"方面指数，2022 年与 2019 年相比，评分从 3.99 分升至 4.11 分，排名下降 5 位，从第 12 位下降至第 17 位。下属分项指数"铁路公路"评分从 4.11 分下降至 4.03 分，排名从第 9 位下降至第 15 位。"电水气网"分项指数评分为 4.19 分，排名第 16 位，如果与 2019 年"电水气"分项指数做有限的对比，则评分上升 0.15 分，排名下降1位。

市场供求和中介服务

河北"市场供求和中介服务"方面指数，2022年与2019年相比，评分从3.47分下降至3.19分，排名上升1位，从第11位升至第10位。下属分项指数中，"市场需求"和"中介服务"评分分别下降0.22分和0.13分，排名分别上升3位和1位，至第7位和第17位。"过度竞争"分项指数的评分下降0.37分，但因下降幅度小于大部分省份，排名大幅上升14位至第7位。

山西

表 5-4　山西营商环境各方面指数、各分项指数的分值及排名

指数	2012 年		2016 年		2019 年		2022 年	
	分值	排名	分值	排名	分值	排名	分值	排名
政策公开公平公正	2.91	18	3.21	31	3.16	26	2.83	26
公开透明	3.12	16	3.43	30	3.71	24	3.55	26
行政执法公正	2.98	21	3.27	31	3.62	22	—	—
公平竞争	2.62	18	3.25	29	3.49	18	3.24	25
地方保护	—	—	2.87	27	1.84	25	1.69	24
行政干预和行政效率	3.07	25	2.93	31	3.47	30	3.68	31
政府干预	3.26	23	3.34	31	3.52	26	3.41	29
打交道时间	3.18	28	1.62	30	3.23	29	3.92	31
审批简便	2.78	17	3.39	18	3.43	27	3.72	26
官员廉洁	2.76	24	3.39	28	3.69	24	—	—
企业经营的法治环境	3.17	19	3.72	26	3.82	22	3.68	28
司法公正	2.89	21	3.64	12	3.86	18	3.56	30
官员廉洁	—	—	—	—	—	—	3.68	27
合同履行	3.49	7	3.48	28	3.69	19	3.61	23
经营者财产和人身安全保障	3.60	12	3.91	27	3.93	23	—	—
知识产权保护	3.27	26	3.86	12	3.80	22	3.87	26
企业的税费负担	2.66	26	3.69	9	3.40	21	3.66	16
法定税负	2.18	9	3.39	9	4.08	10	3.91	7
依法征税	—	—	3.95	5	4.10	15	4.24	28
税外收费	3.14	28	3.73	19	—	—	—	—
社保缴费	—	—	—	—	2.62	29	2.86	10
其他缴费	—	—	—	—	2.81	20	3.63	21
金融服务和融资成本	2.95	26	2.37	30	3.39	29	3.64	16
银行贷款	2.51	26	3.2	26	3.31	25	3.07	18
其他融资	3.02	20	3.23	18	3.24	21	2.78	22
贷款利率	—	—	1.27	30	3.51	28	4.15	25
其他利率	—	—	1.76	27	3.51	30	4.58	3
人力资源供应	2.83	14	3.50	7	3.75	11	2.86	24
技术人员	2.68	21	3.43	8	3.69	14	2.63	27
管理人员	2.78	15	3.36	15	3.69	14	2.68	27
熟练工人	3.04	5	3.70	3	3.88	4	3.28	14

续表

指数	2012年		2016年		2019年		2022年	
	分值	排名	分值	排名	分值	排名	分值	排名
基础设施条件	3.33	12	4.08	11	3.83	20	3.72	27
电水气	3.98	12	4.25	7	3.90	22	—	—
电水气网	—	—	—	—	—	—	3.92	26
铁路公路	3.11	16	4.02	13	3.88	20	3.51	27
其他基础设施	2.90	14	3.95	11	3.71	18	—	—
市场供求和中介服务	2.72	29	3.13	23	3.38	20	3.10	16
市场需求	—	—	2.95	30	3.45	15	3.30	8
过度竞争	—	—	3.09	18	3.36	8	2.76	10
中介服务	3.20	18	3.41	20	3.55	26	3.24	28
行业协会服务	2.60	28	3.05	20	3.14	27	—	—
总指数	2.94	26	3.33	29	3.53	26	3.40	28

山西的营商环境，2022年全国排名第28位，比2019年下降2位。2022年评分为3.40分，比2019年下降0.13分。总体来看，山西的营商环境处在全国下游水平。

在营商环境的8个方面指数中，有5个方面排名在全国下游，3个排名中游。2022年与2019年相比，"行政干预和行政效率"评分虽有提高，但排名降至全国末位。"政策公开公平公正"评分显著下降，排名维持在全国第26位。"企业的税费负担""金融服务和融资成本""市场供求和中介服务"三个方面指数的排名均有改善，目前均排在全国第16位，评分有升有降。其中"金融服务和融资成本"排名大幅上升13位，改善明显。"企业经营的法治环境"、"人力资源供应"和"基础设施条件"3个方面指数的评分和排名均有退步，特别是"人力资源供应"排名降幅很大。

政策公开公平公正

山西"政策公开公平公正"方面指数，2022年与2019年相比，评分下降0.33分，从3.16分下降至2.83分，排名维持在第26位。下属3个分项指数的评分均有不同程度的下降，其中，"公开透明"和"公平竞争"评分分别下降0.16分和0.25分，排名下降2位和7位，至第26位和第25位。"地方保护"的评分下降0.15分，排名从第25位升至第24位。

行政干预和行政效率

山西"行政干预和行政效率"方面指数在8个方面指数中排名最低。2022年与2019年相比，评分上升0.21分，但改善幅度不及大多数省份，排名下降1位至全国末位。下属3个分项指数中，"政府干预"的评分从3.52分下降至3.41分，排名下降3位至第29位。"打交道时间"的评分从3.23分上升至3.92分，但排名从第29位下降至全国第31位。"审批简便"的评分上升0.29分，排名从第27位提高至第26位。总体来看，行政干预和行政效率是山西的短板，迫切需要改进。

企业经营的法治环境

山西"企业经营的法治环境"方面指数，2022年与2019年相比，评分从3.82分下降至3.68分，排名下降6位，从第22位降至第28位，处在全国下游水平。下属4个分项指数的排名均出现不同程度的下降，其中，"司法公正"、"官员廉洁"和"合同履行"分项指数的评分和排名都下降了，排名分别下降12位、3位和4位，至第30位、第27位和第23位。"知识产权保护"分项指数的评分上升0.07分，排名下降4位至第26位。

企业的税费负担

山西"企业的税费负担"方面指数，2022年与2019年相比，评分从3.40分上升至3.66分，排名提升5位，从第21位上升至第16位。下属4个分项指数中，"法定税负"评分有小幅下降，排名从第10位上升至第7位。"依法征税"和"其他缴费"的评分分别提高0.14分和0.82分，但前者排名陡降13位至第28位，后者下降1位至第21位。"社保缴费"评分和排名均有改善，评分提高0.24分，排名大幅提高19位，从第29

位跃升至第 10 位。

金融服务和融资成本

山西"金融服务和融资成本"方面指数，2022 年与 2019 年相比，评分上升 0.25 分，排名从第 29 位跃升至第 16 位，大幅提高 13 位，是各方面指数中排名上升幅度最大的指数。下属 4 个分项指数中，"银行贷款"和"其他融资"评分均下降，前者排名上升 7 位至第 18 位，后者排名下降 1 位至第 22 位。"贷款利率"和"其他利率"评分上升，前者评分上升 0.64 分，排名上升 3 位至第 25 位，后者评分大幅上升 1.07 分，升幅超过绝大多数省份，排名飙升 27 位，从全国第 30 位跃升至第 3 位。说明在此期间山西企业融资渠道不畅问题并无改善，但企业融资成本在下降。

人力资源供应

山西"人力资源供应"方面指数，2022 年与 2019 年相比，评分从 3.75 分下降至 2.86 分，排名大幅下降 13 位，从第 11 位下滑至第 24 位。下属 3 个分项指数的评分和排名均有下降，"技术人员"和"管理人员"的评分大幅下滑 1.06 分和 1.01 分，下降幅度超过绝大多数省份，排名均急跌 13 位，都位于全国第 27 位。"熟练工人"的评分下降 0.60 分，排名从第 4 位降至第 14 位。说明在此期间山西企业的人力资源供应发生了明显的退步，技术人员和管理人员短缺比较突出。

基础设施条件

山西"基础设施条件"方面指数，2022 年与 2019 年相比，评分下降 0.11 分，排名从第 20 位下降至第 27 位。下属分项指数"铁路公路"的评分从 3.88 分下降至 3.51 分，排名下降 7 位，从第 20 位下跌至第 27 位。"电水气网"分项指数评分为 3.92 分，排名第 26 位，如果与 2019 年"电水气"分项指数做有限对比，评分略升 0.02 分，排名下跌 4 位。

市场供求和中介服务

山西"市场供求和中介服务"方面指数，2022 年与 2019 年相比，评分下跌 0.28 分，但排名从第 20 位上升至第 16 位。下属 3 个分项指数的评分都有不同程度的下降，其中"市场需求"分项指数评分下降 0.15 分，下降幅度小于其他一些省份，排名上升 7 位，从第 15 位上升至第 8 位。"过度竞争"和"中介服务"分项指数的评分分别下降 0.60 分和 0.31 分，排名均下跌 2 位，前者跌至第 10 位，后者跌至第 28 位。

内蒙古

表 5-5　内蒙古营商环境各方面指数、各分项指数的分值及排名

指数	2012 年		2016 年		2019 年		2022 年	
	分值	排名	分值	排名	分值	排名	分值	排名
政策公开公平公正	2.78	27	3.50	25	3.20	24	3.01	22
公开透明	3.00	23	3.63	22	3.66	27	3.53	27
行政执法公正	2.79	27	3.49	26	3.59	25	—	—
公平竞争	2.55	23	3.34	24	3.48	21	3.29	23
地方保护	—	—	3.55	20	2.09	23	2.21	21
行政干预和行政效率	2.99	28	3.11	28	3.60	25	3.96	19
政府干预	3.24	25	3.34	30	3.55	24	3.72	15
打交道时间	3.29	27	2.33	27	3.77	12	4.29	16
审批简便	2.53	27	3.11	31	3.41	29	3.86	22
官员廉洁	2.76	22	3.66	12	3.66	26	—	—
企业经营的法治环境	3.17	18	3.82	17	3.72	28	3.70	26
司法公正	2.76	24	3.51	23	3.62	31	3.58	29
官员廉洁	—	—	—	—	—	—	3.74	26
合同履行	3.48	9	3.80	15	3.52	29	3.44	30
经营者财产和人身安全保障	3.72	3	4.17	13	3.76	30	—	—
知识产权保护	3.55	5	3.80	17	3.97	8	4.05	13
企业的税费负担	2.56	29	3.37	30	3.39	22	3.64	17
法定税负	2.07	19	2.89	31	4.12	7	3.72	16
依法征税	—	—	3.91	6	4.04	24	4.41	10
税外收费	3.06	29	3.31	31	—	—	—	—
社保缴费	—	—	—	—	2.75	24	2.56	24
其他缴费	—	—	—	—	2.68	25	3.84	8
金融服务和融资成本	2.97	24	3.54	8	3.68	12	3.40	26
银行贷款	2.23	29	3.17	28	3.59	11	3.02	20
其他融资	3.19	10	3.43	9	3.38	8	2.69	24
贷款利率	—	—	2.99	25	4.08	7	4.18	24
其他利率	—	—	4.57	3	3.67	23	3.73	24
人力资源供应	2.79	17	3.21	25	3.60	17	2.99	23
技术人员	2.77	15	3.14	25	3.34	22	2.97	20
管理人员	2.77	17	3.11	26	3.66	17	3.02	22
熟练工人	2.84	18	3.37	20	3.79	13	2.98	27

指数	2012 年		2016 年		2019 年		2022 年	
	分值	排名	分值	排名	分值	排名	分值	排名
基础设施条件	3.45	6	3.67	26	3.47	30	3.95	24
电水气	4.48	1	3.66	30	3.66	29	—	—
电水气网	—	—	—	—	—	—	4.04	20
铁路公路	3.07	19	3.66	26	3.45	30	3.86	24
其他基础设施	2.80	21	3.69	19	3.31	30	—	—
市场供求和中介服务	3.01	12	2.81	31	3.26	29	2.99	25
市场需求	—	—	2.83	31	3.45	16	3.22	14
过度竞争	—	—	2.69	31	3.17	19	2.37	27
中介服务	3.23	15	3.20	27	3.28	30	3.38	24
行业协会服务	2.84	11	2.54	30	3.14	28	—	—
总指数	3.01	17	3.38	27	3.49	27	3.45	24

内蒙古的营商环境，2022 年全国排名第 24 位，比 2019 年上升 3 位。2022 年评分为 3.45 分，比 2019 年下降 0.04 分。内蒙古的营商环境仍处在全国下游水平。

在营商环境的 8 个方面指数中，有 6 个方面指数处于全国下游位置，但多数排名有进步。2 个方面指数从下游上升到中游位置。2022 年与 2019 年相比，"行政干预和行政效率"、"企业的税费负担"和"基础设施条件"3 个方面指数评分和排名都有不同程度提高。"政策公开公平公正"、"企业经营的法治环境"和"市场供求和中介服务"3 个方面指数评分下降，但排名上升了。"金融服务和融资成本"和"人力资源供应"方面指数评分和排名均下降，特别是前者降幅很大。

政策公开公平公正

内蒙古"政策公开公平公正"方面指数，2022 年与 2019 年相比，评分从 3.20 分下降至 3.01 分，排名提高 2 位至第 22 位。下属 3 个分项指数中，"公开透明"和"公平竞争"评分分别下降 0.13 分和 0.19 分，前者排名维持在第 27 位，后者排名下降 2 位至第 23 位。"地方保护"评分从 2.09 分上升至 2.21 分，排名从第 23 位提高至第 21 位。

行政干预和行政效率

内蒙古"行政干预和行政效率"方面指数，2022年与2019年相比，评分上升0.36分，排名上升6位，从第25位提高至第19位，是一个有明显进步的方面。下属3个分项指数中，"政府干预"和"审批简便"评分和排名均有提高，评分分别上升0.17和0.45分，排名分别提高9位和7位，至第15位和第22位。"打交道时间"评分提高0.52分，但排名从第12位降至第16位。

企业经营的法治环境

内蒙古"企业经营的法治环境"方面指数，2022年与2019年相比，评分从3.72分微降至3.70分，排名上升2位至第26位。下属4个分项指数中，"司法公正"评分从3.62分下降至3.58分，排名从全国末位升至第29位。"合同履行"评分略降0.08分，排名从第29位下降至第30位。"知识产权保护"评分从3.97分上升至4.05分，排名下降5位，从第8位降至第13位。首次出现在该方面指数下的"官员廉洁"分项指数与2019年数据相比，评分略升0.08分，排名维持在第26位。整体来看，内蒙古在企业经营的法治环境方面仍处于全国下游。

企业的税费负担

内蒙古"企业的税费负担"方面指数，2022年与2019年相比，评分从3.39分提高至3.64分，排名提升5位，从第22位上升至第17位，有明显进步。下属4个分项指数中，"依法征税"和"其他缴费"分项指数的评分和排名都上升了，评分分别上升0.37分和1.16分，排名大幅提高14位和17位，至第10位和第8位。"法定税负"和"社保缴费"分项指数的评分分别下降0.40分和0.19分，前者排名从第7位下降至第16位，后者排名维持在第24位。

金融服务和融资成本

内蒙古"金融服务和融资成本"方面指数，2022年与2019年相比，评分从3.68分下降至3.40分，排名陡降14位，从第12位下滑至第26

位。下属 4 个分项指数中,"银行贷款"和"其他融资"的评分和排序都下降了,评分分别下降 0.57 分和 0.69 分,前者排名从第 11 位降至第 20 位,下降 9 位,后者从第 8 位降至第 24 位,大幅下降 16 位。"贷款利率"评分从 4.08 分升至 4.18 分,但改善幅度不及大多数省份,排名急跌 17 位,从第 7 位下滑至第 24 位。"其他利率"评分从 3.67 分上升至 3.73 分,排名下降 1 位至第 24 位。总体来看,内蒙古企业贷款难问题有所加重。

人力资源供应

内蒙古"人力资源供应"方面指数,2022 年与 2019 年相比,评分从 3.60 分下跌至 2.99 分,排名下降 6 位,从第 17 位下降至第 23 位。下属 3 个分项指数中,"技术人员"评分下跌 0.37 分,排名从第 22 位升至第 20 位。"管理人员"和"熟练工人"评分分别下跌 0.64 分和 0.81 分,排名分别下降 5 位和 14 位,降至第 22 位和第 27 位。内蒙古在人力资源供应方面与多数省份相比,仍面临不利条件。

基础设施条件

内蒙古"基础设施条件"方面指数,2022 年与 2019 年相比,评分从 3.47 分上升至 3.95 分,排名提升 6 位,从第 30 位升至第 24 位。下属分项指数"铁路公路"评分提高 0.41 分,改善幅度较大,排名上升 6 位至第 24 位。"电水气网"分项指数评分为 4.04 分,排名第 20 位,如果与 2019 年"电水气"分项指数做有限对比,评分上升 0.38 分,排名上升 9 位。整体来看,内蒙古在基础设施条件方面有改进。

市场供求和中介服务

内蒙古"市场供求和中介服务"方面指数,2022 年与 2019 年相比,评分从 3.26 分降至 2.99 分,排名上升 4 位,从第 29 位升至第 25 位。下属 3 个分项指数中,"市场需求"分项指数的评分下降 0.23 分,但排名上升 2 位,从第 16 位提高至第 14 位。"过度竞争"的评分下跌 0.80 分,排名从第 19 位下降至第 27 位。"中介服务"的评分略有改善,从 3.28 分提高至 3.38 分,排名从第 30 位升至第 24 位。

辽宁

表 5-6　辽宁营商环境各方面指数、各分项指数的分值及排名

指数	2012 年		2016 年		2019 年		2022 年	
	分值	排名	分值	排名	分值	排名	分值	排名
政策公开公平公正	2.85	21	3.59	20	3.67	15	3.09	21
公开透明	3.03	22	3.67	19	3.76	19	3.67	23
行政执法公正	2.83	26	3.49	25	3.73	17	—	—
公平竞争	2.71	14	3.36	23	3.53	14	3.39	20
地方保护	—	—	3.86	17	3.66	15	2.21	20
行政干预和行政效率	3.16	19	2.96	30	3.75	10	4.01	14
政府干预	3.29	22	3.56	23	3.74	9	3.63	23
打交道时间	3.62	12	1.59	31	3.74	17	4.60	6
审批简便	2.75	20	3.21	27	3.62	22	3.79	25
官员廉洁	2.93	18	3.49	25	3.92	5	—	—
企业经营的法治环境	3.19	17	3.85	14	3.73	27	3.72	24
司法公正	2.99	13	3.62	16	3.85	20	3.70	23
官员廉洁	—	—	—	—	—	—	3.54	31
合同履行	3.41	17	3.79	16	3.59	27	3.61	22
经营者财产和人身安全保障	3.44	22	4.18	12	3.75	31	—	—
知识产权保护	3.33	19	3.79	18	3.74	27	4.03	15
企业的税费负担	2.71	21	3.6	18	3.32	26	3.53	25
法定税负	2.02	26	3.21	19	4.14	5	3.62	25
依法征税	—	—	3.85	14	4.00	26	4.31	19
税外收费	3.39	18	3.74	17	—	—	—	—
社保缴费	—	—	—	—	2.69	27	2.50	26
其他缴费	—	—	—	—	2.44	27	3.67	19
金融服务和融资成本	3.10	10	3.96	2	3.66	14	3.28	30
银行贷款	2.90	10	3.81	3	3.58	13	2.91	26
其他融资	3.13	13	3.62	3	3.30	17	2.61	25
贷款利率	—	—	4.05	4	3.91	13	4.40	18
其他利率	—	—	4.36	4	3.85	19	3.18	31
人力资源供应	2.79	18	3.35	16	3.86	4	2.80	26
技术人员	2.66	23	3.26	18	3.73	10	2.61	29
管理人员	2.76	18	3.41	13	4.03	2	2.66	28
熟练工人	2.93	11	3.38	18	3.83	9	3.13	21

续表

指数	2012 年		2016 年		2019 年		2022 年	
	分值	排名	分值	排名	分值	排名	分值	排名
基础设施条件	3.46	4	3.91	15	3.92	15	3.88	25
电水气	4.13	5	4.05	17	4.15	8	—	—
电水气网	—	—	—	—	—	—	3.91	28
铁路公路	3.30	3	3.95	16	3.95	14	3.85	25
其他基础设施	2.94	10	3.74	18	3.65	22	—	—
市场供求和中介服务	3.00	13	3.19	19	3.36	23	3.06	18
市场需求	—	—	3.28	15	3.48	13	3.27	12
过度竞争	—	—	2.95	25	3.08	25	2.43	25
中介服务	3.26	13	3.41	19	3.73	10	3.49	15
行业协会服务	2.83	12	3.10	16	3.15	26	—	—
总指数	3.05	13	3.55	17	3.66	14	3.42	27

辽宁的营商环境，2022 年全国排名第 27 位，比 2019 年下降 13 位。2022 年评分为 3.42 分，比 2019 年下降 0.24 分。表明辽宁的营商环境发生了明显退步。

在营商环境的 8 个方面指数中，有 6 个方面指数处于全国 20 位以后的下游地位，2 个方面指数列于中游。2022 年与 2019 年相比，"政策公开公平公正"、"金融服务和融资成本"、"人力资源供应"和"基础设施条件"方面指数评分和排名均有下降，排名降幅很大。"行政干预和行政效率"方面指数评分上升，排名下降。"企业经营的法治环境"与"市场供求和中介服务"方面指数评分下降，排名有 3~5 位的上升。只有"企业的税费负担"方面指数的评分和排名略有上升。

政策公开公平公正

辽宁"政策公开公平公正"方面指数，2022 年与 2019 年相比，评分从 3.67 分下降至 3.09 分，排名下跌 6 位，从第 15 位下降至第 21 位。下属 3 个分项指数的评分和排名都下降了，其中，"公开透明"评分从 3.76 分下降至 3.67 分，排名下降 4 位至第 23 位。"公平竞争"评分从 3.53 分下降至 3.39 分，排名下降 6 位至第 20 位。"地方保护"评分大幅下降 1.45 分，全国降幅最大，排名从第 15 位跌至第 20 位。

行政干预和行政效率

辽宁"行政干预和行政效率"方面指数，2022 年与 2019 年相比，评分从 3.75 分上升至 4.01 分，但改善幅度不及其他一些省份，排名从第 10 位下降至第 14 位。下属 3 个分项指数中，"打交道时间"的评分和排名都有所改善，评分上升 0.86 分，排名从第 17 位提升至第 6 位，是该方面指数表现最好的分项。"审批简便"评分上升 0.17 分，排名下降 3 位至第 25 位。"政府干预"的评分和排名都下降了，评分下降 0.09 分，排名大幅下跌 14 位至第 23 位，跌至全国下游水平。

企业经营的法治环境

辽宁"企业经营的法治环境"方面指数，2022 年与 2019 年相比，评分基本不变，排名从第 27 位提升至第 24 位。下属 4 个分项指数中，改善较明显的是"知识产权保护"，评分上升 0.29 分，排名从第 27 位上升至第 15 位。"合同履行"评分基本不变，排名上升 5 位至第 22 位。"司法公正"评分下降 0.15 分，排名从第 20 位下跌至第 23 位。首次出现在该方面指数下的"官员廉洁"与 2019 年数据相比，评分下跌 0.38 分，排名跌至全国最末。法治环境仍是辽宁的一个薄弱环节。

企业的税费负担

辽宁"企业的税费负担"方面指数，2022 年与 2019 年相比，评分从 3.32 分上升至 3.53 分，排名上升 1 位至第 25 位。下属 4 个分项指数中，"法定税负"评分下降 0.52 分，排名大幅下跌 20 位，降至第 25 位，说明评分的降幅大于大多数省份。"依法征税"和"其他缴费"的评分和排名都提高了，前者评分提高 0.31 分，排名提升 7 位至第 19 位，后者评分大幅提高 1.23 分，排名提升 8 位至第 19 位。"社保缴费"评分下跌 0.19 分，排名微升 1 位至第 26 位。

金融服务和融资成本

辽宁"金融服务和融资成本"方面指数，2022 年与 2019 年相比，评分下跌 0.38 分，排名从第 14 位大幅下滑至第 30 位，目前是辽宁的突出短板。下属 4 个分项指数中，"贷款利率"评分上升 0.49 分，改善幅度不及其他一些省份，排名从第 13 位下降至第 18 位。其他 3 个分项指数的评分和排名都发生了退步，其中，"银行贷款"评分下跌 0.67 分，排名陡降 13 位，从第 13 位下跌至第 26 位。"其他融资"评分下跌 0.69 分，排名下降 8 位至第 25 位。"其他利率"评分下跌 0.67 分，排名居全国末位。总体来看，辽宁企业贷款难问题加重，其他融资的平均成本也提高了。

人力资源供应

辽宁"人力资源供应"方面指数，2022 年与 2019 年相比，评分从 3.86 分降至 2.80 分，陡降 1.06 分，下降幅度全国最大，排名从全国第 4 位断崖式降至第 26 位。下属 3 个分项指数中，"技术人员"和"管理人员"的评分和排名都大幅下降，评分分别下跌 1.12 分和 1.37 分，排名分别下滑 19 位和 26 位，至第 29 位和第 28 位。"熟练工人"评分下降 0.70 分，排名下降 12 位至第 21 位。人力资源供应状况目前是辽宁营商环境的又一短板。

基础设施条件

辽宁"基础设施条件"方面指数，2022 年与 2019 年相比，评分从 3.92 分微降至 3.88 分，排名下降 10 位，从全国第 15 位下跌至第 25 位。下属分项指数"铁路公路"评分基本不变，排名从第 14 位大幅滑至第 25 位。"电水气网"分项指数评分为 3.91 分，排名第 28 位，如果与 2019 年"电水气"分项指数做有限对比，评分下降 0.24 分，下降幅度超过其他所有省份，排名大幅下跌 20 位至第 28 位。辽宁基础设施条件从中游水平退到下游水平。

市场供求和中介服务

辽宁"市场供求和中介服务"方面指数，2022 年与 2019 年相比，评分从 3.36 分降至 3.06 分，排名从第 23 位提高至第 18 位。下属 3 个分项指数中，"市场需求"评分下跌 0.21 分，排名提升 1 位至第 12 位。"过度竞争"评分下跌 0.65 分，排名维持在第 25 位。"中介服务"评分下跌 0.24 分，排名下降 5 位，从第 10 位下降至第 15 位。

吉林

表 5-7　吉林营商环境各方面指数、各分项指数的分值及排名

指数	2012 年		2016 年		2019 年		2022 年	
	分值	排名	分值	排名	分值	排名	分值	排名
政策公开公平公正	3.06	7	3.49	26	3.37	19	2.76	27
公开透明	3.20	8	3.63	22	3.75	20	3.60	25
行政执法公正	3.22	4	3.51	22	3.61	23	—	—
公平竞争	2.77	10	3.29	28	3.43	24	3.38	21
地方保护	—	—	3.55	21	2.69	20	1.31	28
行政干预和行政效率	3.34	8	3.38	22	3.55	28	3.86	27
政府干预	3.63	3	3.46	27	3.36	29	3.56	26
打交道时间	3.58	16	3.39	18	3.77	12	4.13	28
审批简便	2.89	10	3.29	23	3.43	27	3.87	19
官员廉洁	3.05	9	3.4	27	3.64	28	—	—
企业经营的法治环境	3.35	3	3.96	6	3.89	15	3.75	23
司法公正	3.10	7	3.60	18	3.86	18	3.67	24
官员廉洁	—	—	—	—	—	—	3.76	25
合同履行	3.62	2	3.89	8	3.89	5	3.62	21
经营者财产和人身安全保障	3.72	4	4.26	9	4.04	11	—	—
知识产权保护	3.48	8	4.09	5	3.77	24	3.95	22
企业的税费负担	2.73	20	3.51	23	3.49	8	3.57	23
法定税负	2.11	14	3.23	17	3.92	20	3.57	26
依法征税	—	—	3.66	26	4.13	7	4.45	6
税外收费	3.34	21	3.66	24	—	—	—	—
社保缴费	—	—	—	—	2.96	7	2.71	17
其他缴费	—	—	—	—	2.96	9	3.55	25
金融服务和融资成本	3.16	8	3.52	10	3.51	23	3.73	11
银行贷款	2.93	9	3.53	15	3.3	26	3.05	19
其他融资	3.22	7	3.03	27	3.04	28	2.91	15
贷款利率	—	—	3.8	7	3.78	21	4.27	22
其他利率	—	—	3.74	9	3.94	13	4.69	1
人力资源供应	2.84	12	3.49	9	3.45	26	3.11	20
技术人员	2.74	16	3.37	10	3.32	24	2.91	22
管理人员	2.85	12	3.46	10	3.43	26	3.29	6
熟练工人	2.94	9	3.63	6	3.61	24	3.13	22

续表

指数	2012 年		2016 年		2019 年		2022 年	
	分值	排名	分值	排名	分值	排名	分值	排名
基础设施条件	3.49	2	3.74	23	3.82	21	4.08	19
电水气	4.14	4	3.94	19	3.93	20	—	—
电水气网	—	—	—	—	—	—	4.15	17
铁路公路	3.26	6	3.69	25	3.79	24	4.02	16
其他基础设施	3.07	5	3.60	23	3.75	15	—	—
市场供求和中介服务	2.90	20	3.54	6	3.43	15	3.04	20
市场需求	—	—	3.71	1	3.64	5	3.20	18
过度竞争	—	—	3.34	7	3.18	18	2.56	19
中介服务	3.16	22	3.86	4	3.68	14	3.36	25
行业协会服务	2.80	15	3.23	11	3.21	23	—	—
总指数	3.11	8	3.58	15	3.56	23	3.49	22

吉林的营商环境，2022 年全国排名第 22 位，比 2019 年上升 1 位，比 2016 年下降 7 位。2022 年评分为 3.49 分，比 2019 年和 2016 年分别下降 0.07 分和 0.09 分。表明吉林的营商环境没有明显改善。

在营商环境的 8 个方面指数中，有 4 个方面指数排名处于全国下游地位，3 个方面指数在第 19~20 位的中下游地位，只有"金融服务和融资成本"方面有明显好转，回升至中上游地位。2022 年与 2019 年相比，"行政干预和行政效率"、"金融服务和融资成本"和"基础设施条件"方面指数的评分和排名均有不同程度的上升，特别是"金融服务和融资成本"方面指数的排名陡升 12 位。"企业的税费负担"方面指数的评分虽提升，但排名大幅下降 15 位。"人力资源供应"方面指数的评分下降，排名提升。"政策公开公平公正"、"企业经营的法治环境"和"市场供求和中介服务"评分和排名都下降了。

政策公开公平公正

吉林"政策公开公平公正"方面指数，2022 年与 2019 年相比，评分从 3.37 分下跌至 2.76 分，下降幅度居全国前列，排名下降 8 位至第 27

位，处于全国下游。下属 3 个分项指数中，"地方保护"评分从 2.69 分大幅下滑至 1.31 分，是导致该方面指数评分下降的主要原因，排名下降 8 位至第 28 位。"公开透明"评分下降 0.15 分，排名从第 20 位下跌至第 25 位。"公平竞争"评分微降 0.05 分，排名上升 3 位至第 21 位。整体来看，吉林在政策公开公平公正方面处于较落后水平。

行政干预和行政效率

吉林"行政干预和行政效率"方面指数，2022 年与 2019 年相比，评分从 3.55 分上升至 3.86 分，排名仅上升 1 位至第 27 位。下属 3 个分项指数中，"审批简便"评分上升 0.44 分，改善幅度较大，排名从第 27 位上升至第 19 位。"政府干预"评分上升 0.20 分，排名上升 3 位，从第 29 位提高至第 26 位。"打交道时间"评分从 3.77 分升至 4.13 分，但排名陡降 16 位，从第 12 位跌至第 28 位，说明改善小于多数省份。总体来看，吉林在行政干预和行政效率方面位于全国下游水平。

企业经营的法治环境

吉林"企业经营的法治环境"方面指数，2022 年与 2019 年相比，评分从 3.89 分跌至 3.75 分，排名从第 15 位下降至第 23 位，退到全国下游水平。下属 4 个分项指数中，"司法公正"和"合同履行"评分均有下降，前者排名下降 6 位，从第 18 位跌至第 24 位，后者排名陡降 16 位，从第 5 位跌至第 21 位。"知识产权保护"评分从 3.77 分升至 3.95 分，排名上升 2 位至第 22 位。首次出现在该方面指数下的"官员廉洁"分项指数与 2019 年数据相比，评分上升 0.12 分，排名从第 28 位升至第 25 位。

企业的税费负担

吉林"企业的税费负担"方面指数，2022 年与 2019 年相比，评分从 3.49 分微升至 3.57 分，排名大幅下跌 15 位，从第 8 位下滑至第 23 位。下属 4 个分项指数中，"依法征税"和"其他缴费"评分有改善，前者排名上升 1 位至第 6 位，后者评分改善幅度不及其他省份，导致排名下跌

16 位至第 25 位。"法定税负"和"社保缴费"的评分都有下跌，排名分别下跌 6 位和 10 位，至第 26 位和第 17 位。

金融服务和融资成本

吉林"金融服务和融资成本"方面指数，2022 年与 2019 年相比，评分从 3.51 分升至 3.73 分，排名大幅提升 12 位，从第 23 位上升至第 11 位，是唯一有明显改善的方面指数。这基本得益于利率的降低。下属 4 个分项指数中，"其他利率"分项指数表现最理想，评分提高 0.75 分，排名从第 13 位升至全国第 1 位。"贷款利率"分项指数的评分从 3.78 分升至 4.27 分，但排名下跌 1 位至第 22 位。"银行贷款"和"其他融资"分项指数的评分都有下降，分别下跌 0.25 分和 0.13 分，显示融资难度并没有改善，但排名分别提高 7 位和 13 位，前者从第 26 位升至第 19 位，后者从第 28 位升至第 15 位，两者从下游水平进入中游水平。

人力资源供应

吉林"人力资源供应"方面指数，2022 年与 2019 年相比，评分从 3.45 分跌至 3.11 分，排名上升 6 位至第 20 位，说明吉林该方面指数的下降幅度小于其他一些省份。下属 3 个分项指数中，"管理人员"评分下降 0.14 分，因为下降幅度最小，故排名大幅提升 20 位，从第 26 位陡升至第 6 位。"技术人员"和"熟练工人"分项指数的评分都有下降，前者从 3.32 分下跌至 2.91 分，后者从 3.61 分下跌至 3.13 分，排名均从第 24 位上升至第 22 位。

基础设施条件

吉林"基础设施条件"方面指数，2022 年与 2019 年相比，评分从 3.82 分提高至 4.08 分，排名微升 2 位至第 19 位。下属分项指数"铁路公路"的评分从 3.79 分提高至 4.02 分，排名提升 8 位至第 16 位。"电水气网"分项指数评分为 4.15 分，排名第 17 位，如果与 2019 年"电水气"分项指数做有限对比，评分上升 0.22 分，排名提高 3 位。总体来看，吉林基础设施条件有所改善，进入全国中游水平。

市场供求和中介服务

吉林"市场供求和中介服务"方面指数，2022 年与 2019 年相比，评分从 3.43 分下跌至 3.04 分，排名下降 5 位，从第 15 位降至第 20 位，整体看出现了退步。下属 3 个分项指数中，"市场需求"和"过度竞争"的评分分别下降 0.44 分和 0.62 分，前者排名从第 5 位下降至第 18 位，大幅下降 13 位，后者排名微跌 1 位至第 19 位。"中介服务"评分下降 0.32 分，从第 14 位大幅下降至第 25 位。

黑龙江

表 5-8　黑龙江营商环境各方面指数、各分项指数的分值及排名

指数	2012 年		2016 年		2019 年		2022 年	
	分值	排名	分值	排名	分值	排名	分值	排名
政策公开公平公正	2.98	13	3.65	17	3.24	22	2.85	24
公开透明	3.15	13	3.85	8	3.83	13	3.88	13
行政执法公正	3.02	17	3.64	15	3.59	25	—	—
公平竞争	2.78	9	3.45	14	3.45	23	3.46	15
地方保护	—	—	3.65	19	2.10	22	1.21	29
行政干预和行政效率	3.25	12	3.73	11	3.70	12	4.10	9
政府干预	3.52	8	3.58	22	3.62	19	4.02	3
打交道时间	3.40	20	4.38	7	3.68	19	4.56	7
审批简便	2.89	11	3.39	17	3.69	14	3.72	27
官员廉洁	2.98	13	3.58	18	3.83	11	—	—
企业经营的法治环境	3.30	9	4.10	2	3.91	12	3.90	15
司法公正	2.99	12	3.61	17	3.76	27	3.91	15
官员廉洁	—	—	—	—	—	—	3.85	21
合同履行	3.60	3	4.06	1	3.86	9	3.74	16
经营者财产和人身安全保障	3.63	10	4.36	3	4.03	12	—	—
知识产权保护	3.58	3	4.36	1	3.97	8	4.11	9
企业的税费负担	2.87	6	3.59	20	3.30	30	3.69	9
法定税负	2.26	4	3.52	5	3.90	22	3.40	30
依法征税	—	—	3.73	23	4.07	17	4.21	30
税外收费	3.47	12	3.52	28	—	—	—	—
社保缴费	—	—	—	—	2.79	23	2.86	9
其他缴费	—	—	—	—	2.43	28	4.27	1
金融服务和融资成本	2.99	23	3.28	19	3.79	6	3.69	13
银行贷款	2.52	25	3.50	18	3.61	7	3.09	17
其他融资	3.00	22	3.44	8	3.25	20	2.69	23
贷款利率	—	—	3.61	13	4.24	3	4.37	19
其他利率	—	—	2.56	21	4.06	7	4.60	2
人力资源供应	2.89	6	3.43	10	3.39	28	2.60	31
技术人员	2.79	11	3.33	14	3.34	22	2.53	30
管理人员	2.87	9	3.45	11	3.34	28	2.57	30
熟练工人	3.02	7	3.52	10	3.48	28	2.70	30

指数	2012 年		2016 年		2019 年		2022 年	
	分值	排名	分值	排名	分值	排名	分值	排名
基础设施条件	3.24	20	3.80	20	3.93	14	3.85	26
电水气	4.23	3	4.09	13	4.21	6	—	
电水气网	—		—		—		3.98	23
铁路公路	2.82	25	3.73	23	3.86	22	3.71	26
其他基础设施	2.67	25	3.58	26	3.71	18	—	
市场供求和中介服务	3.15	4	3.27	13	3.27	28	2.97	26
市场需求	—		3.21	21	3.24	28	3.19	19
过度竞争	—		2.94	26	3.03	28	2.37	28
中介服务	3.47	4	3.52	15	3.55	25	3.35	27
行业协会服务	3.04	3	3.39	5	3.25	22	—	
总指数	3.11	7	3.60	13	3.57	22	3.45	23

黑龙江的营商环境，2022 年全国排名第 23 位，比 2019 年微降 1 位。2022 年评分为 3.45 分，比 2019 年下降 0.12 分。

在营商环境的 8 个方面指数中，有 4 个方面指数 2022 年处于全国下游水平，2 个方面指数处于中游水平，2 个方面指数处于上游水平。"行政干预和行政效率"和"企业的税费负担"这两个方面的评分和排序都有明显改善。2022 年与 2019 年相比，"行政干预和行政效率"和"企业的税费负担"方面指数的排名分别提高 3 位和 21 位。"政策公开公平公正"、"金融服务和融资成本"、"人力资源供应"和"基础设施条件"方面指数的评分和排名都下降了。"企业经营的法治环境"评分无明显变化，排名有所下降。"市场供求和中介服务"评分下降，但全国排名略有上升。

政策公开公平公正

黑龙江"政策公开公平公正"方面指数，2022 年与 2019 年相比，评分从 3.24 分下跌至 2.85 分，排名下降 2 位至第 24 位。下属 3 个分项指数中，"公开透明"和"公平竞争"分项指数的评分均略有上升，前者排名稳定在第 13 位，后者提升 8 位至第 15 位。但"地方保护"分项指数的评分从2.10分大幅下降至1.21分,排名从第22位降至第29位。该分项指数大幅下降是拖累该方面指数下降的原因。

行政干预和行政效率

黑龙江"行政干预和行政效率"方面指数,2022年与2019年相比,评分从3.70分提高至4.10分,改善明显,排名提升3位,从第12位升至第9位。下属3个分项指数中,"政府干预"和"打交道时间"分项指数明显进步,评分分别上升0.40分和0.88分,排名从第19位大幅提升至第3位和第7位。"审批简便"评分微升0.03分,但改善幅度不及大多数省份,排名从第14位显著退步至第27位,对该方面指数有负面影响。

企业经营的法治环境

黑龙江"企业经营的法治环境"方面指数,2022年与2019年相比,评分基本不变,排名下降3位,从第12位下跌至第15位。下属4个分项指数中,"司法公正"评分和排名都上升了,评分从3.76分升至3.91分,排名从第27位提高至第15位。"合同履行"评分微降0.12分,排名从第9位下降至第16位。"知识产权保护"评分上升0.14分,排名下降1位至第9位。首次出现在该方面指数下的"官员廉洁"分项指数与2019年数据相比,评分微升0.02分,但进步慢于其他一些省份,导致排名下跌10位,从第11位下滑至第21位。

企业的税费负担

黑龙江"企业的税费负担"方面指数,2022年与2019年相比,评分从3.30分提高至3.69分,排名大幅提升21位,从第30位升至第9位,该方面指数在各方面指数中改善显著。下属4个分项指数中,"其他缴费"分项指数表现最理想,评分大幅提高1.84分,排名从第28位陡升至全国第1位。"社保缴费"分项指数的评分微升0.07分,改善幅度大于多数省份,排名从第23位跃升至第9位,提升14位。"法定税负"和"依法征税"分项指数评分一降一升,但排名分别下降8位和13位,均位于全国第30位,居下游水平。

金融服务和融资成本

黑龙江"金融服务和融资成本"方面指数，2022年与2019年相比，评分微降0.10分，排名从第6位下降至第13位。下属4个分项指数中，"其他利率"分项指数的评分从4.06分升至4.60分，排名从第7位提高至第2位，在全国处于较好状态。"银行贷款"和"其他融资"的评分分别下降0.52分和0.56分，排名分别从第7位和第20位退步至第17位和第23位，说明黑龙江企业的融资渠道通畅度降低。"贷款利率"分项指数的评分从4.24分小幅上升至4.37分，但改善幅度落后于大多数省份，排名大幅下滑16位至第19位。

人力资源供应

黑龙江"人力资源供应"方面指数，2022年与2019年相比，评分从3.39分下降至2.60分，下跌0.79分，排名从第28位退步至第31位。下属3个分项指数"技术人员"、"管理人员"和"熟练工人"的评分和排名都下跌了，排名分别从第22位、第28位和第28位均降至第30位。人力资源供应成为黑龙江营商环境的短板。

基础设施条件

黑龙江"基础设施条件"方面指数，2022年与2019年相比，评分从3.93分下降至3.85分，排名从第14位落至第26位，降幅明显。下属分项指数"铁路公路"的评分从3.86分退步至3.71分，排名从第22位下降至第26位。"电水气网"分项指数的评分为3.98分，排名第23位，如果与2019年"电水气"分项指数做有限对比，评分下降0.23分，下降幅度超过全国多数省份，导致排名陡降17位。总体来看，黑龙江的基础设施条件目前属于较落后的水平。

市场供求和中介服务

黑龙江"市场供求和中介服务"方面指数，2022年与2019年相比，评分从3.27分下跌至2.97分，排名上升2位，从第28位提高至第26位。下属3个分项指数中，"市场需求"分项指数的评分微降，但降幅全国最小，排名提升 9 位，从第 28 位升至第 19 位。"过度竞争"分项指数的评分从 3.03 分降至 2.37 分，排名维持在第 28 位。"中介服务"分项指数的评分下降 0.20 分，排名下降 2 位，从第 25 位降至第 27 位。总体来看，黑龙江市场供求和中介服务仍处于全国下游水平。

上海

表 5-9　上海营商环境各方面指数、各分项指数的分值及排名

指数	2012 年		2016 年		2019 年		2022 年	
	分值	排名	分值	排名	分值	排名	分值	排名
政策公开公平公正	3.24	2	3.84	5	3.79	6	3.87	8
公开透明	3.36	2	4.01	4	4.07	1	3.96	10
行政执法公正	3.43	2	4.01	2	3.98	2	—	
公平竞争	2.94	2	3.78	2	3.81	2	3.60	9
地方保护	—	—	3.54	22	3.31	17	4.05	9
行政干预和行政效率	3.52	2	3.75	9	4.05	1	4.24	4
政府干预	3.65	2	4.03	1	3.99	2	3.92	7
打交道时间	4.16	1	2.98	22	4.19	1	4.74	3
审批简便	3.12	4	3.96	2	3.92	3	4.07	10
官员廉洁	3.23	2	4.03	1	4.11	1	—	
企业经营的法治环境	3.36	2	4.12	1	4.05	3	4.04	8
司法公正	3.21	2	3.95	1	4.08	1	4.11	5
官员廉洁	—		—		—		4.23	4
合同履行	3.47	11	3.97	4	3.87	8	3.88	7
经营者财产和人身安全保障	3.74	2	4.42	1	4.14	4	—	
知识产权保护	3.33	21	4.15	3	4.08	2	3.95	21
企业的税费负担	2.92	4	4.03	2	3.47	15	3.53	24
法定税负	2.04	22	3.92	2	4.13	6	3.51	28
依法征税	—	—	4.22	2	4.16	6	4.49	3
税外收费	3.80	3	3.95	6	—		—	
社保缴费	—		—		2.81	22	2.33	31
其他缴费	—		—		2.77	21	3.79	11
金融服务和融资成本	3.21	4	3.53	9	3.74	8	3.89	6
银行贷款	2.95	7	3.74	4	3.61	6	3.37	10
其他融资	3.20	9	3.64	1	3.40	7	2.97	11
贷款利率	—	—	3.55	14	4.02	8	4.82	1
其他利率	—		3.19	16	3.92	15	4.40	6
人力资源供应	2.90	5	3.84	2	3.82	7	3.19	14
技术人员	2.90	3	3.93	2	3.84	4	3.20	8
管理人员	3.04	2	3.90	2	3.95	3	3.36	4
熟练工人	2.76	22	3.67	4	3.65	21	3.01	26

续表

指数	2012 年		2016 年		2019 年		2022 年	
	分值	排名	分值	排名	分值	排名	分值	排名
基础设施条件	3.49	3	4.54	1	4.41	1	4.45	1
电水气	3.92	16	4.58	1	4.46	1	—	—
电水气网	—	—	—	—	—	—	4.56	2
铁路公路	3.35	2	4.58	1	4.49	1	4.35	2
其他基础设施	3.20	1	4.47	2	4.29	1	—	—
市场供求和中介服务	3.29	3	3.73	1	3.70	1	3.11	15
市场需求	—	—	3.55	5	3.63	6	3.03	27
过度竞争	—	—	3.34	8	3.33	11	2.60	16
中介服务	3.59	2	4.14	1	4.24	1	3.69	8
行业协会服务	2.95	5	3.90	1	3.60	4	—	—
总指数	3.25	2	3.92	1	3.88	1	3.79	7

上海的营商环境，2022 年评分为 3.79 分，比 2019 年小幅下降 0.09 分，全国排名从 2019 年的第 1 位降到 2022 年的第 7 位。

在营商环境的 8 个方面指数中，2022 年有 5 个方面指数居全国上游地位；2 个方面指数居中游地位，分别是"人力资源供应"和"市场供求和中介服务"；1 个方面指数居下游地位，是"企业的税费负担"。2022 年与 2019 年相比，"人力资源供应"与"市场供求和中介服务"方面指数的评分和排名都下降了，成为上海评分和排名下降的主要原因。"基础设施条件"方面指数的评分微升，排名保持在全国第 1 位。"企业经营的法治环境"方面指数的评分基本不变，排名下降。"政策公开公平公正""行政干预和行政效率""企业的税费负担"方面指数的评分上升，排名均有不同程度下降。"金融服务和融资成本"方面指数评分和排名都有小幅上升。

政策公开公平公正

上海"政策公开公平公正"方面指数，2022 年与 2019 年相比，评分从 3.79 分升至 3.87 分，但排名下降 2 位，从第 6 位降至第 8 位。下属 3

个分项指数中，"公开透明"和"公平竞争"的评分均有下降，排名分别从全国第 1、第 2 位下降至第 10 位和第 9 位，失去全国领先地位。"地方保护"评分显著改善，从 3.31 分提升至 4.05 分，排名从第 17 位上升至第 9 位。

行政干预和行政效率

上海"行政干预和行政效率"方面指数，2022 年与 2019 年相比，评分从 4.05 分升至 4.24 分，但排名下降 3 位，从第 1 位降至第 4 位。下属 3 个分项指数的排名均出现不同程度的下降，其中，"打交道时间"和"审批简便"的评分分别上升 0.55 分和 0.15 分，排名分别下降 2 位和 7 位，至第 3 位和第 10 位。"政府干预"分项指数的评分微降，排名从第 2 位降至第 7 位。

企业经营的法治环境

上海"企业经营的法治环境"方面指数，2022 年与 2019 年相比，评分基本不变，排名从第 3 位下降至第 8 位。下属 4 个分项指数中，"知识产权保护"的评分微降，但排名退步明显，从第 2 位陡降至第 21 位，由全国领先地位退至下游水平。"司法公正"评分从 4.08 分微升至 4.11 分，排名从第 1 位降至第 5 位，但仍处于全国比较领先的水平。"合同履行"评分微升 0.01 分，排名提高 1 位至第 7 位。首次出现在该方面指数下的"官员廉洁"分项指数与 2019 年数据相比，评分从 4.11 分升至 4.23 分，但排名从全国第 1 位下降至第 4 位。总体来看，上海企业经营的法治环境没有明显进步。

企业的税费负担

上海"企业的税费负担"方面指数，2022 年与 2019 年相比，评分微升 0.06 分，改善幅度小于多数省份，排名从第 15 位下降至第 24 位。下属 4 个分项指数中，"法定税负"和"社保缴费"表现均不理想，其中，"法定税负"评分从 4.13 分降至 3.51 分，下降 0.62 分，降幅较大，导致排名从第 6 位陡降至第 28 位。"社保缴费"负担相对较重，评分下降 0.48 分，排名从第 22 位跌至第 31 位。其他分项指数"依法征税"和"其他缴费"的评分和排名都上升了，前者评分提高 0.33 分，排名从第 6 位升至第 3 位，后者评分大幅上升 1.02 分，排名从第 21 位升至第 11 位。

金融服务和融资成本

上海"金融服务和融资成本"方面指数，2022 年与 2019 年相比，评分从 3.74 分提高至 3.89 分，排名提升 2 位至第 6 位。下属 4 个分项指数中，"银行贷款"和"其他融资"分项指数的评分和排名均下降，前者评分从 3.61 分降至 3.37 分，后者评分从 3.40 分降至 2.97 分，排名均下降 4 位，至第 10 位和第 11 位。"贷款利率"和"其他利率"分项指数的评分和排名均上升，评分分别提高 0.80 分和 0.48 分，排名分别提高 7 位和 9 位，至第 1 位和第 6 位。这反映出上海企业的贷款难问题有所加重，但贷款和其他融资的平均成本明显降低了。

人力资源供应

上海"人力资源供应"方面指数，2022 年与 2019 年相比，评分从 3.82 分下降至 3.19 分，排名下降 7 位，从第 7 位跌至第 14 位。下属 3 个分项指数的评分和排名都下降了，其中，"技术人员"和"管理人员"的评分分别下降 0.64 分和 0.59 分，排名分别下跌 4 位和 1 位，至第 8 位和第 4 位，仍处于较好状态。"熟练工人"分项指数的评分从 3.65 分下降至 3.01 分，排名从第 21 位下降至第 26 位，熟练工人的供应仍是上海的相对短板。

基础设施条件

上海"基础设施条件"方面指数，2022 年与 2019 年相比，评分微升 0.04 分，排名仍稳居第 1 位。下属分项指数"铁路公路"的评分从 4.49 分下降至 4.35 分，排名小幅下降 1 位，居全国第 2 位。"电水气网"评分为 4.56 分，排名第 2 位，与 2019 年"电水气"分项指数相比，评分和排名变化不大。总体来看，上海的基础设施条件处于全国领先水平。

市场供求和中介服务

上海"市场供求和中介服务"方面指数，2022 年与 2019 年相比，评分下降 0.59 分，降幅很大，导致排名陡降 14 位，从全国第 1 位下滑至第 15 位，失去领先地位。下属 3 个分项指数的评分和排名均有下降，其中，"市场需求"分项指数，评分从 3.63 分下跌至 3.03 分，排名从第 6 位直降至第 27 位。"过度竞争"分项指数的评分从 3.33 分下降至 2.60 分，排名从第 11 位下跌至第 16 位。"中介服务"分项指数的评分从 4.24 分退步至 3.69 分，排名从全国第 1 位下降至第 8 位。

江苏

表 5-10　江苏营商环境各方面指数、各分项指数的分值及排名

指数	2012 年		2016 年		2019 年		2022 年	
	分值	排名	分值	排名	分值	排名	分值	排名
政策公开公平公正	3.04	8	3.80	7	4.07	1	4.20	2
公开透明	3.19	9	3.76	11	4.00	3	4.10	2
行政执法公正	3.14	9	3.70	12	4.00	1	—	—
公平竞争	2.79	7	3.44	16	3.93	1	3.69	5
地方保护	—	—	4.28	4	4.36	2	4.80	5
行政干预和行政效率	3.52	3	3.86	2	3.92	2	4.22	5
政府干预	3.61	5	3.80	6	4.08	1	3.96	4
打交道时间	4.04	3	4.40	6	3.65	20	4.62	5
审批简便	3.24	2	3.67	6	4.04	2	4.08	9
官员廉洁	3.12	6	3.57	19	3.92	4	—	—
企业经营的法治环境	3.32	8	3.84	15	4.10	1	4.09	6
司法公正	3.13	6	3.58	19	4.06	2	4.09	7
官员廉洁	—	—	—	—	—	—	4.24	2
合同履行	3.46	12	3.85	12	4.00	2	3.89	6
经营者财产和人身安全保障	3.66	7	4.12	15	4.18	2	—	—
知识产权保护	3.38	15	3.79	19	4.14	1	4.12	8
企业的税费负担	2.68	24	3.66	10	3.58	2	3.52	26
法定税负	2.02	24	3.3	13	4.08	9	3.78	11
依法征税	—	—	3.87	11	4.18	3	4.32	18
税外收费	3.34	22	3.81	14	—	—	—	—
社保缴费	—	—	—	—	2.96	9	2.42	29
其他缴费	—	—	—	—	3.10	2	3.57	22
金融服务和融资成本	3.20	5	3.63	7	3.72	10	4.06	2
银行贷款	3.00	5	3.59	10	3.45	18	3.85	2
其他融资	3.27	5	3.35	13	3.37	11	3.28	2
贷款利率	—	—	3.70	9	3.98	9	4.76	3
其他利率	—	—	3.89	7	4.06	8	4.32	9
人力资源供应	2.81	16	3.24	22	3.82	6	3.21	12
技术人员	2.77	14	3.25	19	3.76	6	3.08	14
管理人员	2.89	8	3.15	24	3.87	6	3.31	5
熟练工人	2.77	21	3.33	21	3.84	7	3.24	18

指数	2012 年		2016 年		2019 年		2022 年	
	分值	排名	分值	排名	分值	排名	分值	排名
基础设施条件	3.44	8	4.13	8	4.13	6	4.30	5
电水气	3.99	10	4.17	9	4.19	7	—	—
电水气网	—	—	—	—	—	—	4.41	4
铁路公路	3.22	8	4.20	6	4.12	7	4.19	7
其他基础设施	3.10	4	4.02	9	4.08	4	—	—
市场供求和中介服务	3.04	9	3.12	24	3.59	4	3.26	4
市场需求	—	—	3.25	16	3.68	2	3.32	4
过度竞争	—	—	2.86	29	3.26	16	2.64	13
中介服务	3.36	6	3.58	12	3.90	5	3.83	4
行业协会服务	2.69	23	2.78	27	3.52	6		
总指数	3.14	5	3.66	9	3.87	2	3.86	3

江苏的营商环境，2022 年全国排名第 3 位，比 2019 年下降 1 位，比 2016 年上升 6 位。2022 年评分与 2019 年基本持平，比 2016 年上升 0.20 分。江苏的营商环境相对比较稳定，在全国处于较好状态。

在营商环境的 8 个方面指数中，有 6 个方面指数排在全国上游，排在中游和下游的各有 1 个方面指数。2022 年与 2019 年相比，"金融服务和融资成本"方面指数的评分和排名改善幅度最大。"基础设施条件"方面指数的评分和排名均有小幅改善。"企业经营的法治环境"、"企业的税费负担"和"人力资源供应"方面指数的评分和排名都有不同程度的下降，其中，"企业的税费负担"排名下降幅度最大，直降 24 位。"市场供求和中介服务"方面指数的评分虽有下降，但排名没有变化。"政策公开公平公正"与"行政干预和行政效率"方面指数，评分上升，但排名均下降。

政策公开公平公正

江苏"政策公开公平公正"方面指数，2022 年与 2019 年相比，评分从 4.07 分升至 4.20 分，排名微降 1 位至第 2 位。下属 3 个分项指数中，"公开透明"和"地方保护"的评分分别提高 0.10 分和 0.44 分，前者排名上升 1 位至第 2 位，后者排名下降 3 位至第 5 位。"公平竞争"评分从 3.93 分下降至 3.69 分，排名从第 1 位下降至第 5 位。

行政干预和行政效率

江苏"行政干预和行政效率"方面指数，2022 年与 2019 年相比，评分上升 0.30 分，排名从第 2 位下降至第 5 位。下属 3 个分项指数中，"打交道时间"评分改善幅度最大，上升 0.97 分至 4.62 分，排名陡升 15 位，从第 20 位大幅升至第 5 位。"政府干预"的评分下降 0.12 分，排名从第 1 位下降至第 4 位。"审批简便"评分微升 0.04 分，进步慢于其他一些省份，导致排名下跌 7 位，从第 2 位下降至第 9 位。

企业经营的法治环境

江苏"企业经营的法治环境"方面指数，2022 年与 2019 年相比，评分基本不变，排名下降 5 位，从全国第 1 位落至第 6 位。下属 4 个分项指数中，"司法公正"评分微升 0.03 分，排名下降 5 位，从第 2 位下降至第 7 位。"合同履行"和"知识产权保护"评分均有小幅下降，排名分别从第 2 位和第 1 位下降至第 6 位和第 8 位。首次出现在该方面指数下的"官员廉洁"分项指数与 2019 年数据相比，评分从 3.92 分提高至 4.24 分，排名提高 2 位，从第 4 位升至第 2 位。

企业的税费负担

江苏"企业的税费负担"方面指数，2022 年与 2019 年相比，评分微降 0.06 分，是全国 3 个评分下降的省份之一，导致排名断崖式下降 24 位，从全国第 2 位降至第 26 位，退到全国下游水平，是 8 个方面指数中的相对短板。下属 4 个分项指数中，"法定税负"和"社保缴费"的评分和排名均下降了，评分分别下降 0.30 分和 0.54 分，前者排名从第 9 位退步至第 11 位，后者排名从第 9 位陡降至第 29 位，说明企业社保缴费负担较重。"依法征税"和"其他缴费"分项指数的评分虽都有改善，但因改善幅度不及其他一些省份，排名分别从第 3 位和第 2 位大幅下降至第 18 位和第 22 位。表明江苏企业的税费负担有所加重。

金融服务和融资成本

江苏"金融服务和融资成本"方面指数，2022年与2019年相比有明显改善，评分从3.72分升至4.06分，排名提升8位，从第10位升至第2位。下属4个分项指数中，"银行贷款"和"贷款利率"评分分别提高0.40分和0.78分，前者排名陡升16位至第2位，后者排名提高6位至第3位。"其他融资"评分有小幅下降，排名从第11位提升至第2位。"其他利率"评分从4.06分上升至4.32分，排名下降1位至第9位。说明江苏企业的融资渠道比较通畅，融资成本较低。

人力资源供应

江苏"人力资源供应"方面指数，2022年与2019年相比，评分下降0.61分，排名从第6位下降至第12位。下属3个分项指数的评分都出现不同程度下降，其中，"技术人员"和"熟练工人"的排名分别从第6位和第7位，下降至第14位和第18位。"管理人员"排名上升1位至第5位。总体看来，江苏企业的人力资源供应状况面临不利因素。

基础设施条件

江苏"基础设施条件"方面指数，2022年与2019年相比，评分从4.13分升至4.30分，排名上升1位至第5位。下属分项指数"铁路公路"的评分微升0.07分，排名维持在第7位。"电水气网"评分为4.41分，排名第4位，与2019年"电水气"分项指数相比，评分提高0.22分，排名上升3位。

市场供求和中介服务

江苏"市场供求和中介服务"方面指数，2022年与2019年相比，评分从3.59分下降至3.26分，排名稳定在第4位。下属3个分项指数的评分都有不同程度的下降，其中，"市场需求"分项指数的评分下降0.36分，排名下降2位至第4位。"过度竞争"和"中介服务"分项指数的评分分别下跌0.62分和0.07分，排名分别提高3位和1位，至第13位和第4位。

浙江

表 5-11　浙江营商环境各方面指数、各分项指数的分值及排名

指数	2012 年		2016 年		2019 年		2022 年	
	分值	排名	分值	排名	分值	排名	分值	排名
政策公开公平公正	3.14	3	3.89	2	3.83	4	4.29	1
公开透明	3.29	4	3.95	5	3.90	4	4.17	1
行政执法公正	3.25	3	3.83	6	3.83	7	—	—
公平竞争	2.88	3	3.65	6	3.61	6	3.82	2
地方保护	—	—	4.14	11	4.00	6	4.86	3
行政干预和行政效率	3.50	4	3.85	4	3.85	5	4.39	1
政府干预	3.63	4	3.94	3	3.82	4	4.07	2
打交道时间	3.96	4	3.93	10	3.89	4	4.74	2
审批简便	3.15	3	3.70	4	3.78	7	4.36	1
官员廉洁	3.09	7	3.82	6	3.91	6	—	—
企业经营的法治环境	3.32	6	4.08	3	3.96	5	4.10	4
司法公正	3.13	5	3.86	3	4.00	3	4.13	3
官员廉洁	—	—	—	—	—	—	4.25	1
合同履行	3.55	5	3.98	2	3.83	12	3.98	5
经营者财产和人身安全保障	3.64	8	4.38	2	4.05	7	—	—
知识产权保护	3.33	20	4.09	4	3.97	10	4.03	14
企业的税费负担	2.82	11	3.65	12	3.45	16	3.59	22
法定税负	2.03	23	3.23	15	3.91	21	3.64	21
依法征税	—	—	3.89	7	4.10	14	4.40	12
税外收费	3.61	5	3.84	11	—	—	—	—
社保缴费	—	—	—	—	2.87	18	2.60	23
其他缴费	—	—	—	—	2.92	12	3.71	17
金融服务和融资成本	3.32	3	3.76	4	3.80	5	4.10	1
银行贷款	3.23	2	3.87	1	3.51	15	3.88	1
其他融资	3.38	2	3.14	22	3.36	14	3.36	1
贷款利率	—	—	3.75	8	4.17	5	4.67	6
其他利率	—	—	4.29	5	4.15	3	4.48	4
人力资源供应	2.69	24	3.50	6	3.71	14	3.17	18
技术人员	2.65	24	3.47	7	3.69	13	3.02	17
管理人员	2.72	21	3.61	5	3.81	9	3.28	7
熟练工人	2.71	25	3.43	16	3.63	23	3.20	19

续表

指数	2012 年		2016 年		2019 年		2022 年	
	分值	排名	分值	排名	分值	排名	分值	排名
基础设施条件	3.28	18	4.37	3	4.13	5	4.26	6
电水气	3.70	26	4.39	2	4.24	5	—	—
电水气网	—		—		—		4.36	7
铁路公路	3.15	11	4.40	4	4.15	4	4.16	9
其他基础设施	2.98	9	4.32	3	4.00	7	—	—
市场供求和中介服务	3.12	6	3.58	3	3.55	6	3.31	2
市场需求	—		3.34	12	3.60	7	3.27	11
过度竞争	—		3.49	2	3.36	9	2.79	6
中介服务	3.27	12	3.91	3	3.83	6	3.85	1
行业协会服务	2.93	6	3.57	2	3.43	11	—	—
总指数	3.15	4	3.84	2	3.79	5	3.90	1

浙江的营商环境，2022 年全国排名第 1 位，比 2019 年提升 4 位。2022 年评分为 3.90 分，比 2019 年提高 0.11 分。浙江的营商环境目前处于全国领先地位。

在营商环境的 8 个方面指数中，有 6 个方面指数 2022 年居全国上游地位，处于中游和下游地位的方面指数各 1 个。2022 年与 2019 年相比，"政策公开公平公正"、"行政干预和行政效率"、"企业经营的法治环境"和"金融服务和融资成本"方面指数的评分和排名均有较明显的提升，全国排名均居第 1 位至第 4 位间。"市场供求和中介服务"评分有所下降，但降幅较小，排名升至第 2 位。"企业的税费负担"和"人力资源供应"排名均有明显下降，评分一升一降。"基础设施条件"变动不大。

政策公开公平公正

浙江"政策公开公平公正"方面指数，2022 年与 2019 年相比，评分从 3.83 分升至 4.29 分，提高 0.46 分，改善幅度全国最大，排名从第 4 位提高至全国第 1 位。下属 3 个分项指数的评分和排名均有提升，其中，"公开透明"评分从 3.90 分提升至 4.17 分，排名从第 4 位升至第 1 位。

"公平竞争"评分从 3.61 分提升至 3.82 分，排名提高 4 位至第 2 位。"地方保护"评分从 4.00 分提升至 4.86 分，排名提高 3 位至第 3 位。总体来看，浙江在政策公开公平公正方面保持全国领先地位且进步明显。

行政干预和行政效率

浙江"行政干预和行政效率"方面指数，2022 年与 2019 年相比，评分提高 0.54 分，排名从全国第 5 位提至第 1 位。下属 3 个分项指数的评分和排名均有改善，其中"政府干预"评分从 3.82 分升至 4.07 分，排名从第 4 位升至第 2 位。"打交道时间"评分从 3.89 分大幅提高至 4.74 分，排名从第 4 位升至第 2 位。"审批简便"评分从 3.78 分提升至 4.36 分，排名提高 6 位，从第 7 位升至第 1 位。浙江在行政干预和行政效率方面表现突出。

企业经营的法治环境

浙江"企业经营的法治环境"方面指数，2022 年与 2019 年相比，评分从 3.96 分升至 4.10 分，排名从第 5 位提高至第 4 位。下属 4 个分项指数的评分均有不同程度的提高，排名有升有降或持平。其中，"官员廉洁"和"合同履行"排名分别提升 5 位和 7 位，至第 1 位和第 5 位。"司法公正"排名稳定在第 3 位。"知识产权保护"排名下降 4 位，从第 10 位下降至第 14 位，排名在 4 个分项中相对落后。

企业的税费负担

浙江"企业的税费负担"方面指数，2022 年与 2019 年相比，评分从 3.45 分微升至 3.59 分，改善幅度不及其他一些省份，排名下降 6 位，从第 16 位下降至第 22 位，目前是浙江营商环境的短板。下属 4 个分项指数中，"社保缴费"评分下降 0.27 分，排名从第 18 位下跌至第 23 位。"法定税负"评分下降 0.27 分，排名维持在第 21 位。"依法征税"和"其他缴费"评分分别提升 0.30 分和 0.79 分，排名一升一降，前者排名上升 2 位，从第 14 位升至第 12 位，后者排名下降 5 位，从第 12 位下降至第 17 位。

金融服务和融资成本

浙江"金融服务和融资成本"方面指数，2022 年与 2019 年相比，评分从 3.80 分上升至 4.10 分，排名提升 4 位，从第 5 位跃居全国第 1 位。下属 4 个分项指数中，"银行贷款"评分从 3.51 分升至 3.88 分，排名从第 15 位陡升至全国第 1 位，恢复了 2016 年排名。"其他融资"评分稳定在 3.36 分，是少数没有退步的省份之一，排名大幅提高 13 位，从第 14 位跃升至全国第 1 位。"贷款利率"和"其他利率"评分从 4.17 分和 4.15 分提升至 4.67 分和 4.48 分，排名从第 5 位和第 3 位微降至第 6 位和第 4 位。说明在 2019~2022 年间浙江企业贷款难问题得到明显改善。

人力资源供应

浙江"人力资源供应"方面指数，2022 年与 2019 年相比，评分从 3.71 分下降至 3.17 分，排名下降 4 位，从第 14 位跌至第 18 位。下属 3 个分项指数的评分均有不同程度的下降。其中，"技术人员"评分从 3.69 分下降至 3.02 分，排名下降 4 位至第 17 位。"管理人员"评分从 3.81 分降至 3.28 分，排名上升 2 位，从第 9 位升至第 7 位。"熟练工人"评分从 3.63 分降至 3.20 分，排名提升 4 位，从第 23 位升至第 19 位。目前人力资源供应是浙江的一个相对短板。

基础设施条件

浙江"基础设施条件"方面指数，2022 年与 2019 年相比，评分从 4.13 分升至 4.26 分，排名下降 1 位至第 6 位。下属分项指数"铁路公路"的评分基本不变，排名下降 5 位，从第 4 位跌至第 9 位。"电水气网"评分为 4.36 分，排名第 7 位，与 2019 年"电水气"分项指数做有限对比，评分上升 0.12 分，排名下降 2 位。总体来看，浙江基础设施条件在全国处于较好状态。

市场供求和中介服务

浙江"市场供求和中介服务"方面指数，2022 年与 2019 年相比，评分从 3.55 分下降至 3.31 分，但排名上升 4 位至第 2 位。下属 3 个分项指数中，"中介服务"表现最好，评分从 3.83 分微升至 3.85 分，排名上升 5 位，从第 6 位提高至第 1 位，处于全国领先水平。"市场需求"和"过度竞争"评分均出现下降，前者排名从第 7 位降至第 11 位，后者排名从第 9 位升至第 6 位。

安徽

表 5-12　安徽营商环境各方面指数、各分项指数的分值及排名

指数	2012 年		2016 年		2019 年		2022 年	
	分值	排名	分值	排名	分值	排名	分值	排名
政策公开公平公正	2.95	15	3.76	10	3.70	13	3.72	12
公开透明	3.18	11	3.77	10	3.83	11	4.07	3
行政执法公正	3.06	12	3.74	8	3.81	8	—	—
公平竞争	2.62	17	3.46	13	3.56	10	3.67	6
地方保护	—	—	4.07	13	3.58	16	3.44	12
行政干预和行政效率	3.37	6	3.86	3	3.68	14	4.12	8
政府干预	3.42	15	3.74	10	3.65	15	3.86	9
打交道时间	3.59	15	4.59	4	3.52	25	4.35	13
审批简便	2.94	8	3.26	25	3.75	8	4.14	6
官员廉洁	3.18	3	3.86	5	3.81	13	—	—
企业经营的法治环境	3.27	10	3.81	19	3.96	8	4.14	1
司法公正	2.98	14	3.63	14	3.89	12	4.13	4
官员廉洁	—	—	—	—	—	—	4.23	5
合同履行	3.47	10	3.60	24	3.87	7	4.00	4
经营者财产和人身安全保障	3.67	6	4.31	6	4.07	6	—	—
知识产权保护	3.56	4	3.69	26	4.00	6	4.23	2
企业的税费负担	2.86	7	3.47	29	3.44	17	3.62	18
法定税负	2.14	12	3.20	21	3.71	31	3.72	17
依法征税	—	—	3.66	26	4.12	11	4.46	5
税外收费	3.59	7	3.54	26	—	—	—	—
社保缴费	—	—	—	—	2.98	6	2.74	15
其他缴费	—	—	—	—	2.96	10	3.55	24
金融服务和融资成本	3.04	15	3.84	3	3.42	28	4.00	3
银行贷款	2.84	11	3.59	11	3.33	24	3.83	3
其他融资	3.00	22	3.10	25	3.22	22	3.10	7
贷款利率	—	—	3.69	10	3.53	27	4.61	11
其他利率	—	—	5.00	2	3.59	26	4.47	5
人力资源供应	2.59	25	3.25	21	3.70	15	3.21	10
技术人员	2.50	26	3.23	20	3.61	15	3.04	16
管理人员	2.54	26	3.20	21	3.57	20	3.14	15
熟练工人	2.72	24	3.31	22	3.91	2	3.46	6

续表

指数	2012 年		2016 年		2019 年		2022 年	
	分值	排名	分值	排名	分值	排名	分值	排名
基础设施条件	3.32	13	3.74	23	3.99	11	4.34	4
电水气	4.01	9	3.86	26	4.06	14	—	—
电水气网	—	—	—	—	—	—	4.36	8
铁路公路	3.10	18	3.74	22	3.94	16	4.32	3
其他基础设施	2.86	16	3.63	22	3.98	8	—	—
市场供求和中介服务	2.92	19	3.11	26	3.46	12	3.14	12
市场需求	—	—	2.97	29	3.44	17	3.22	15
过度竞争	—	—	3.09	19	3.28	12	2.55	20
中介服务	3.15	23	3.31	23	3.74	9	3.65	9
行业协会服务	2.80	13	3.09	18	3.37	15	—	—
总指数	3.04	16	3.61	12	3.67	13	3.79	8

安徽的营商环境，2022 年全国排名第 8 位，比 2019 年提升 5 位，比 2016 年提升 4 位。2022 年评分为 3.79 分，比 2019 年提高 0.12 分，比 2016 年提高 0.18 分。这些反映安徽的营商环境逐年有进步。

在营商环境的 8 个方面指数中，2022 年有 5 个方面指数全国排名居前 10 位以内的上游地位，3 个方面指数居中游地位。2022 年与 2019 年相比，"金融服务和融资成本"方面指数的评分和排名改善最突出，从第 28 位直升到第 3 位。"政策公开公平公正""行政干预和行政效率""企业经营的法治环境""基础设施条件"评分和排名都有不同程度的上升。"人力资源供应"与"市场供求和中介服务"方面指数的评分虽出现下降，但排名上升或持平。"企业的税费负担"方面指数的评分虽有上升，但排名有小幅下降。

政策公开公平公正

安徽"政策公开公平公正"方面指数，2022 年与 2019 年相比，评分从 3.70 分微升至 3.72 分，排名上升了 1 位，至第 12 位。下属 3 个分项指数的排名均有提升。其中，"公开透明"排名上升幅度最大，从第 11

位提高至第 3 位，评分从 3.83 分上升至 4.07 分。"公平竞争"和"地方保护"排名均上升了 4 位，从第 10 位和第 16 位上升至第 6 位和第 12 位，评分分别上升 0.11 分和下降 0.14 分。

行政干预和行政效率

安徽"行政干预和行政效率"方面指数，2022 年与 2019 年相比，评分从 3.68 分升至 4.12 分，排名从第 14 位提高至第 8 位。下属 3 个分项指数评分和排名都有改善，"打交道时间"评分和排名改善幅度最大，评分从 3.52 分提高至 4.35 分，排名从第 25 位跃升至第 13 位，但尚未恢复到 2016 年水平。"政府干预"和"审批简便"评分分别提升 0.21 分和 0.39 分，排名分别提高 6 位和 2 位，至第 9 位和第 6 位。总体来看，安徽在行政干预和行政效率方面有明显改善。

企业经营的法治环境

安徽"企业经营的法治环境"方面指数，2022 年与 2019 年相比，评分从 3.96 分升至 4.14 分，排名从第 8 位跃升至第 1 位，居全国领先地位。下属 4 个分项指数的评分和排名都有提升。其中，"司法公正"和"官员廉洁"排名改善幅度相对较大，均提升 8 位，前者从第 12 位提高至第 4 位，后者从第 13 位提高至第 5 位，评分分别上升 0.24 分和 0.42 分，至 4.13 分和 4.23 分。"合同履行"和"知识产权保护"评分分别上升 0.13 分和 0.23 分，至 4.00 分和 4.23 分，排名分别提高 3 位和 4 位，至第 4 位和第 2 位。安徽在企业经营的法治环境方面有突出进步。

企业的税费负担

安徽"企业的税费负担"方面指数，2022 年与 2019 年相比，评分从 3.44 分升至 3.62 分，排名下降 1 位至第 18 位。下属 4 个分项指数中，"法定税负"评分微升 0.01 分，因其他大多数省份评分下降，安徽排名跃升 14 位，从全国末位升至第 17 位。"依法征税"评分从 4.12 分上升至 4.46 分，排名上升 6 位至第 5 位。"社保缴费"评分和排名都下降了，评分从 2.98 分下降至 2.74 分，排名下跌 9 位，从第 6 位下降至第 15 位。

"其他缴费"分项指数，评分提升0.59分，因改善幅度不及大多数省份，排名陡降14位，从第10位跌至第24位。

金融服务和融资成本

安徽"金融服务和融资成本"方面指数，2022年与2019年相比，评分从3.42分升至4.00分，进步速度快于大多数省份，排名陡升25位，从第28位跃升至第3位。下属4个分项指数"银行贷款"、"其他融资"、"贷款利率"和"其他利率"的评分的改善幅度都超过绝大多数省份，导致排名均有大幅提高，分别提高21位、15位、16位和21位，至第3位、第7位、第11位和第5位。从2019年到2022年，安徽在金融服务和融资成本方面经历了大落后的大起。

人力资源供应

安徽"人力资源供应"方面指数，2022年与2019年相比，评分从3.70分下降至3.21分，但降幅小于其他一些省份，排名提升5位至第10位。下属3个分项指数的评分都有不同程度的下降，排名有升有降。其中，"技术人员"和"熟练工人"评分分别下降0.57分和0.45分，至3.04分和3.46分，前者排名下降1位至第16位，后者排名下降4位至第6位。"管理人员"分项指数评分从3.57分降至3.14分，排名上升5位，从第20位升至第15位。

基础设施条件

安徽"基础设施条件"方面指数，2022年与2019年相比，评分从3.99分升至4.34分，排名提升7位，从第11位升至第4位。下属分项指数"铁路公路"评分从3.94分升至4.32分，排名跃升13位，从第16位提高至第3位，位于全国前列。"电水气网"评分为4.36分，排名第8位，与2019年"电水气"分项指数做有限对比，评分上升0.30分，排名提高6位。

市场供求和中介服务

安徽"市场供求和中介服务"方面指数，2022年与2019年相比，评分从 3.46 分下降至 3.14 分，排名维持在第 12 位。下属 3 个分项指数评分都下降了。其中，"市场需求"评分从 3.44 分降至 3.22 分，排名提升 2 位至第 15 位。"过度竞争"评分从 3.28 分降至 2.55 分，排名下跌 8 位至第 20 位。"中介服务"评分从 3.74 分下跌至 3.65 分，排名维持在第 9 位。

福建

表 5-13　福建营商环境各方面指数、各分项指数的分值及排名

指数	2012 年		2016 年		2019 年		2022 年	
	分值	排名	分值	排名	分值	排名	分值	排名
政策公开公平公正	3.02	9	3.74	12	3.78	7	4.12	4
公开透明	3.19	10	3.52	29	3.87	8	3.98	9
行政执法公正	3.12	10	3.74	9	3.83	6	—	—
公平竞争	2.74	11	3.43	17	3.66	4	3.79	3
地方保护	—	—	4.27	5	3.76	13	4.60	6
行政干预和行政效率	3.36	7	3.38	23	3.80	6	4.05	11
政府干预	3.44	13	3.69	16	3.72	11	3.91	8
打交道时间	3.68	9	2.79	25	4.00	2	4.16	26
审批简便	2.96	7	3.14	30	3.67	16	4.07	10
官员廉洁	3.13	5	3.88	4	3.80	15	—	—
企业经营的法治环境	3.26	11	4.02	4	3.85	19	4.09	5
司法公正	3.06	9	3.71	9	3.94	7	4.07	8
官员廉洁	—					—	4.15	7
合同履行	3.44	14	3.67	22	3.79	15	4.01	3
经营者财产和人身安全保障	3.53	15	4.33	4	3.85	26	—	—
知识产权保护	3.41	11	4.36	2	3.81	21	4.13	7
企业的税费负担	2.81	14	3.47	28	3.61	1	3.67	10
法定税负	2.09	16	2.95	28	4.19	2	3.92	6
依法征税	—		3.76	20	4.20	2	4.41	11
税外收费	3.53	10	3.69	21	—			
社保缴费	—				3.16	1	2.85	11
其他缴费	—				2.91	14	3.50	27
金融服务和融资成本	2.99	22	3.21	21	3.82	1	3.92	5
银行贷款	2.79	12	3.14	29	3.68	4	3.67	5
其他融资	2.96	25	2.68	30	3.55	3	3.20	4
贷款利率	—		3.66	11	3.94	11	4.62	9
其他利率	—		3.35	12	4.11	4	4.19	12
人力资源供应	2.57	26	4.15	1	3.91	2	3.17	17
技术人员	2.55	25	4.10	1	4.11	1	3.13	10
管理人员	2.59	25	4.17	1	3.83	7	3.11	20
熟练工人	2.56	28	4.19	1	3.79	15	3.26	17

续表

指数	2012 年		2016 年		2019 年		2022 年	
	分值	排名	分值	排名	分值	排名	分值	排名
基础设施条件	3.38	9	4.17	6	4.04	9	4.40	2
电水气	4.01	8	4.29	5	4.11	10	—	—
电水气网	—	—	—	—	—	—	4.46	3
铁路公路	3.15	10	4.24	5	4.06	10	4.35	1
其他基础设施	2.98	8	3.98	10	3.96	10	—	—
市场供求和中介服务	3.05	8	3.54	5	3.62	3	3.33	1
市场需求	—	—	3.64	3	3.7	1	3.38	2
过度竞争	—	—	3.43	4	3.43	3	2.87	2
中介服务	3.21	17	3.74	7	3.74	8	3.76	7
行业协会服务	2.99	4	3.33	7	3.61	3	—	—
总指数	3.06	12	3.71	6	3.80	4	3.85	4

福建的营商环境，2022 年和 2019 年全国排名稳定在第 4 位，比 2016 年提高 2 位。2022 年评分为 3.85 分，比 2019 年提高 0.05 分，比 2016 年提高 0.14 分。这些反映福建的营商环境稳中有升。

在营商环境的 8 个方面指数中，2022 年有 6 个方面指数居全国上游，2 个方面指数居中游位置。2022 年与 2019 年相比，多数评分有提高，半数排名有上升。"人力资源供应"和"市场供求和中介服务"方面指数的评分下降了，排名前者陡降 15 位，后者提升至全国第 1 位。其他方面指数的评分均有不同程度改善，但排名有升有降。其中，"政策公开公平公正"、"企业经营的法治环境"和"基础设施条件"方面指数的排名提升了，均进入全国前 5 位。"行政干预和行政效率"、"企业的税费负担"与"金融服务和融资成本"方面指数的排名下降了。

政策公开公平公正

福建"政策公开公平公正"方面指数，2022 年与 2019 年相比，评分从 3.78 分上升至 4.12 分，排名从第 7 位提高至第 4 位。该方面指数评分和排名的上升主要得益于分项指数"地方保护"的改善，评分从 3.76 分上升至 4.60 分，提高 0.84 分，排名从第 13 位升至第 6 位。分项指数"公平竞争"的评分从 3.66 分上升至 3.79 分，排名提高 1 位至第 3 位。"公开透明"分项指数评分从 3.87 分提高至 3.98 分，排名下降 1 位，从第 8 位下降至第 9 位。

行政干预和行政效率

福建"行政干预和行政效率"方面指数，2022 年与 2019 年相比，评分从 3.80 分升至 4.05 分，但排名下降 5 位，从第 6 位下降至第 11 位。该方面指数排名下降主要受到分项指数"打交道时间"排名的拖累，其评分虽有小幅上升，但排名从全国第 2 位陡降至第 26 位，失去领先地位。分项指数"政府干预"和"审批简便"的评分和排名都上升了，评分分别从 3.72 分和 3.67 分升至 3.91 分和 4.07 分，前者排名从第 11 位升至第 8 位，后者排名从第 16 位升至第 10 位。

企业经营的法治环境

福建"企业经营的法治环境"方面指数，2022 年与 2019 年相比，评分从 3.85 分升至 4.09 分，排名从第 19 位大幅上升至第 5 位。下属 4 个分项指数的评分都上升了，但排名有升有降。其中，"司法公正"评分从 3.94 分上升至 4.07 分，排名下跌 1 位至第 8 位。其他分项指数"官员廉洁"、"合同履行"和"知识产权保护"的评分分别提高 0.35 分、0.22 分和 0.32 分，排名分别从第 15 位、第 15 位和第 21 位提升至第 7 位、第 3 位和第 7 位。总体来看，福建企业经营的法治环境已恢复至全国上游水平。

企业的税费负担

福建"企业的税费负担"方面指数，2022 年与 2019 年相比，评分微升 0.06 分，排名从全国第 1 位下降至第 10 位。下属 4 个分项指数的排名都下降了。其中，"法定税负"和"社保缴费"评分分别从 4.19 分和 3.16 分下降至 3.92 分和 2.85 分，排名分别下降 4 位和 10 位，至第 6 位和第 11 位。"依法征税"和"其他缴费"，前者评分从 4.20 分上升至

4.41 分，后者评分从 2.91 分上升至 3.50 分，但排名分别下降 9 位和 13 位，至第 11 位和第 27 位。

金融服务和融资成本

福建"金融服务和融资成本"方面指数，2022 年与 2019 年相比，评分微升 0.10 分，排名下降 4 位，从第 1 位下降至第 5 位。下属 4 个分项指数中，只有"贷款利率"评分和排名都上升了，评分从 3.94 分上升至 4.62 分，排名上升 2 位至第 9 位。"其他利率"分项指数的评分有小幅改善，但改善幅度不及其他一些省份，排名下跌 8 位，从第 4 位下降至第 12 位。"银行贷款"和"其他融资"评分分别下降 0.01 分和 0.35 分，排名均下降 1 位，至第 5 位和第 4 位。

人力资源供应

福建"人力资源供应"方面指数，2022 年与 2019 年相比，评分从 3.91 分下降至 3.17 分，下跌 0.74 分，排名陡降 15 位，从第 2 位下跌至第 17 位，失去领先地位，是各方面指数中唯一评分和排名都明显下降的方面指数。下属 3 个分项指数的评分和排名均有不同程度的下跌。其中，"技术人员"评分从 4.11 分下降至 3.13 分，排名从第 1 位降至第 10 位。"管理人员"评分从 3.83 分降至 3.11 分，排名从第 7 位大幅降至第 20 位。"熟练工人"评分从 3.79 分降至 3.26 分，排名从第 15 位降至第 17 位。整体来看，福建人力资源供应方面发展不均衡，技术人员供应有不利变化，但在全国仍相对较好，其他两项相对偏弱。

基础设施条件

福建"基础设施条件"方面指数，2022 年与 2019 年相比，评分上升 0.36 分至 4.40 分，排名上升 7 位，从第 9 位提升至第 2 位，处于全国领先水平。下属分项指数"铁路公路"评分从 4.06 分升至 4.35 分，排名从第 10 位提高至第 1 位。"电水气网"与 2019 年"电水气"分项指数对比，评分从 4.11 分上升至 4.46 分，排名从第 10 位提高至第 3 位。

市场供求和中介服务

福建"市场供求和中介服务"方面指数，2022年与2019年相比，评分从3.62分降至3.33分，排名从第3位升至第1位。下属3个分项指数中，"市场需求"和"过度竞争"评分分别下降0.32分和0.56分，前者排名下降1位，后者上升1位，均至第2位。"中介服务"评分微升，排名上升1位至第7位。总体来看，福建在市场供求和中介服务方面处于全国领先地位。

江西

表5-14 江西营商环境各方面指数、各分项指数的分值及排名

指数	2012年		2016年		2019年		2022年	
	分值	排名	分值	排名	分值	排名	分值	排名
政策公开公平公正	2.83	23	3.71	13	3.77	9	3.76	11
公开透明	2.98	26	3.70	17	3.89	5	4.05	4
行政执法公正	2.98	22	3.55	20	3.74	16	—	—
公平竞争	2.54	24	3.24	31	3.54	13	3.83	1
地方保护	—	—	4.35	3	3.90	9	3.40	13
行政干预和行政效率	3.11	21	3.82	5	3.63	22	4.26	2
政府干预	3.31	20	3.70	15	3.63	16	4.20	1
打交道时间	3.41	19	4.75	2	3.46	26	4.46	8
审批简便	2.77	18	3.55	11	3.74	9	4.14	7
官员廉洁	2.73	25	3.27	30	3.70	22		
企业经营的法治环境	3.01	27	3.83	16	3.91	10	4.12	2
司法公正	2.75	25	3.73	6	3.81	23	4.14	2
官员廉洁	—	—	—	—	—	—	3.95	16
合同履行	3.31	26	3.79	17	3.89	6	4.08	1
经营者财产和人身安全保障	3.32	27	3.97	26	4.00	15	—	—
知识产权保护	3.20	27	3.85	14	3.93	15	4.32	1
企业的税费负担	2.68	23	3.62	16	3.44	18	3.83	3
法定税负	2.17	10	3.39	8	3.96	17	3.83	10
依法征税	—	—	3.88	10	3.89	31	4.47	4
税外收费	3.20	26	3.58	25	—	—		
社保缴费	—	—	—	—	2.89	13	3.06	4
其他缴费	—	—	—	—	3.00	5	3.94	4
金融服务和融资成本	3.07	11	3.46	13	3.54	20	3.84	7
银行贷款	2.52	24	3.36	22	3.29	27	3.71	4
其他融资	3.31	4	3.45	7	3.21	23	2.91	15
贷款利率	—	—	3.36	18	3.88	15	4.65	7
其他利率	—	—	3.67	10	3.77	21	4.11	15
人力资源供应	2.83	13	3.22	23	3.81	8	3.21	11
技术人员	2.72	17	3.52	5	3.71	11	3.05	15
管理人员	2.90	7	3.06	28	3.82	8	3.14	17
熟练工人	2.88	15	3.09	29	3.89	3	3.45	7

续表

指数	2012 年		2016 年		2019 年		2022 年	
	分值	排名	分值	排名	分值	排名	分值	排名
基础设施条件	3.23	22	3.89	18	3.99	13	4.21	10
电水气	3.81	21	3.97	18	4.00	16	—	—
电水气网	—	—	—	—	—	—	4.27	11
铁路公路	3.01	22	3.79	20	3.93	17	4.15	11
其他基础设施	2.87	15	3.91	14	4.04	6	—	—
市场供求和中介服务	2.77	27	3.17	20	3.51	9	3.10	17
市场需求	—	—	3.24	18	3.5	11	3.29	9
过度竞争	—	—	3.12	17	3.5	1	2.52	23
中介服务	3.00	27	3.33	22	3.61	19	3.49	16
行业协会服务	2.70	22	3.00	21	3.43	10	—	—
总指数	2.94	25	3.59	14	3.70	10	3.79	6

　　江西的营商环境，2022 年全国排名第 6 位，比 2019 年提高 4 位，比 2016 年提高 8 位。2022 年评分为 3.79 分，比 2019 年小幅提高 0.09 分，比 2016 年上升 0.20 分。江西的营商环境呈持续改善趋势。

　　在营商环境的 8 个方面指数中，2022 年有 5 个方面指数排在全国上游位置，3 个方面指数排在中游位置。其中与 2019 年相比，"行政干预和行政效率""企业经营的法治环境""企业的税费负担""金融服务和融资成本""基础设施条件"方面指数的评分和全国排名均有较明显的改善，且都排在全国前 10 位内。其他 3 个方面指数，"政策公开公平公正"评分没有提高，"人力资源供应"和"市场供求和中介服务"的评分和排名都有下降。

政策公开公平公正

　　江西"政策公开公平公正"方面指数，2022 年与 2019 年相比，评分微降 0.01 分，排名从第 9 位降至第 11 位。下属 3 个分项指数中，"公平竞争"改善突出，评分从 3.54 分升至 3.83 分，排名从第 13 位跃升至全国第 1 位。"公开透明"评分上升 0.16 分，排名从第 5 位升至第 4 位。

"地方保护"评分下降 0.50 分,排名从第 9 位降至第 13 位,是拖累该方面指数的因素。

行政干预和行政效率

江西"行政干预和行政效率"方面指数,2022 年与 2019 年相比,评分从 3.63 分上升至 4.26 分,提高 0.63 分,改善幅度居全国前列,排名从第 22 位大幅升至第 2 位,跃居全国前列。下属 3 个分项指数表现良好,"政府干预"评分从 3.63 分上升至 4.20 分,排名从第 16 位陡升至第 1 位,全国领先。"打交道时间"评分从 3.46 分上升至 4.46 分,排名从第 26 位跃升至第 8 位,进入全国上游水平。"审批简便"分项指数的评分从 3.74 分上升至 4.14 分,排名上升 2 位至第 7 位。整体来看,江西在减少行政干预和行政效率方面进步突出。

企业经营的法治环境

江西"企业经营的法治环境"方面指数,2022 年与 2019 年相比,评分从 3.91 分升至 4.12 分,排名上升 8 位,从第 10 位提升至第 2 位,处于全国领先水平。下属 4 个分项指数中,"司法公正"评分提升 0.33 分,至 4.14 分,排名从第 23 位大幅升至第 2 位。"合同履行"和"知识产权保护"评分分别提高 0.19 分和 0.39 分,排名分别从第 6 位和第 15 位均升至全国第 1 位。首次出现在该方面指数下的"官员廉洁"分项指数与 2019 年相比,评分从 3.70 分提高至 3.95 分,排名从第 22 位升至第 16 位。整体来看,江西在企业经营的法治环境方面发生了积极的变化。

企业的税费负担

江西"企业的税费负担"方面指数,2022 年与 2019 年相比,评分从 3.44 分上升至 3.83 分,排名大幅提高 15 位,从第 18 位升至第 3 位。该方面指数的排名大幅提升主要得益于分项指数"依法征税"的改善,该分项指数的评分提高 0.58 分,改善幅度居全国首位,排名从全国第 31 位飙升至第 4 位,大幅提高 27 位。其他分项指数的排名都有不同程度的提升，其中，"社保缴费"和"其他缴费"评分分别上升0.17分和0.94分，排名分别从第13位和第5位升至第4位。"法定税负"分项指数的评分微降0.13分，降幅小于其他一些省份，排名从第17位提高至第10位。江西在减轻企业税费负担方面进步明显。

金融服务和融资成本

江西"金融服务和融资成本"方面指数，2022年与2019年相比，评分从3.54分提升至3.84分，排名从第20位升至第7位。下属4个分项指数的排名均有不同程度的提升，其中，排名提升幅度最大的是"银行贷款"分项指数，从第27位升至第4位，陡升23位，评分提高0.42分，改善幅度居全国前列。"贷款利率"和"其他利率"评分分别提高0.77分和0.34分，排名分别上升8位和6位，至第7位和第15位。"其他融资"评分虽有下降，但排名上升8位，从第23位提高至第15位。江西企业在融资渠道和融资成本方面均有改善。

人力资源供应

江西"人力资源供应"方面指数，2022年与2019年相比，评分从3.81分下降至3.21分，排名从第8位降至第11位。下属3个分项指数评分和排名都有下降。其中，"技术人员"评分下降0.66分至3.05分，排名下跌4位至第15位。"管理人员"评分下降0.68分至3.14分，排名下跌9位至第17位。"熟练工人"评分下降0.44分至3.45分，排名下跌4位至第7位。说明江西在人力资源供应方面面临制约因素。

基础设施条件

江西"基础设施条件"方面指数，2022年与2019年相比，评分从3.99分提高至4.21分，排名从第13位上升至第10位。下属分项指数"铁路公路"评分从3.93分上升至4.15分，排名提高6位至第11位。"电水气网"评分为4.27分，排名第11位，与2019年"电水气"分项指数做有限对比，评分提高0.27分，排名提升5位。总的来看，江西在基础设施条件方面有所改善。

市场供求和中介服务

江西"市场供求和中介服务"方面指数，2022年与2019年相比，评分下降0.41分，排名从第9位下跌至第17位。下属分项指数"过度竞争"的退步是影响该方面指数下降的主要因素，评分从3.50分下降至2.52分，排名从第1位急跌至第23位。"市场需求"评分下降0.21分，但排名从第11位提高至第9位。"中介服务"评分下降0.12分，排名从第19位升至第16位。

山东

表 5-15 山东营商环境各方面指数、各分项指数的分值及排名

指数	2012 年		2016 年		2019 年		2022 年	
	分值	排名	分值	排名	分值	排名	分值	排名
政策公开公平公正	2.99	12	3.82	6	3.83	3	4.10	5
公开透明	3.23	6	3.82	9	3.78	17	3.93	11
行政执法公正	3.01	18	3.72	11	3.76	15	—	—
公平竞争	2.73	12	3.61	7	3.60	8	3.55	11
地方保护	—	—	4.11	12	4.20	4	4.81	4
行政干预和行政效率	3.25	11	3.75	10	3.77	8	3.96	18
政府干预	3.41	16	3.71	13	3.72	12	3.61	24
打交道时间	3.55	17	3.97	9	3.75	15	4.25	19
审批简便	2.98	6	3.55	10	3.78	6	4.02	14
官员廉洁	3.00	12	3.76	8	3.83	10	—	—
企业经营的法治环境	3.20	15	3.86	12	3.96	6	4.00	11
司法公正	2.94	16	3.68	10	3.88	14	4.10	6
官员廉洁	—	—	—	—	—	—	4.04	11
合同履行	3.39	19	3.77	19	3.95	3	3.85	10
经营者财产和人身安全保障	3.62	11	4.24	10	4.05	10	—	—
知识产权保护	3.37	16	3.77	21	3.96	13	4.00	16
企业的税费负担	2.69	22	3.62	15	3.51	3	3.66	12
法定税负	2.10	15	3.36	10	3.97	15	3.97	3
依法征税	—	—	3.81	18	4.07	18	4.27	23
税外收费	3.29	23	3.69	20	—	—	—	—
社保缴费	—	—	—	—	3.04	4	2.62	22
其他缴费	—	—	—	—	2.98	8	3.80	10
金融服务和融资成本	3.02	19	3.28	18	3.57	18	3.69	12
银行贷款	2.77	17	3.51	17	3.62	5	3.28	14
其他融资	3.08	18	3.42	10	3.33	16	3.10	6
贷款利率	—	—	3.28	21	3.56	25	4.20	23
其他利率	—	—	2.93	20	3.78	20	4.19	11
人力资源供应	2.87	7	3.35	15	3.75	12	3.17	16
技术人员	2.78	13	3.32	15	3.73	8	3.09	13
管理人员	2.93	6	3.25	18	3.68	15	3.16	12
熟练工人	2.91	12	3.49	13	3.83	8	3.27	16

指数	2012 年		2016 年		2019 年		2022 年	
	分值	排名	分值	排名	分值	排名	分值	排名
基础设施条件	3.44	7	4.00	13	4.06	7	4.16	13
电水气	4.09	6	4.15	10	4.10	11	—	—
电水气网	—	—	—	—	—	—	4.28	10
铁路公路	3.19	9	3.92	17	4.13	5	4.04	13
其他基础设施	3.05	6	3.94	12	3.95	11	—	—
市场供求和中介服务	2.99	15	3.35	9	3.52	8	3.26	5
市场需求	—	—	3.32	13	3.55	9	3.35	3
过度竞争	—	—	3.20	14	3.37	5	2.80	5
中介服务	3.30	9	3.64	9	3.71	11	3.64	10
行业协会服务	2.61	26	3.26	9	3.45	9	—	—
总指数	3.07	10	3.63	11	3.75	7	3.75	9

山东的营商环境，2022 年评分 3.75 分，与 2019 年持平。2022 年全国排名第 9 位，比 2019 年下降 2 位，比 2016 年上升 2 位。总体来看，山东的营商环境没有明显进步。

在营商环境的 8 个方面指数中，2022 年有 2 个方面指数排在全国上游位置，其余 6 个方面指数均在中游位置。与 2019 年相比，多数方面评分有所提高，但全国排名有升有降。"金融服务和融资成本"方面指数的评分和排名都提升了。"政策公开公平公正"、"行政干预和行政效率"、"企业经营的法治环境"、"企业的税费负担"和"基础设施条件"方面指数的评分有改善，但改善幅度不及其他一些省份，排名均出现下降，说明进步不大。"人力资源供应"和"市场供求和中介服务"方面指数的评分下降了，但排名一降一升。

政策公开公平公正

山东"政策公开公平公正"方面指数，2022 年与 2019 年相比，评分从 3.83 分上升至 4.10 分，但排名从第 3 位降至第 5 位。下属 3 个分项指数中，"公开透明"评分从 3.78 分和上升至 3.93 分，排名上升 6 位，至第 11 位。"地方保护"从 4.20 分升至 4.81 分,排名稳定在第 4 位。"公平竞争"评分微降至 3.55 分,排名从第 8 位下降至第 11 位。

行政干预和行政效率

山东"行政干预和行政效率"方面指数,2022 年与 2019 年相比,评分从 3.77 分提高至 3.96 分,排名下降 10 位,从第 8 位下跌至第 18 位。下属 3 个分项指数的排名均有下降,其中,"政府干预"评分下降 0.11 分,排名从第 12 位大幅降至第 24 位。"打交道时间"和"审批简便"的评分分别上升 0.50 分和 0.24 分,但改善幅度不及其他一些省份,排名分别下跌 4 位和 8 位,至第 19 位和第 14 位。

企业经营的法治环境

山东"企业经营的法治环境"方面指数,2022 年与 2019 年相比,评分从 3.96 分升至 4.00 分,排名下降 5 位,从第 6 位降至第 11 位。下属 4 个分项指数中,只有"司法公正"的评分和排名都提高了,评分提高 0.22 分,排名提高 8 位至第 6 位。"合同履行"评分下降 0.10 分,排名下降 7 位至第 10 位。"知识产权保护"评分微升 0.04 分,排名下降 3 位至第 16 位。首次出现在该方面指数下的"官员廉洁"分项指数与 2019 年数据相比,评分提高 0.21 分,排名下降 1 位至第 11 位。

企业的税费负担

山东"企业的税费负担"方面指数,2022 年与 2019 年相比,评分从 3.51 分升至 3.66 分,排名下降 9 位,从第 3 位下跌至第 12 位。下属 4 个分项指数中,"法定税负"评分不变,但排名从第 15 位大幅提高至第 3 位。"依法征税"和"其他缴费"分项指数评分分别上升 0.20 分和 0.82 分,但排名前者下跌 5 位至第 23 位,后者下跌 2 位至第 10 位。"社保缴费"评分和排名降幅均大,评分下跌 0.42 分,排名急跌 18 位,从第 4 位陡降至第 22 位。

金融服务和融资成本

山东"金融服务和融资成本"方面指数,2022 年与 2019 年相比,评分从 3.57 分提升至 3.69 分，排名从第 18 位升至第 12 位。下属 4 个分项指数中，"银行贷款"和"其他融资"的评分分别下降 0.34 分和 0.23 分，前者排名下降 9 位至第 14 位，后者排名上升 10 位至第 6 位。"贷款利率"和"其他利率"分项指数的评分分别上升 0.64 分和 0.41 分，排名分别提高 2 位和 9 位，至第 23 位和第 11 位。说明在此期间山东企业的贷款难问题有所加重，但贷款的平均成本降低了。

人力资源供应

山东"人力资源供应"方面指数，2022 年与 2019 年相比，评分从 3.75 分下降至 3.17 分，排名下跌 4 位，从第 12 位降至第 16 位。下属 3 个分项指数的评分都有所下降，其中，"技术人员"和"熟练工人"评分分别下降 0.64 分和 0.56 分，排名分别下跌 5 位和 8 位，至第 13 位和第 16 位。"管理人员"分项指数评分从 3.68 分下降至 3.16 分，排名上升 3 位至第 12 位。总体来看，山东人力资源供应面临一定的约束。

基础设施条件

山东"基础设施条件"方面指数，2022 年与 2019 年相比，评分从 4.06 分微升至 4.16 分，排名下跌 6 位，从第 7 位降至第 13 位。下属分项指数"铁路公路"评分下降 0.09 分，排名下降 8 位，从第 5 位跌至第 13 位。分项指数"电水气网"评分为 4.28 分，排名第 10 位，与 2019 年"电水气"分项指数做有限对比，评分上升 0.18 分，排名提高 1 位。

市场供求和中介服务

山东"市场供求和中介服务"方面指数，2022 年与 2019 年相比，评分从 3.52 分下跌至 3.26 分，但排名从第 8 位升至第 5 位。下属 3 个分项指数评分均有下降。其中，"市场需求"评分虽下降 0.20 分，但仍在 3.35 分，排名上升 6 位，列第 3 位。"过度竞争"评分下降 0.57 分至 2.80 分，排名稳定在第 5 位。"中介服务"下降 0.07 分，排名从第 11 位升至第 10 位。总体来看，山东企业市场供求和中介服务评分下降幅度小于其他一些省份，导致了排名上升。

河南

表 5-16 河南营商环境各方面指数、各分项指数的分值及排名

指数	2012 年		2016 年		2019 年		2022 年	
	分值	排名	分值	排名	分值	排名	分值	排名
政策公开公平公正	2.92	16	3.75	11	3.72	12	3.61	13
公开透明	3.11	18	3.73	12	3.77	18	3.74	21
行政执法公正	2.99	20	3.49	24	3.81	9	—	—
公平竞争	2.66	15	3.51	10	3.56	9	3.43	19
地方保护	—	—	4.26	6	3.75	14	3.66	11
行政干预和行政效率	3.17	18	3.60	14	3.68	15	3.97	17
政府干预	3.43	14	3.70	14	3.56	23	3.71	16
打交道时间	3.61	14	3.52	14	3.74	16	4.27	17
审批简便	2.72	21	3.67	5	3.68	15	3.95	16
官员廉洁	2.88	19	3.52	22	3.74	19	—	—
企业经营的法治环境	3.14	22	3.70	27	3.91	11	3.82	21
司法公正	2.83	22	3.58	20	3.8	24	3.87	16
官员廉洁	—	—	—	—	—	—	3.86	20
合同履行	3.42	16	3.59	25	3.84	11	3.59	24
经营者财产和人身安全保障	3.60	12	3.82	30	4.02	14	—	—
知识产权保护	3.30	25	3.81	16	3.96	11	3.96	19
企业的税费负担	2.76	16	3.48	26	3.47	14	3.84	2
法定税负	2.09	16	3.12	25	4.04	11	3.96	4
依法征税	—	—	3.63	28	4.04	24	4.36	16
税外收费	3.43	17	3.69	22	—	—	—	—
社保缴费	—	—	—	—	2.98	5	3.13	2
其他缴费	—	—	—	—	2.82	19	3.93	5
金融服务和融资成本	3.01	20	3.04	23	3.46	26	3.64	17
银行贷款	2.58	23	3.28	24	3.35	22	3.42	8
其他融资	3.13	12	3.28	17	3.19	24	2.83	19
贷款利率	—	—	2.53	28	3.43	29	4.35	20
其他利率	—	—	3.06	18	3.86	17	3.94	20
人力资源供应	2.99	3	3.29	19	3.59	18	3.20	13
技术人员	2.92	2	3.29	16	3.58	18	3.22	6
管理人员	2.94	5	3.29	16	3.49	22	2.97	23
熟练工人	3.11	3	3.30	24	3.71	19	3.39	9

指数	2012 年		2016 年		2019 年		2022 年	
	分值	排名	分值	排名	分值	排名	分值	排名
基础设施条件	3.24	21	3.90	17	3.86	17	4.14	14
电水气	3.81	22	3.87	25	3.91	21	—	—
电水气网	—	—	—	—	—	—	4.14	18
铁路公路	3.04	20	4.06	12	3.95	15	4.14	12
其他基础设施	2.85	17	3.77	17	3.74	16	—	—
市场供求和中介服务	3.05	7	3.14	21	3.36	22	3.14	13
市场需求	—	—	3.24	19	3.43	18	3.21	16
过度竞争	—	—	2.80	30	3.27	15	2.80	4
中介服务	3.30	8	3.43	16	3.57	22	3.39	22
行业协会服务	2.93	7	3.11	15	3.18	25	—	—
总指数	3.05	14	3.49	20	3.63	16	3.67	13

河南的营商环境，2022 年全国排名第 13 位，比 2019 年提高 3 位，比 2016 年提高 7 位。2022 年评分为 3.67 分，比 2019 年上升 0.04 分，比 2016 年上升 0.18 分。整体来看，河南的营商环境指数呈波动上升趋势。

在营商环境的 8 个方面指数中，居全国上游和下游地位的方面指数各 1 个。"企业的税费负担"2022 年评分和排名有大幅提升，排到第 2 位。"企业经营的法治环境"排名大幅下降至第 21 位，目前是营商环境中的短板。其余 6 个方面指数均列于全国中游地位。其中，"政策公开公平公正"和"行政干预和行政效率"排名小幅下降，其他 4 个方面指数评分有升有降，但排名均有不同程度上升。其中"金融服务和融资成本"和"市场供求和中介服务"都上升了 9 位，从全国下游水平提高到中游水平。

政策公开公平公正

河南"政策公开公平公正"方面指数，2022 年与 2019 年相比，评分从 3.72 分下降至 3.61 分，排名微降 1 位至第 13 位。下属 3 个分项指数的评分都下降了，其中，"公开透明"和"公平竞争"评分分别下降 0.03 分和 0.13 分，排名下降 3 位和 10 位，至第 21 位和第 19 位。"地方保护"评分下降 0.09 分，排名上升 3 位至第 11 位。

行政干预和行政效率

河南"行政干预和行政效率"方面指数，2022 年与 2019 年相比，评分从 3.68 分上升至 3.97 分，但排名从第 15 位降至第 17 位，仍位于全国中游水平。下属 3 个分项指数的评分都有改善，其中"政府干预"评分从 3.56 分升至 3.71 分，排名从第 23 位上升至第 16 位，有明显改善。"打交道时间"和"审批简便"评分分别提高 0.53 分和 0.27 分，排名没有显著变化，分别为第 17 位和第 16 位。

企业经营的法治环境

河南"企业经营的法治环境"方面指数，评分从 3.91 分下降至 3.82 分，排名大幅下降 10 位，从第 11 位跌至第 21 位。下属 4 个分项指数中，"合同履行"评分从 3.84 分下降至 3.59 分，是该方面指数中唯一评分下降的分项指数，排名陡降 13 位至第 24 位，是拖累该方面指数的因素。"司法公正"和"官员廉洁"评分有小幅上升，排名分别上升 8 位和 1 位。"知识产权保护"评分不变，排名从第 11 位降至第 19 位。

企业的税费负担

河南"企业的税费负担"方面指数，2022 年与 2019 年相比，评分上升 0.37 分，改善幅度居于全国前列，使得排名显著上升 12 位，从第 14 位跃升至第 2 位，在 8 个方面指数中排名最靠前。下属 4 个分项指数中，"法定税负"评分微降，因降幅小于多数省份，排名上升 7 位至第 4 位。其他分项指数的评分和排名均上升，其中，"依法征税"评分从 4.04 分升至 4.36 分，排名上升 8 位，从第 24 位提高至第 16 位。"社保缴费"评分从 2.98 分升至 3.13 分，排名从第 5 位提高至第 2 位。"其他缴费"评分显著提升 1.11 分，从 2.82 分提高至 3.93 分，排名陡升 14 位，从第 19 位升至第 5 位。这些反映河南企业的税费负担整体减轻了。

金融服务和融资成本

河南"金融服务和融资成本"方面指数，2022 年与 2019 年相比，评分从 3.46 分升至 3.64 分，排名提升 9 位至第 17 位。下属 4 个分项指数中，"银行贷款"和"贷款利率"评分和排名均有改善，评分分别提高 0.07 分和 0.92 分，排名分别提高 14 位和 9 位，至第 8 位和第 20 位。"其他融资"评分虽下降 0.36 分，但排名从第 24 位提高至第 19 位。"其他利率"评分小幅提高，但进步慢于其他一些省份，排名下降 3 位至第 20 位。总体来看，河南的企业融资条件有所改善。

人力资源供应

河南"人力资源供应"方面指数，2022 年与 2019 年相比，评分从 3.59 分下降至 3.20 分，但降幅较小，排名上升 5 位，从第 18 位升至第 13 位。下属 3 个分项指数的评分均下降，其中，"技术人员"和"熟练工人"评分分别下降 0.36 分和 0.32 分，降幅小于多数省份，排名分别上升 12 位和 10 位，至第 6 位和第 9 位。"管理人员"评分从 3.49 分降至中性值以下的 2.97 分，排名降至第 23 位。管理人员不足是河南人力资源供应的短板。

基础设施条件

河南"基础设施条件"方面指数，2022 年与 2019 年相比，评分从 3.86 分升至 4.14 分，排名提升 3 位至第 14 位。下属分项指数"铁路公路"评分从 3.95 分升至 4.14 分，排名提高 3 位至第 12 位。"电水气网"与 2019 年"电水气"分项指数做有限对比，评分从 3.91 分升至 4.14 分，排名上升 3 位至第 18 位。河南的基础设施条件呈改善趋势。

市场供求和中介服务

河南"市场供求和中介服务"方面指数，2022 年与 2019 年相比，评分从 3.36 分下降至 3.14 分，但降幅小于多数省份，排名从第 22 位提高至第 13 位。下属 3 个分项指数评分均有下降，排名上升或持平。其中，"市场需求"和"过度竞争"评分分别下降 0.22 分和 0.47 分，排名分别上升 2 位和 11 位，至第 16 位和第 4 位，后者在全国呈较好状态。"中介服务"分项指数评分下降 0.18 分，排名维持在第 22 位。

湖北

表 5-17　湖北营商环境各方面指数、各分项指数的分值及排名

指数	2012 年		2016 年		2019 年		2022 年	
	分值	排名	分值	排名	分值	排名	分值	排名
政策公开公平公正	2.91	17	3.80	8	3.73	11	4.03	6
公开透明	3.13	15	3.86	7	3.67	26	3.99	6
行政执法公正	3.05	14	3.73	10	3.76	14	—	—
公平竞争	2.56	22	3.43	17	3.48	19	3.66	7
地方保护	—	—	4.17	9	3.99	7	4.46	8
行政干预和行政效率	3.24	13	3.52	18	3.62	23	4.12	7
政府干预	3.54	7	3.63	19	3.76	8	3.95	5
打交道时间	3.50	18	3.68	13	3.15	30	4.26	18
审批简便	2.90	9	3.27	24	3.73	11	4.15	5
官员廉洁	2.87	20	3.52	23	3.85	8	—	—
企业经营的法治环境	3.15	21	3.90	9	3.83	21	3.90	14
司法公正	2.89	20	3.48	26	3.88	15	3.84	18
官员廉洁	—	—	—	—	—	—	3.94	19
合同履行	3.35	24	3.96	5	3.79	14	3.74	15
经营者财产和人身安全保障	3.51	18	4.21	11	3.85	27	—	—
知识产权保护	3.34	18	3.95	7	3.79	23	4.10	11
企业的税费负担	2.74	17	3.72	6	3.37	24	3.66	15
法定税负	2.13	13	3.29	14	3.97	16	3.73	15
依法征税	—	—	3.68	25	3.97	30	4.31	20
税外收费	3.35	20	4.20	3	—	—	—	—
社保缴费	—	—	—	—	2.69	28	2.93	7
其他缴费	—	—	—	—	2.84	17	3.66	20
金融服务和融资成本	3.04	14	3.37	16	3.76	7	3.96	4
银行贷款	2.78	15	3.54	14	3.70	3	3.57	6
其他融资	3.13	14	3.3	16	3.55	4	3.28	3
贷款利率	—	—	3.65	12	3.83	17	4.60	12
其他利率	—	—	2.98	19	3.97	12	4.40	6
人力资源供应	2.75	21	3.53	5	3.89	3	3.31	7
技术人员	2.71	19	3.34	12	3.91	2	3.22	7
管理人员	2.68	23	3.54	6	3.88	5	3.14	16
熟练工人	2.87	16	3.71	2	3.88	5	3.56	4

续表

指数	2012 年		2016 年		2019 年		2022 年	
	分值	排名	分值	排名	分值	排名	分值	排名
基础设施条件	3.29	17	4.27	4	4.05	8	4.10	18
电水气	3.90	17	4.21	8	4.06	13	—	—
电水气网	—	—	—	—	—	—	4.26	12
铁路公路	3.24	7	4.45	2	4.12	6	3.95	21
其他基础设施	2.73	24	4.14	5	3.97	9	—	—
市场供求和中介服务	2.90	22	3.25	15	3.43	14	3.26	3
市场需求	—	—	3.43	8	3.48	12	3.32	5
过度竞争	—	—	3.23	12	3.21	17	2.90	1
中介服务	3.19	20	3.43	17	3.69	13	3.57	12
行业协会服务	2.79	18	2.91	24	3.34	16	—	—
总指数	3.01	19	3.67	8	3.71	8	3.79	5

　　湖北的营商环境，2022 年全国排名第 5 位，比 2019 年和 2016 年均提高 3 位。2022 年评分为 3.79 分，比 2019 年上升 0.08 分，比 2016 年上升 0.12 分。总体来看，湖北的营商环境在持续改善，进步明显。

　　在营商环境的 8 个方面指数中，有 5 个方面指数列于全国上游，3 个方面指数列于中游。多数方面指数排名和评分都有明显提高。2022 年与 2019 年相比，"政策公开公平公正"、"行政干预和行政效率"、"企业经营的法治环境"、"企业的税费负担"和"金融服务和融资成本"方面指数评分和排名均有不同程度的上升，其中，"行政干预和行政效率"方面指数的排名提高 16 位，改善幅度显著。"市场供求和中介服务"方面指数评分下降，但排名大幅提升 11 位。"人力资源供应"和"基础设施条件"方面指数排名出现下降，评分有降有升。

政策公开公平公正

　　湖北"政策公开公平公正"方面指数，2022 年与 2019 年相比，评分从 3.73 分升至 4.03 分，排名从第 11 位升至第 6 位。下属 3 个分项指数评分和排名均表现较好。"公开透明"评分从 3.67 分提高至 3.99 分，改善幅度超过全国其他所有省份，排名从第26位大幅升至第6位，"公平竞争"排名从第19位跃升至第7位，均有明显进步。"地方保护"评分提高0.47分，排名基本稳定。总体来看，湖北在政策公开公平公正方面处于全国上游水平。

行政干预和行政效率

湖北"行政干预和行政效率"方面指数，2022年与2019年相比，评分提高0.50分，排名从第23位大幅提高至第7位。下属3个分项指数的评分和排名均有进步，其中，分项指数"打交道时间"评分大幅提高1.11分，排名从第30位跃升至第18位。"政府干预"和"审批简便"评分分别上升0.19分和0.42分，排名分别从第8位和第11位升至第5位。这些反映湖北在减少对企业的行政干预方面改善明显。

企业经营的法治环境

湖北"企业经营的法治环境"方面指数，2022年与2019年相比，评分小幅上升0.07分，排名从第21位提高至第14位。该方面指数评分和排名的改善得益于分项指数"知识产权保护"评分和排名的显著提高，其排名从第23位跃升至第11位。分项指数"司法公正"和"合同履行"的评分和排名均出现小幅下降。首次出现在该方面指数下的"官员廉洁"分项指数与2019年数据相比，评分从3.85分升至3.94分，但排名从第8位大幅下滑至第19位。

企业的税费负担

湖北"企业的税费负担"方面指数，2022年与2019年相比，评分提高0.29分，排名从第24位提高至第15位。下属4个分项指数中，"法定税负"评分从3.97分下降至3.73分，排名基本稳定。"依法征税"评分和排名均有明显改善，评分从3.97分提高至4.31分，排名从第30位升至第20位。"社保缴费"评分有上升，排名升幅很大。"其他缴费"评分上升0.82分，但排名下降3位至第20位。总体来看，湖北企业的税费负担有明显改善，但目前仍有短板。

金融服务和融资成本

湖北"金融服务和融资成本"方面指数，2022年与2019年相比，评分提升0.20分，排名从第7位上升至第4位。下属4个分项指数中，"银行贷款"和"其他融资"评分均有下降，前者从3.70分降至3.57分，后者从3.55分降至3.28分，排名一降一升，但仍在第6位和第3位的较好位置。"贷款利率"和"其他利率"评分分别上升0.77分和0.43分，排名分别上升5位和6位，至第12位和第6位。这些反映湖北企业的融资成本在下降。

人力资源供应

湖北"人力资源供应"方面指数，2022年与2019年相比，评分从3.89分降至3.31分，排名从第3位降至第7位。下属3个分项指数的评分都有下降。其中，分项指数"管理人员"评分和排名降幅最大，评分下降0.74分，排名从第5位降至第16位。"技术人员"评分下降0.69分，排名从第2位跌至第7位。"熟练工人"评分下降0.32分，排名仍在较好水平。

基础设施条件

湖北"基础设施条件"方面指数，2022年与2019年相比，评分微升0.05分，提升幅度小于大多数省份，排名下降10位，从第8位降至第18位。下属分项指数"铁路公路"的评分从4.12分小幅降至3.95分，排名从第6位陡降至第21位。"电水气网"分项指数与2019年的"电水气"分项指数对比，评分小幅提高，排名基本稳定，居第12位。

市场供求和中介服务

湖北"市场供求和中介服务"方面指数，2022年与2019年相比评分有下降，但降幅小于大多数省份，排名从第14位升至第3位，居全国前列。下属3个分项指数的评分虽都下降，但排名均有提升。其中，"市场需求"和"过度竞争"排名分别上升7位和16位，至第5位和第1位。"中介服务"分项指数排名第12位。

湖南

表 5-18　湖南营商环境各方面指数、各分项指数的分值及排名

指数	2012 年		2016 年		2019 年		2022 年	
	分值	排名	分值	排名	分值	排名	分值	排名
政策公开公平公正	2.78	25	3.68	15	3.67	16	3.77	10
公开透明	2.97	27	3.63	21	3.81	14	4.04	5
行政执法公正	2.87	23	3.61	18	3.65	21	—	—
公平竞争	2.52	26	3.32	25	3.33	27	3.55	12
地方保护	—	—	4.15	10	3.88	10	3.71	10
行政干预和行政效率	3.04	26	3.68	12	3.64	21	4.02	12
政府干预	3.31	21	3.65	17	3.52	26	3.69	18
打交道时间	3.39	21	3.9	11	3.60	22	4.17	25
审批简便	2.52	28	3.56	9	3.63	20	4.20	2
官员廉洁	2.82	21	3.6	16	3.81	14	—	—
企业经营的法治环境	3.07	24	3.79	23	3.90	14	4.01	9
司法公正	2.78	23	3.49	25	3.88	13	4.04	11
官员廉洁	—	—	—	—	—	—	4.07	9
合同履行	3.38	22	3.74	21	3.77	18	3.85	9
经营者财产和人身安全保障	3.35	25	4.09	21	4.02	13	—	—
知识产权保护	3.32	22	3.86	13	3.91	17	4.08	12
企业的税费负担	2.77	15	3.54	21	3.32	28	3.66	14
法定税负	2.19	7	3.14	24	3.79	29	3.76	12
依法征税	—	—	3.68	24	4.05	21	4.26	26
税外收费	3.35	19	3.81	15	—	—	—	—
社保缴费	—	—	—	—	2.74	25	2.85	12
其他缴费	—	—	—	—	2.69	24	3.77	12
金融服务和融资成本	3.17	7	2.96	26	3.54	21	3.55	20
银行贷款	2.95	8	3.58	12	3.40	21	3.28	13
其他融资	3.23	6	3.36	12	3.40	6	2.96	12
贷款利率	—	—	3.02	24	3.81	20	4.30	21
其他利率	—	—	1.90	25	3.54	28	3.67	26
人力资源供应	2.87	10	3.42	11	3.56	21	3.22	9
技术人员	2.81	8	3.19	22	3.58	17	3.00	18
管理人员	2.97	4	3.47	9	3.42	27	3.26	9
熟练工人	2.84	17	3.6	8	3.67	20	3.39	11

指数	2012 年		2016 年		2019 年		2022 年	
	分值	排名	分值	排名	分值	排名	分值	排名
基础设施条件	3.25	19	4.11	10	3.81	24	4.17	12
电水气	3.82	20	4.14	11	3.86	27	—	—
电水气网	—	—	—	—	—	—	4.37	6
铁路公路	3.10	17	4.11	11	3.84	23	3.96	19
其他基础设施	2.83	19	4.07	7	3.72	17	—	—
市场供求和中介服务	2.95	16	3.4	7	3.34	24	3.23	8
市场需求	—	—	3.32	14	3.37	20	3.19	20
过度竞争	—	—	3.21	13	3.05	27	2.69	12
中介服务	3.29	10	3.61	11	3.65	16	3.83	3
行业协会服务	2.77	19	3.47	3	3.28	20	—	—
总指数	2.98	22	3.57	16	3.60	19	3.70	11

湖南的营商环境，2022 年全国排名第 11 位，比 2019 年显著提高 8 位，比 2016 年提高 5 位。2022 年评分比 2019 年上升 0.10 分，比 2016 年上升 0.13 分。总体来看，湖南的营商环境近年来呈改善趋势。

在营商环境的 8 个方面指数中，2022 年与 2019 年相比，全部指数排名均有上升，多数评分有上升。有 4 个方面指数排名进入了全国前 10 位，另 4 个方面指数进入中游水平。其中"行政干预和行政效率"、"企业的税费负担"和"基础设施条件"有大幅改善，"政策公开公平公正"和"企业经营的法治环境"也有明显提升。"人力资源供应"和"市场供求和中介服务"评分有下降，但排名明显上升。"金融服务和融资成本"评分基本稳定，在 8 个方面指数中排名仍相对较低。

政策公开公平公正

湖南"政策公开公平公正"方面指数，2022 年与 2019 年相比，评分从 3.67 分略升至 3.77 分，排名上升 6 位至第 10 位。下属 3 个分项指数中，"公开透明"和"公平竞争"评分分别提高 0.23 分和 0.22 分，改善幅度超过多数省份，排名分别提高 9 位和 15 位，至第 5 位和第 12 位，后者排名进步明显。"地方保护"分项指数的评分小幅下降,排名维持在第10位。湖南在政策公开公平公正方面近年呈改善趋势。

行政干预和行政效率

湖南"行政干预和行政效率"方面指数,2022年与2019年相比,评分提高0.38分,排名从第21位提高至第12位。下属3个分项指数中,"审批简便"改善突出,评分提高0.57分,排名从第20位陡升至第2位,居全国领先地位。"打交道时间"评分也提升0.57分,但排名下降3位至第25位,仍在全国下游水平。"政府干预"评分提高0.17分,排名从第26位升至第18位。

企业经营的法治环境

湖南"企业经营的法治环境"方面指数,2022年与2019年相比,评分上升0.11分,排名提高5位至第9位。下属4个分项指数的评分和排名都有改善,其中,"司法公正"、"官员廉洁"和"知识产权保护"的评分均提升至4.00分以上,排名分别提高2位、5位和5位,至第11位、第9位和第12位。"合同履行"分项指数的评分小幅提高到3.85分,排名提高9位,从第18位升至第9位。总体来看,湖南企业经营的法治环境在不断改善。

企业的税费负担

湖南"企业的税费负担"方面指数,2022年与2019年相比,评分提高0.34分,排名从第28位大幅上升到第14位。下属4个分项指数中,只有"法定税负"评分小幅下降,但下降幅度小于多数省份,排名从第29位跃升至第12位。"社保缴费"和"其他缴费"评分均有提高,前者微升0.11分,后者大幅提升1.08分,排名分别提高13位和12位,均达到第12位。"依法征税"评分提高0.21分,排名下降5位至第26位。整体来看,湖南企业的税费负担在减轻。

金融服务和融资成本

湖南"金融服务和融资成本"方面指数,2022年与2019年相比,评分和排名基本稳定，居全国第 20 位。下属 4 个分项指数中，"银行贷款"和"其他融资"评分下降，后者降幅较大，降到中性值 3.00 分以下。前者排名上升 8 位至第 13 位，后者排名下降 6 位至第 12 位。"贷款利率"和"其他利率"评分上升，但前者排名下降 1 位至第 21 位，后者排名上升 2 位至第 26 位，仍在较低水平，显示企业融资成本相对较高。

人力资源供应

湖南"人力资源供应"方面指数，2022 年与 2019 年相比，评分下降 0.34 分，下降幅度小于多数省份，排名陡升 12 位，从第 21 位跃升至第 9 位。下属 3 个分项指数评分均有下降。其中，"管理人员"的排名从第 27 位大幅提高至第 9 位。"熟练工人"的排名从第 20 位上升至第 11 位。"技术人员"排名微降 1 位至第 18 位，"技术人员"是相对短板。

基础设施条件

湖南"基础设施条件"方面指数，2022 年与 2019 年相比，评分从 3.81 分升至 4.17 分，排名显著上升 12 位，从第 24 位陡升至第 12 位。该方面指数的改善主要得益于"电水气网"分项指数的提升，评分从 3.86 分升至 4.37 分，提高 0.51 分，排名从第 27 位跃升至第 6 位，进步明显。分项指数"铁路公路"的评分从 3.84 分升至 3.96 分，排名上升 4 位至第 19 位。

市场供求和中介服务

湖南"市场供求和中介服务"方面指数，2022 年与 2019 年相比，评分从 3.34 分微降至 3.23 分，下降幅度小于绝大多数省份，排名陡升 16 位，从第 24 位跃升至第 8 位，在各方面指数中排名上升幅度最大。下属 3 个分项指数中，"过度竞争"分项指数的评分虽下降 0.36 分至 2.69 分，但排名显著上升 15 位，从第 27 位跃升至第 12 位。"市场需求"分项指数的评分微降 0.18 分，排名维持在第 20 位。"中介服务"分项指数评分和排名均有改善，评分小幅上升 0.18 分至 3.83 分，排名从第 16 位跃升至第 3 位，处于全国前列。

广东

表 5-19　广东营商环境各方面指数、各分项指数的分值及排名

指数	2012 年		2016 年		2019 年		2022 年	
	分值	排名	分值	排名	分值	排名	分值	排名
政策公开公平公正	3.09	6	3.87	3	4.01	2	4.19	3
公开透明	3.24	5	3.70	15	4.05	2	3.98	7
行政执法公正	3.18	7	3.75	7	3.89	3	—	—
公平竞争	2.84	5	3.59	8	3.72	3	3.73	4
地方保护	—	—	4.42	2	4.38	1	4.87	2
行政干预和行政效率	3.42	5	3.77	7	3.88	4	4.26	3
政府干预	3.51	10	3.81	5	3.86	3	3.93	6
打交道时间	4.09	2	3.87	12	3.85	6	4.71	4
审批简便	3.07	5	3.75	3	3.80	4	4.13	8
官员廉洁	2.98	14	3.65	14	3.99	3	—	—
企业经营的法治环境	3.21	14	3.88	11	3.98	4	4.11	3
司法公正	2.96	15	3.73	5	3.97	6	4.04	10
官员廉洁	—	—	—	—	—	—	4.17	6
合同履行	3.53	6	3.87	10	3.86	10	4.06	2
经营者财产和人身安全保障	3.51	17	4.11	16	4.05	9	—	—
知识产权保护	3.31	24	3.79	20	4.04	4	4.17	4
企业的税费负担	2.73	18	3.48	27	3.48	12	3.60	19
法定税负	2.02	25	3.23	16	3.98	14	3.69	19
依法征税	—	—	3.81	19	4.18	4	4.27	22
税外收费	3.45	16	3.40	30	—	—	—	—
社保缴费	—	—	—	—	2.89	14	2.69	18
其他缴费	—	—	—	—	2.87	15	3.74	14
金融服务和融资成本	3.02	18	3.02	25	3.70	11	3.74	10
银行贷款	2.76	18	3.52	16	3.50	16	3.31	11
其他融资	3.01	21	3.5	5	3.38	10	3.10	8
贷款利率	—	—	2.54	27	3.82	18	4.49	15
其他利率	—	—	2.54	22	4.08	6	4.04	17
人力资源供应	2.72	22	3.4	13	3.77	9	3.46	4
技术人员	2.66	22	3.34	13	3.71	12	3.45	3
管理人员	2.83	13	3.44	12	3.80	10	3.58	1
熟练工人	2.66	26	3.41	17	3.80	12	3.34	12

续表

指数	2012 年		2016 年		2019 年		2022 年	
	分值	排名	分值	排名	分值	排名	分值	排名
基础设施条件	3.21	23	4.17	6	4.23	3	4.34	3
电水气	3.51	29	4.26	6	4.27	3	—	—
电水气网	—			—		—	4.39	5
铁路公路	3.12	14	4.15	9	4.30	3	4.30	4
其他基础设施	3.01	7	4.08	6	4.12	3	—	—
市场供求和中介服务	3.13	5	3.55	4	3.63	2	3.25	7
市场需求	—	—	3.67	2	3.66	4	3.17	21
过度竞争	—	—	3.30	10	3.27	13	2.74	11
中介服务	3.34	7	3.86	5	3.99	3	3.84	2
行业协会服务	2.89	8	3.38	6	3.58	5	—	—
总指数	3.07	11	3.64	10	3.83	3	3.87	2

广东的营商环境，2022 年全国排名第 2 位，比 2019 年上升 1 位，比 2016 年上升 8 位。2022 年评分为 3.87 分，比 2019 年上升 0.04 分，比 2016 年上升 0.23 分。广东的营商环境保持稳步改善趋势。

在营商环境的 8 个方面指数中，2022 年只有"企业的税费负担"居全国中游地位，其他 7 个方面指数均居上游地位。2022 年与 2019 年相比，多数方面指数评分有提升，半数排名有提升。只有"人力资源供应"和"市场供求和中介服务"方面指数的评分有下降，但前者排名上升。"企业的税费负担"评分提高，但排名降幅较大。"行政干预和行政效率""企业经营的法治环境""金融服务和融资成本"的评分和排名均有进一步提高。

政策公开公平公正

广东"政策公开公平公正"方面指数，2022 年与 2019 的相比，评分从 4.01 分小幅上升至 4.19 分，排名微降 1 位至第 3 位。下属 3 个分项指数中，"公开透明"分项指数的评分和排名均有下降。"公平竞争"分项指数的变化不大，"地方保护"评分有明显提高，排名下降 1 位至第 2

位。总的来看，广东在政策公开公平公正方面的营商环境比较稳定。

行政干预和行政效率

广东"行政干预和行政效率"方面指数，2022年与2019年相比，评分从3.88分显著上升至4.26分，排名从第4位提高至第3位。下属3个分项指数的评分均有改善。其中，"政府干预"评分小幅上升，排名下降3位至第6位。"打交道时间"评分从3.85分大幅升至4.71分，排名上升2位至第4位。"审批简便"评分从3.80分提高至4.13分，排名下降4位至第8位。

企业经营的法治环境

广东"企业经营的法治环境"方面指数，2022年与2019年相比，评分小幅上升，排名略升1位至第3位。下属4个分项指数的评分均有小幅改善，其中，"合同履行"排名从第10位提高至第2位。"知识产权保护"排名稳定在第4位。"司法公正"和"官员廉洁"排名分别下降4位和3位，至第10位和第6位。

企业的税费负担

广东"企业的税费负担"方面指数，2022年与2019年相比，评分小幅上升至3.60分，排名从第12位下降至第19位。下属4个分项指数中，"法定税负"和"社保缴费"评分和排名均有下降。前者评分下降0.29分，排名下降5位至第19位，后者评分下降0.20分，排名下降4位至第18位。"依法征税"分项指数的评分提高0.09分，但改善幅度不及全国其他省份，导致排名从第4位大幅下降至第22位。"其他缴费"分项指数的评分提高0.87分，排名略升1位至第14位。企业的税费负担是广东营商环境的相对短板。

金融服务和融资成本

广东"金融服务和融资成本"方面指数，2022年与2019年相比，评分微升0.04分，排名微升1位至第10位。下属4个分项指数中，"银行贷款"和"其他融资"评分分别下降0.19分和0.28分，至3.31分和

3.10 分，前者排名上升 5 位至第 11 位，后者排名上升 2 位至第 8 位。"贷款利率"评分和排名均有改善，评分提高 0.67 分，排名从第 18 位提高至第 15 位。"其他利率"评分小幅下降 0.04 分，排名从第 6 位陡降至第 17 位。

人力资源供应

广东"人力资源供应"方面指数，2022 年与 2019 年相比，评分从 3.77 分下降至 3.46 分，但排名从第 9 位升至第 4 位，说明全国人力资源供应方面的改善都不理想。下属 3 个分项指数的评分均有下降，其中，"技术人员"和"管理人员"评分分别下降 0.26 分和 0.22 分，但排名均上升 9 位，至第 3 位和第 1 位，居全国领先地位。"熟练工人"评分下降 0.46 分，排名维持在第 12 位。总体来看，广东的人力资源供应与其他省份相比仍然较好。

基础设施条件

广东"基础设施条件"方面指数，2022 年与 2019 年相比，评分从 4.23 分小幅升至 4.34 分，排名稳定在第 3 位。下属分项指数"铁路公路"的评分没有变化，排名微跌 1 位至第 4 位。"水电气网"与 2019 年"电水气"分项指数做有限对比，评分小幅上升 0.12 分，排名小幅下跌 2 位至第 5 位。

市场供求和中介服务

广东"市场供求和中介服务"方面指数，2022 年与 2019 年相比，评分从 3.63 分下降至 3.25 分，排名下跌 5 位至第 7 位。下属 3 个分项指数的评分均出现下降，排名有升有降。其中，"市场需求"排名从第 4 位急跌至第 21 位，"过度竞争"评分下降，排名上升 2 位至第 11 位。"中介服务"的排名上升 1 位至第 2 位。

广西

表 5-20 广西营商环境各方面指数、各分项指数的分值及排名

指数	2012 年		2016 年		2019 年		2022 年	
	分值	排名	分值	排名	分值	排名	分值	排名
政策公开公平公正	3.01	10	3.85	4	3.76	10	3.46	14
公开透明	3.11	17	3.62	24	3.83	11	3.98	8
行政执法公正	3.06	12	3.62	17	3.56	28	—	—
公平竞争	2.86	4	3.41	20	3.56	10	3.44	18
地方保护	—	—	4.76	1	4.10	5	2.95	14
行政干预和行政效率	3.33	9	3.79	6	3.57	26	4.08	10
政府干预	3.49	12	3.55	24	3.33	30	3.78	11
打交道时间	3.77	7	4.65	3	3.82	8	4.25	20
审批简便	2.87	12	3.41	16	3.56	23	4.20	3
官员廉洁	3.16	4	3.55	20	3.56	31	—	—
企业经营的法治环境	3.32	7	3.81	18	3.90	13	3.94	13
司法公正	3.09	8	3.62	15	3.89	11	4.02	12
官员廉洁	—	—	—	—	—	—	4.10	8
合同履行	3.59	4	3.76	20	3.61	24	3.49	28
经营者财产和人身安全保障	3.64	9	4.10	17	4.17	3	—	—
知识产权保护	3.42	9	3.76	22	3.94	14	4.15	5
企业的税费负担	2.86	8	3.66	11	3.51	5	3.72	8
法定税负	2.21	6	3.34	12	4.14	4	3.85	9
依法征税	—	—	3.76	21	4.00	26	4.52	1
税外收费	3.52	11	3.86	8	—	—	—	—
社保缴费	—	—	—	—	3.06	3	2.64	21
其他缴费	—	—	—	—	2.83	18	3.90	7
金融服务和融资成本	3.20	6	4.08	1	3.73	9	3.64	15
银行贷款	3.01	4	3.72	5	3.72	2	3.17	15
其他融资	3.21	8	3.22	19	3.61	1	2.86	17
贷款利率	—	—	4.39	2	3.90	14	4.61	10
其他利率	—	—	5.00	1	3.70	22	3.94	21
人力资源供应	2.87	8	3.31	18	3.48	24	3.50	2
技术人员	2.80	9	3.21	21	3.17	27	3.37	4
管理人员	2.78	16	3.28	17	3.72	13	3.19	11
熟练工人	3.04	4	3.45	15	3.56	26	3.93	1

续表

指数	2012 年		2016 年		2019 年		2022 年	
	分值	排名	分值	排名	分值	排名	分值	排名
基础设施条件	3.08	26	3.93	14	4.04	10	4.14	15
电水气	3.57	28	4.07	14	4.11	9	—	—
电水气网	—	—	—	—	—	—	4.10	19
铁路公路	2.91	24	3.83	19	4.06	11	4.17	8
其他基础设施	2.77	22	3.90	15	3.94	12	—	—
市场供求和中介服务	3.01	11	3.04	28	3.50	10	3.03	21
市场需求	—	—	3.00	27	3.67	3	3.00	28
过度竞争	—	—	2.90	27	3.44	2	2.54	21
中介服务	3.19	19	3.41	18	3.56	24	3.56	13
行业协会服务	2.86	10	2.86	26	3.33	17	—	—
总指数	3.09	9	3.68	7	3.69	12	3.69	12

广西的营商环境，2022 年全国排名和评分与 2019 年相比均没有变化，评分为 3.69 分，全国排名第 12 位。与 2016 年相比，排名下降 5 位，评分上升 0.01 分。

在营商环境的 8 个方面指数中，2022 年有 4 个方面指数排在全国中游地位，3 个方面指数在前 10 名内，居上游地位，1 个方面指数居下游地位。与 2019 年相比，"行政干预和行政效率"方面指数的评分和排名均有显著进步，排名大幅回升 16 位至第 10 位。"市场供求和中介服务"方面指数评分和排名都显著下降了，居全国第 21 位。其他方面指数中，"人力资源供应"和"企业经营的法治环境"评分都有微升，但前者与大多数省份相比状况较好，排名大幅度提升至第 2 位，后者排名不变。"政策公开公平公正"和"金融服务和融资成本"评分和排名都有下降。"企业的税费负担"和"基础设施条件"评分均上升，但排名下降。前者仍保持了较好的排名。

政策公开公平公正

广西"政策公开公平公正"方面指数，2022 年与 2019 年相比，评分下降 0.30 分至 3.46 分，排名从第 10 位下跌至第 14 位。下属 3 个分项指数中，只有"公开透明"评分和排名均有上升，评分从 3.83 分增至 3.98 分，排名上升 3 位至第 8 位。"公平竞争"评分微降 0.12 分，排名下降 8 位至第 18 位。"地方保护"评分从 4.10 分陡降至 2.95 分，是导致该方面指数评分下降的主要原因，排名从第 5 位降至第 14 位。

行政干预和行政效率

广西"行政干预和行政效率"方面指数，2022 年与 2019 年相比，评分从 3.57 分上升至 4.08 分，排名显著上升 16 位，从第 26 位跃升至第 10 位。下属 3 个分项指数中，"政府干预"和"审批简便"表现都很突出，评分上升幅度都居全国前列，排名分别陡升 19 位和 20 位，至第 11 位和第 3 位。"打交道时间"分项指数评分从 3.82 分升至 4.25 分，但改善幅度不及其他一些省份，导致排名大幅下滑 12 位至第 20 位。

企业经营的法治环境

广西"企业经营的法治环境"方面指数，2022 年与 2019 年相比，评分微升 0.04 分，排名维持在第 13 位。下属 4 个分项指数中，首次出现在该方面指数下的"官员廉洁"分项指数表现突出，与 2019 年的数据相比，评分上升 0.54 分，改善幅度超过全国其他所有省份，排名从第 31 位大幅上升至第 8 位，陡升 23 位，进入全国上游行列。"司法公正"和"知识产权保护"的评分都上升了，前者从 3.89 分升至 4.02 分，后者从 3.94 分升至 4.15 分，排名有升有降，前者排名微降 1 位至第 12 位，后者排名上升 9 位至第 5 位。"合同履行"分项指数的评分和排名均有下滑，评分从 3.61 分下降至 3.49 分，排名下降 4 位至第 28 位，是该方面指数中的短板。

企业的税费负担

广西"企业的税费负担"方面指数，2022 年与 2019 年相比，评分从 3.51 分升至 3.72 分，但排名下降 3 位，从第 5 位降至第 8 位。下属 4 个分项指数中，"依法征税"表现最好，评分提高 0.52 分，排名从第 26 位跃升至全国第 1 位。"法定税负"评分下降 0.29 分，排名从第 4 位降至第 9 位。"社保缴费"评分下降 0.42 分，排名从第 3 位大幅回落至第 21 位，失去全国领先地位。"其他缴费"评分和排名都有提升，评分大幅提高 1.07 分，排名从第 18 位跃升至第 7 位。

金融服务和融资成本

广西"金融服务和融资成本"方面指数，2022 年与 2019 年相比，评分小幅下降，排名下降 6 位，至第 15 位。下属 4 个分项指数中，"银行贷款"和"其他融资"的评分分别下降 0.55 分和 0.75 分，排名分别大幅下滑至第 15 位和第 17 位。"贷款利率"和"其他利率"评分分别提高 0.71 分和 0.24 分，排名分别提高至第 10 位和第 21 位。这反映广西企业的融资渠道畅通度降低，但与此同时融资成本降低了。

人力资源供应

广西"人力资源供应"方面指数，2022 年与 2019 年相比，评分从 3.48 分微升至 3.50 分，排名陡升 22 位，从第 24 位飙升至第 2 位，是各方面指数中排名升幅最大的指数。分项指数中，"技术人员"和"熟练工人"评分分别提高 0.20 分和 0.37 分，改善幅度相对较大，排名分别从第 27 位和第 26 位大幅提升至全国第 4 位和第 1 位。"管理人员"评分下降 0.53 分，但排名仍上升 2 位至第 11 位。

基础设施条件

广西"基础设施条件"方面指数，2022 年与 2019 年相比，评分小幅提高 0.10 分，排名从第 10 位降至第 15 位。下属分项指数"铁路公路"评分提高 0.11 分，排名上升 3 位至第 8 位。"水电气网"与 2019 年"水电气"分项指数做有限对比，评分从 4.11 分略微降至 4.10 分，但因其他省份改善较多，排名从第 9 位下跌至第 19 位。

市场供求和中介服务

广西"市场供求和中介服务"方面指数，2022 年与 2019 年相比，评分下降 0.47 分，排名从第 10 位大幅下滑至第 21 位。下属 3 个分项指数中，"市场需求"和"过度竞争"评分都有大幅下降，排名呈断崖式下降，分别从第 3 位、第 2 位降至第 28 位、第 21 位。这些反映出广西在市场环境方面处于不利地位。"中介服务"评分不变，排名大幅提升 11 位至第 13 位。

海南

表 5-21　海南营商环境各方面指数、各分项指数的分值及排名

指数	2012 年		2016 年		2019 年		2022 年	
	分值	排名	分值	排名	分值	排名	分值	排名
政策公开公平公正	2.86	20	3.47	28	3.10	28	2.84	25
公开透明	3.10	20	3.55	28	3.84	10	3.71	22
行政执法公正	2.86	25	3.67	14	3.68	19	—	—
公平竞争	2.62	19	3.52	9	3.41	25	3.18	27
地方保护	—	—	3.16	24	1.49	29	1.63	25
行政干预和行政效率	3.17	17	3.51	19	3.56	27	3.87	26
政府干预	2.86	29	3.64	18	3.57	22	3.59	25
打交道时间	3.67	10	3.39	17	3.60	22	4.08	30
审批简便	2.86	14	3.45	15	3.46	26	3.94	18
官员廉洁	2.76	22	3.55	21	3.62	29	—	—
企业经营的法治环境	3.21	13	3.61	29	3.65	31	3.82	22
司法公正	2.93	17	3.42	28	3.62	30	3.63	27
官员廉洁	—	—	—	—	—	—	4.02	12
合同履行	3.38	21	3.42	30	3.38	31	3.67	18
经营者财产和人身安全保障	3.48	19	4.00	25	3.84	28	—	—
知识产权保护	3.62	2	3.58	29	3.75	25	3.96	20
企业的税费负担	3.12	2	3.62	17	3.32	27	3.60	20
法定税负	2.29	2	3.18	22	3.78	30	3.73	14
依法征税	—	—	3.76	22	4.05	20	4.43	8
税外收费	3.95	1	3.91	7	—	—	—	—
社保缴费	—	—	—	—	2.70	26	2.48	27
其他缴费	—	—	—	—	2.72	23	3.74	13
金融服务和融资成本	3.04	13	3.72	5	3.64	15	3.33	28
银行贷款	2.71	19	3.58	13	3.59	9	2.76	30
其他融资	2.95	26	3.12	23	3.38	9	2.59	26
贷款利率	—	—	4.19	3	3.68	22	3.63	31
其他利率	—	—	3.99	6	3.92	14	4.33	8
人力资源供应	2.87	9	3.21	24	3.35	29	3.01	22
技术人员	2.81	7	3.15	24	3.22	26	2.86	23
管理人员	2.86	10	3.03	30	3.30	29	3.14	14
熟练工人	2.95	8	3.45	14	3.54	27	3.04	24

续表

指数	2012 年		2016 年		2019 年		2022 年	
	分值	排名	分值	排名	分值	排名	分值	排名
基础设施条件	2.98	28	3.56	30	3.82	22	3.95	23
电水气	3.62	27	3.79	28	4.00	16	—	—
电水气网	—	—	—	—	—	—	3.92	27
铁路公路	2.95	23	3.52	28	3.92	18	3.98	18
其他基础设施	2.38	28	3.36	30	3.54	27	—	—
市场供求和中介服务	3.00	14	3.05	27	3.29	27	2.97	27
市场需求	—	—	3.15	25	3.32	25	3.20	17
过度竞争	—	—	3.06	20	3.11	24	2.27	30
中介服务	3.29	11	3.03	30	3.54	27	3.43	19
行业协会服务	2.80	14	2.97	23	3.19	24	—	—
总指数	3.01	18	3.47	23	3.47	28	3.42	26

海南的营商环境，2022 年评分为 3.42 分，比 2019 年和 2016 年均小幅下降 0.05 分。2022 年全国排名第 26 位，比 2019 年上升 2 位，比 2016 年下降 3 位。

海南营商环境的 8 个方面指数全国排名大都处于下游水平。其中"行政干预和行政效率"、"企业经营的法治环境"和"企业的税费负担"3 个方面指数 2022 年评分和排名均有提高；"行政干预和行政效率"排名提升 1 位至第 26 位；"企业经营的法治环境"和"企业的税费负担"分别提升 9 位和 7 位，达到第 22 位和第 20 位。"政策公开公平公正"和"人力资源供应"评分下降，但排名提高。"金融服务和融资成本"和"市场供求和中介服务"方面指数的评分均下降，前者从第 15 位大幅下降到第 28 位，目前是海南的相对短板，后者排名第 27 位不变。"基础设施条件"方面指数的评分略增，排名微降 1 位。

政策公开公平公正

海南"政策公开公平公正"方面指数，2022 年与 2019 年相比，评分从 3.10 分下降至 2.84 分，评分降至中性值以下，排名从第 28 位升至第

25 位。下属 3 个分项指数中，"公开透明"和"公平竞争"的评分和排名均下降，前者排名明显下跌 12 位至第 22 位，后者排名下跌 2 位至第 27 位。"地方保护"评分和排名均有提高，仍处于中性值以下，从第 29 位升至第 25 位。

行政干预和行政效率

海南"行政干预和行政效率"方面指数，2022 年与 2019 年相比，评分从 3.56 分升至 3.87 分，排名微升 1 位至第 26 位。下属 3 个分项指数的评分均有改善，但排名有升有降。"政府干预"和"打交道时间"的排名分别下降 3 位和 8 位，至第 25 位和第 30 位。"审批简便"排名上升 8 位，从第 26 位提高至第 18 位。

企业经营的法治环境

海南"企业经营的法治环境"方面指数，2022 年与 2019 年相比，评分从 3.65 分升至 3.82 分，排名从第 31 位升至第 22 位，有明显改善。下属 4 个分项指数评分和排名均有改善。其中，"官员廉洁"评分和排名改善幅度最大，评分上升 0.40 分，排名大幅上升 17 位至第 12 位。"合同履行"表现也不错，评分上升 0.29 分，排名从第 31 位大幅升至第 18 位。"司法公正"和"知识产权保护"的评分分别提高 0.01 分和 0.21 分，前者排名提高 3 位至第 27 位，后者排名提高 5 位至第 20 位。

企业的税费负担

海南"企业的税费负担"方面指数，2022 年与 2019 年相比，评分从 3.32 分升至 3.60 分，排名从第 27 位提高至第 20 位。下属 4 个分项指数中，"法定税负"评分小幅下降，"依法征税"和"其他缴费"评分显著上升，三者排名均有大幅度提高，目前排在第 14、第 8 和第 13 位。"社保缴费"评分下降，排名下降 1 位至第 27 位。

金融服务和融资成本

海南"金融服务和融资成本"方面指数，2022 年与 2019 年相比，评分从 3.64 分下降至 3.33 分，排名从第 15 位陡降至第 28 位。下属 4 个分项指数中,"银行贷款"分项指数评分和排名下降幅度最大,评分下降0.83分,排名大幅下降21位至第30位。"其他融资"和"贷款利率"的评分分别下降0.79分和0.05分,前者排名下跌17位至第26位,后者排名下跌9位至第31位。只有"其他利率"的评分和排名有改善,排名上升6位至第8位。总体来看,海南企业的融资渠道和融资成本处于相对不利的状况。

人力资源供应

海南"人力资源供应"方面指数,2022年与2019年相比,评分从3.35分下降至3.01分,但跌幅小于其他一些省份,排名提升7位至第22位。下属3个分项指数的评分均下降了,但排名有不同程度的提高。其中,"技术人员"和"熟练工人"分项指数的排名均提高3位,排在第23位和第24位。"管理人员"分项指数的排名提高幅度明显,从第29位陡升至第14位。总体来看,技术人员和熟练工人比较缺乏,管理人员的供应相对较好。

基础设施条件

海南"基础设施条件"方面指数,2022年与2019年相比,评分微升0.13分至3.95分,排名从第22位略降至第23位。下属分项指数"铁路公路"的评分微增至3.98分,排名维持在第18位。"电水气网"分项指数与2019年"电水气"分项指数做有限对比,评分微降0.08分至3.92分,下降幅度超过多数省份,排名急跌11位至第27位。

市场供求和中介服务

海南"市场供求和中介服务"方面指数,2022年与2019年相比,评分从3.29分下降至2.97分,排名维持在第27位。下属3个分项指数的评分均下降,排名有升有降。其中,"市场需要"和"中介服务"分项指数的排名均上升8位,至第17位和第19位,处于全国中游水平。"过度竞争"分项指数的排名下降6位,跌至第30位,处于全国下游位置。

重庆

表 5-22　重庆营商环境各方面指数、各分项指数的分值及排名

指数	2012 年		2016 年		2019 年		2022 年	
	分值	排名	分值	排名	分值	排名	分值	排名
政策公开公平公正	3.11	4	3.93	1	3.77	8	3.25	18
公开透明	3.33	3	4.18	2	3.79	16	3.65	24
行政执法公正	3.22	5	4.02	1	3.72	18	—	—
公平竞争	2.79	8	3.71	4	3.62	5	3.17	29
地方保护	—	—	3.79	18	3.95	8	2.92	15
行政干预和行政效率	3.22	15	3.54	17	3.69	13	4.02	13
政府干预	3.49	11	3.71	12	3.74	9	3.69	17
打交道时间	3.61	13	3.39	16	3.80	9	4.31	15
审批简便	2.85	15	3.65	7	3.33	31	4.04	13
官员廉洁	2.96	15	3.41	26	3.87	7	—	—
企业经营的法治环境	3.33	4	3.94	7	3.88	17	3.70	25
司法公正	3.16	3	3.63	13	3.92	8	3.60	28
官员廉洁	—	—	—	—	—	—	3.82	23
合同履行	3.48	8	3.98	3	3.49	30	3.58	25
经营者财产和人身安全保障	3.53	16	4.29	7	4.08	5	—	—
知识产权保护	3.51	6	3.88	11	4.03	5	3.82	29
企业的税费负担	2.82	12	3.63	14	3.38	23	3.37	31
法定税负	2.08	18	3.35	11	4.30	1	3.35	31
依法征税	—	—	3.82	17	4.26	1	4.15	31
税外收费	3.55	9	3.73	18	—	—	—	—
社保缴费	—	—	—	—	2.82	21	2.48	27
其他缴费	—	—	—	—	2.15	31	3.49	29
金融服务和融资成本	3.12	9	3.40	15	3.80	4	3.50	21
银行贷款	2.97	6	3.67	7	3.97	1	2.82	28
其他融资	3.17	11	3.31	15	3.59	2	2.56	28
贷款利率	—	—	3.35	19	3.64	23	4.42	17
其他利率	—	—	3.26	15	4.00	9	4.19	13
人力资源供应	3.01	2	3.63	3	3.98	1	3.51	1
技术人员	2.89	4	3.51	6	3.82	5	3.36	5
管理人员	3.01	3	3.73	3	4.10	1	3.56	2
熟练工人	3.12	2	3.65	5	4.03	1	3.61	3

续表

指数	2012 年		2016 年		2019 年		2022 年	
	分值	排名	分值	排名	分值	排名	分值	排名
基础设施条件	3.35	11	4.44	2	3.89	16	4.20	11
电水气	3.86	19	4.35	3	4.00	16	—	—
电水气网	—	—	—	—	—	—	4.25	14
铁路公路	3.26	5	4.41	3	4.00	12	4.15	10
其他基础设施	2.93	11	4.57	1	3.67	21	—	—
市场供求和中介服务	3.02	10	3.39	8	3.59	5	3.04	19
市场需求	—	—	3.45	6	3.33	23	3.14	22
过度竞争	—	—	3.31	9	3.36	7	2.59	17
中介服务	3.39	5	3.65	8	4.05	2	3.41	21
行业协会服务	2.80	16	3.16	14	3.62	2	—	—
总指数	3.12	6	3.74	3	3.75	6	3.57	18

重庆的营商环境，2022 年全国排名第 18 位，比 2019 年大幅下降 12 位，比 2016 年下降 15 位。2022 年评分为 3.57 分，比 2019 年下降 0.18 分，比 2016 年下降 0.17 分。说明重庆的营商环境出现了不容乐观的下滑趋势。

在营商环境的 8 个方面指数中，2022 年与 2019 年相比只有"行政干预和行政效率"和"基础设施条件"2 个方面指数评分有上升，全国排名保持在中游水平，其余 6 个方面指数评分均出现下降。从全国排名看，只有"人力资源供应"1 个方面指数继续处在全国首位，2 个方面指数维持中游地位，1 个方面指数延续了下游地位，有 4 个方面指数分别从 2019 年的上游降到中游、中游降到下游，或从上游降到下游地位。其中，"政策公开公平公正"从第 8 位降到第 18 位，"企业经营的法治环境"从第 17 位降到第 25 位，"企业的税费负担"从第 23 位降到第 31 位，"金融服务和融资成本"从第 4 位大幅降到第 21 位，"市场供求和中介服务"从第 5 位降到第 19 位。

政策公开公平公正

重庆"政策公开公平公正"方面指数，2022 年与 2019 年相比，评分从 3.77 分下降至 3.25 分，排名下跌 10 位。下属 3 个分项指数的评分和排名均有不同程度下降。其中，"公平竞争"的评分从 3.62 分跌至 3.17 分，导致排名从第 5 位急跌至第 29 位。"地方保护"评分大幅下跌 1.03 分，排名下降 7 位至第 15 位。"公开透明"评分从 3.79 分跌至 3.65 分，排名下降 8 位至第 24 位。这些反映重庆在政策公开公平公正方面的营商环境发生了退步。

行政干预和行政效率

重庆"行政干预和行政效率"方面指数，2022 年与 2019 年相比，评分从 3.69 分提高至 4.02 分，排名稳定在第 13 位。下属 3 个分项指数中，"审批简便"分项指数表现最好，评分提高 0.71 分，排名从第 31 位大幅提高 18 位至第 13 位。"政府干预"和"打交道时间"分项指数的排名出现下跌，排名从第 9 位分别下跌至第 17 位和第 15 位，两者评分一降一升。

企业经营的法治环境

重庆"企业经营的法治环境"方面指数，2022 年与 2019 年相比，评分从 3.88 分下降至 3.70 分，排名从第 17 位降至第 25 位。下属 4 个分项指数中，"司法公正"、"官员廉洁"和"知识产权保护"的评分都有不同程度的下降，且下降幅度较大，导致排名分别出现 20 位、16 位和 24 位的大幅下跌，跌至第 28 位、第 23 位和第 29 位。"合同履行"评分从 3.49 分微升至 3.58 分，排名提高 5 位至第 25 位。总体来看，重庆企业经营的法治环境已退至全国下游水平。

企业的税费负担

重庆"企业的税费负担"方面指数，2022 年与 2019 年相比，评分微降 0.01 分，排名下降 8 位至全国末位。下属 4 个分项指数中，"法定税负"和"依法征税"的评分分别下降 0.95 分和 0.11 分，下降幅度超过其他所有省份,排名均从全国第1位降至第31位,出现断崖式下跌。"社保缴费"评分下降0.34分,排名下降6位至第27位。"其他缴费"分项指数是该方面唯一评分和排名都上升的分项指数,评分从2.15分上升至3.49分,排名从第31位提高至第29位。

金融服务和融资成本

重庆"金融服务和融资成本"方面指数,2022年与2019年相比,评分从3.80分降至3.50分,排名大幅下滑17位,从第4位跌至第21位。下属4个分项指数中,"银行贷款"和"其他融资"评分分别大幅下滑1.15分和1.03分,下降幅度全国最大,排名分别从第1位和第2位陡降至第28位。"贷款利率"和"其他利率"分项指数的评分分别上升了0.78分和0.19分,前者排名上升6位至第17位,后者排名下降4位至第13位。反映出重庆企业贷款出现困难。

人力资源供应

重庆"人力资源供应"方面指数,2022年与2019年相比,评分从3.98分下降至3.51分,排名稳定在全国第1位。下属3个分项指数的评分均有下降,其中"技术人员"评分下降0.46分,排名稳定在第5位。"管理人员"和"熟练工人"分项指数的评分分别下降0.54分和0.42分,排名从全国第1位分别降至第2位和第3位。总体来看,重庆人力资源供应虽出现下降,但仍然比较充足。

基础设施条件

重庆"基础设施条件"方面指数,2022年与2019年相比,评分从3.89分提高至4.20分,排名从第16位上升至第11位。下属分项指数"铁路公路"的评分微升至4.15分,排名上升2位至第10位。"电水气网"分项指数与2019年"电水气"分项指数做有限对比,评分上升0.25分,排名微升至第14位。

市场供求和中介服务

重庆"市场供求和中介服务"方面指数,2022年与2019年相比,评分从 3.59 分下降至 3.04 分，排名从第 5 位大幅下跌至第 19 位。下属 3 个分项指数的评分都出现下跌，其中，"市场需求"分项指数的评分微降 0.19 分，排名微升 1 位至第 22 位。"过度竞争"分项指数的评分下降 0.77 分，排名下跌 10 位至第 17 位。"中介服务"评分下降 0.64 分，下降幅度全国最大，导致排名陡降 19 位，从第 2 位滑至第 21 位。

四川

表 5-23 四川营商环境各方面指数、各分项指数的分值及排名

指数	2012 年		2016 年		2019 年		2022 年	
	分值	排名	分值	排名	分值	排名	分值	排名
政策公开公平公正	2.87	19	3.62	19	3.81	5	3.93	7
公开透明	3.04	21	3.56	27	3.72	23	3.81	18
行政执法公正	3.02	16	3.51	23	3.76	13	—	—
公平竞争	2.53	25	3.38	21	3.50	15	3.48	14
地方保护	—	—	4.05	15	4.24	3	4.51	7
行政干预和行政效率	3.22	14	3.37	24	3.78	7	3.98	16
政府干预	3.33	18	3.51	26	3.76	7	3.74	13
打交道时间	3.66	11	3.01	21	3.97	3	4.21	23
审批简便	2.76	19	3.48	14	3.67	17	3.98	15
官员廉洁	2.96	16	3.50	24	3.73	21	—	—
企业经营的法治环境	3.23	12	3.81	20	3.91	9	3.86	18
司法公正	3.03	10	3.65	11	3.87	17	3.82	19
官员廉洁	—	—	—	—	—	—	3.97	15
合同履行	3.44	15	3.61	23	3.78	16	3.65	19
经营者财产和人身安全保障	3.45	21	4.05	22	4.00	15	—	—
知识产权保护	3.41	13	3.91	9	3.98	7	4.00	16
企业的税费负担	2.81	13	3.64	13	3.49	10	3.52	28
法定税负	2.07	20	3.21	18	4.09	8	3.64	22
依法征税	—	—	3.86	12	4.04	23	4.27	23
税外收费	3.56	8	3.85	9	—	—	—	—
社保缴费	—	—	—	—	3.09	2	2.67	19
其他缴费	—	—	—	—	2.74	22	3.49	28
金融服务和融资成本	3.06	12	2.29	31	3.80	3	3.65	14
银行贷款	2.78	14	3.23	25	3.60	8	3.47	7
其他融资	3.10	16	3.12	24	3.41	5	3.15	5
贷款利率	—	—	1.15	31	4.11	6	4.00	28
其他利率	—	—	1.67	28	4.10	5	3.97	19
人力资源供应	2.77	19	3.50	7	3.67	16	3.38	5
技术人员	2.70	20	3.40	9	3.58	16	3.47	2
管理人员	2.72	22	3.48	8	3.67	16	3.27	8
熟练工人	2.90	13	3.63	7	3.76	16	3.39	10

指数	2012 年		2016 年		2019 年		2022 年	
	分值	排名	分值	排名	分值	排名	分值	排名
基础设施条件	3.31	15	4.04	12	3.72	26	4.25	8
电水气	3.89	18	4.06	15	3.87	26	—	—
电水气网	—	—	—	—	—	—	4.29	9
铁路公路	3.11	15	4.14	10	3.65	25	4.21	6
其他基础设施	2.92	13	3.91	13	3.64	23	—	—
市场供求和中介服务	2.92	17	3.23	16	3.39	17	3.22	9
市场需求	—	—	3.2	23	3.36	22	3.29	10
过度竞争	—	—	3.01	23	3.13	22	2.77	8
中介服务	3.23	16	3.55	14	3.65	15	3.61	11
行业协会服务	2.75	21	3.18	13	3.40	14	—	—
总指数	3.05	15	3.44	24	3.70	11	3.72	10

四川的营商环境，2022 年评分为 3.72 分，比 2019 年微升 0.02 分。2022 年全国排名第 10 位，比 2019 年提高 1 位。

在营商环境的 8 个方面指数中，2022 年与 2019 年相比，只有"基础设施条件"方面指数的评分和排名均有改善，且改善幅度显著。"政策公开公正公平"、"行政干预和行政效率"和"企业的税费负担"3 个方面指数评分有小幅提升，但排名有不同程度下降。前者仍处在全国上游地位。"人力资源供应"和"市场供求和中介服务"方面指数的评分均有下降，但排名有提升。"金融服务和融资成本"方面指数的评分和排名都下降了。2022 年，8 个方面指数中有 4 个处在全国上游地位，3 个处在中游地位，1 个（企业的税费负担）降至下游。

政策公开公平公正

四川"政策公开公平公正"方面指数，2022 年与 2019 年相比，评分从 3.81 分微升至 3.93 分，排名下降 2 位至第 7 位。下属 3 个分项指数中，"公开透明"和"地方保护"的评分分别提高 0.09 分和 0.27 分，前者排名上升 5 位至第 18 位,后者排名下降 4 位至第 7 位。"公平竞争"评分微降至 3.48 分,排名微升 1 位至第 14 位。

行政干预和行政效率

四川"行政干预和行政效率"方面指数,2022 年与 2019 年相比,评分从 3.78 分小幅升至 3.98 分,排名下降 9 位,从第 7 位跌至第 16 位。下属 3 个分项指数中,"政府干预"评分微降,排名从第 7 位下降至第 13 位。"打交道时间"评分提高 0.24 分,改善幅度小于大多数省份,导致排名从第 3 位陡降至第 23 位,失去领先地位。这是导致该方面指数排名下跌的主要原因。"审批简便"评分提高 0.31 分,排名上升 2 位至第 15 位。

企业经营的法治环境

四川"企业经营的法治环境"方面指数,2022 年与 2019 年相比,评分略降至 3.86 分,排名从第 9 位下滑至第 18 位。下属 4 个分项指数中,只有"官员廉洁"评分和排名均上升,评分提升 0.24 分,排名上升 6 位至第 15 位。"知识产权保护"的评分改善幅度不及其他一些省份,排名下跌 9 位,从第 7 位下降至第 16 位。"司法公正"和"合同履行"的评分分别下降 0.05 分和 0.13 分,排名分别从第 17 位、第 16 位降至第 19 位。

企业的税费负担

四川"企业的税费负担"方面指数,2022 年与 2019 年相比,评分从 3.49 分微升至 3.52 分,排名从第 10 位陡降至第 28 位,退步明显。下属 4 个分项指数中,"法定税负"和"社保缴费"表现不理想,评分分别下降 0.45 分和 0.42 分,排名分别从第 8 位和第 2 位大幅下降至第 22 位和第 19 位。"依法征税"分项指数的评分微升至 4.27 分,排名维持在第 23 位。"其他缴费"分项指数的评分从 2.74 分上升至 3.49 分,排名下降 6 位,从第 22 位跌至第 28 位。这些反映四川企业的税负成为营商环境的短板,值得警惕。

金融服务和融资成本

四川"金融服务和融资成本"方面指数，2022年与2019年相比，评分从3.80分下降至3.65分，排名从第3位降至第14位。下属4个分项指数的评分均下跌了，其中，"银行贷款"评分下降0.13分，排名上升1位至第7位。"其他融资"评分下降0.26分，排名稳定在第5位。"贷款利率"评分下降0.11分，导致排名陡降22位至第28位。"其他利率"评分下降0.13分，排名从第5位大幅回落至第19位。总体来看，四川企业贷款难问题加重，融资成本也上升了。

人力资源供应

四川"人力资源供应"方面指数，2022年与2019年相比，评分从3.67分下跌至3.38分，但排名从第16位提高至第5位。下属3个分项指数的评分都下降了，但降幅小于其他一些省份，排名均有提高。其中，"技术人员"评分从3.58分降至3.47分，排名大幅上升14位至第2位。"管理人员"评分从3.67分降至3.27分，排名上升8位至第8位。"熟练工人"评分从3.76分降至3.39分，排名上升6位至第10位。总体来看，在此期间四川人力资源供应方面面临的困难小于其他一些省份。

基础设施条件

四川"基础设施条件"方面指数，2022年与2019年相比，评分从3.72分提高至4.25分，排名陡升18位，从第26位提高至第8位。该方面指数是各方面指数中唯一评分和排名都上升的指数。下属分项指数"铁路公路"的评分从3.65分升至4.21分，上升幅度较大，排名从第25位大幅升至第6位，改善显著。"电水气网"分项指数表现也好，与2019年的"电水气"分项指数相比，评分从3.87分升至4.29分，排名从第26位跃升至第9位。考虑到硬件设施条件短期内变化不会太大，这里的评分和排名上升可能包含了基础设施服务的改善。

市场供求和中介服务

四川"市场供求和中介服务"方面指数，2022年与2019年相比，评分从 3.39 分下降至 3.22 分，排名上升 8 位至第 9 位。下属 3 个分项指数的评分都有下降，而排名均有不同程度上升。其中，"市场需求"和"过度竞争"评分分别下降 0.07 分和 0.36 分，排名从第 22 位分别陡升至第 10 位和第 8 位。"中介服务"评分微降，排名从第 15 位提高至第 11 位。

贵州

表 5-24　贵州营商环境各方面指数、各分项指数的分值及排名

指数	2012 年		2016 年		2019 年		2022 年	
	分值	排名	分值	排名	分值	排名	分值	排名
政策公开公平公正	2.96	14	3.67	16	3.47	18	3.09	20
公开透明	3.15	12	3.70	16	3.62	29	3.84	14
行政执法公正	3.15	8	3.33	30	3.58	27	—	—
公平竞争	2.58	21	3.45	15	3.50	15	3.60	8
地方保护	—	—	4.22	7	3.17	18	1.83	22
行政干预和行政效率	3.18	16	3.75	8	3.65	19	3.88	25
政府干预	3.58	6	3.55	25	3.58	21	3.66	20
打交道时间	3.31	26	4.46	5	3.59	24	4.13	27
审批简便	2.70	22	3.33	20	3.69	13	3.86	22
官员廉洁	3.03	11	3.68	11	3.73	20	—	—
企业经营的法治环境	3.16	20	3.78	24	3.77	25	3.90	16
司法公正	2.92	18	3.48	27	3.77	26	3.84	17
官员廉洁	—	—	—	—	—	—	4.00	13
合同履行	3.39	20	3.55	26	3.65	21	3.86	8
经营者财产和人身安全保障	3.39	23	4.10	18	3.92	24	—	—
知识产权保护	3.39	14	3.98	6	3.73	28	3.90	23
企业的税费负担	2.95	3	3.59	19	3.51	4	3.59	21
法定税负	2.18	8	3.10	26	3.88	24	3.74	13
依法征税	—	—	3.85	13	4.12	9	4.24	27
税外收费	3.71	4	3.83	13	—	—	—	—
社保缴费	—	—	—	—	2.96	8	2.84	13
其他缴费	—	—	—	—	3.08	3	3.54	26
金融服务和融资成本	3.00	21	3.26	20	3.68	13	3.46	24
银行贷款	2.61	21	3.18	27	3.58	12	2.98	22
其他融资	3.10	17	3.18	20	3.19	25	2.93	14
贷款利率	—	—	3.37	17	3.94	11	4.08	26
其他利率	—	—	3.33	13	4.00	9	3.85	22
人力资源供应	2.76	20	3.10	30	3.56	20	3.13	19
技术人员	2.79	12	2.95	29	3.31	25	2.91	21
管理人员	2.73	20	3.05	29	3.73	11	3.16	13
熟练工人	2.76	23	3.3	25	3.65	22	3.31	13

续表

指数	2012 年		2016 年		2019 年		2022 年	
	分值	排名	分值	排名	分值	排名	分值	排名
基础设施条件	3.11	25	3.77	21	3.65	27	4.03	20
电水气	3.77	23	3.93	23	3.88	25	—	—
电水气网	—	—	—	—	—	—	4.03	21
铁路公路	3.03	21	3.73	24	3.65	26	4.02	17
其他基础设施	2.53	27	3.65	20	3.40	28	—	—
市场供求和中介服务	2.81	23	2.96	30	3.31	26	3.18	11
市场需求	—	—	3.25	17	3.42	19	3.54	1
过度竞争	—	—	2.88	28	3.15	20	2.57	18
中介服务	3.12	26	3.23	25	3.38	29	3.41	20
行业协会服务	2.61	27	2.50	31	3.27	21	—	—
总指数	2.99	21	3.49	21	3.57	21	3.53	20

贵州的营商环境，2022 年评分为 3.53 分，比 2019 年下降 0.04 分，比 2016 年提高 0.04 分。2022 年全国排名第 20 位，比 2019 年和 2016 年均提高 1 位。总体来看，贵州的营商环境比较稳定，维持在全国中下游水平。

在营商环境的 8 个方面指数中，2022 年有 5 个方面指数排在全国中游或中下游之间，3 个方面指数排在下游地位。与 2019 年相比，"企业经营的法治环境"和"基础设施条件"方面指数的评分和排名均有比较明显的提高。"政策公开公平公正"和"金融服务和融资成本"方面指数的评分和排名都下降了。"人力资源供应"和"市场供求和中介服务"方面指数的评分虽有所下降，但排名均有改善，后者排名上升 15 位。"行政干预和行政效率"和"企业的税费负担"方面指数的评分上升，排名下降，后者排名下滑了 17 位。

政策公开公平公正

贵州"政策公开公平公正"方面指数，2022 年与 2019 年相比，评分从 3.47 分下降至 3.09 分，排名下降 2 位至第 20 位。下属 3 个分项指数中，"公开透明"和"公平竞争"评分均有小幅上升，升幅超过全国多数省份，排名分别提升15位和7位，至第14位和第8位。"地方保护"评分大幅下降1.34分，从3.17分降至1.83分，降至中性值以下，排名下降4位至第22位。

行政干预和行政效率

贵州"行政干预和行政效率"方面指数，2022年与2019年相比，评分从3.65分上升至3.88分，排名下降6位至第25位。下属3个分项指数的评分均有程度不等的上升，其中，"政府干预"评分微升至3.66分，排名提高1位至第20位。"打交道时间"和"审批简便"评分分别上升0.54分和0.17分，前者排名下降3位至第27位，后者排名下降9位至第22位。总体来看，行政干预和行政效率目前是贵州的短板，值得警惕。

企业经营的法治环境

贵州"企业经营的法治环境"方面指数，2022年与2019年相比，评分从3.77分升至3.90分，排名上升9位，从第25位提高至第16位，进入全国中游行列。下属4个分项指数的评分和排名均上升了。"合同履行"表现最好，评分上升0.21分，排名从第21位大幅升至第8位，进步明显。"司法公正"和"知识产权保护"评分分别小幅上升至3.84分和3.90分，排名分别上升9位和5位，至第17位和第23位。首次出现在该方面指数下的"官员廉洁"分项指数与2019年的数据相比，评分上升0.27分，排名从第20位升至第13位。这些反映贵州企业经营的法治环境有所改善。

企业的税费负担

贵州"企业的税费负担"方面指数，2022年与2019年相比，评分微升至3.59分，排名从第4位陡降至第21位，跌至下游水平。"法定税负"分项指数评分微降至3.74分，但排名从第24位升至第13位，是4个分项指数中唯一排名有改善的分项。"依法征税"和"其他缴费"评分均有提高，但排名降幅很大，分别从第9位和第3位大幅跌至第27位和第26

位。"社保缴费"分项指数的排名下降5位至第13位。整体来看，贵州企业税费减轻幅度不及多数省份。

金融服务和融资成本

贵州"金融服务和融资成本"方面指数，2022年与2019年相比，评分下降0.22分，排名下跌11位至第24位。下属4个分项指数中，"银行贷款"评分显著降到中性值3.00以下，排名从第12位跌至第22位。"其他融资"分项指数的评分也有明显下降，但排名上升11位至第14位。"贷款利率"评分虽有提高，但改善幅度不及多数省份，"其他利率"评分小幅下降，导致两者排名从第11位和第9位大幅跌至第26位和第22位。这些反映出企业贷款难问题有所加重，融资成本问题也不容乐观。金融服务方面目前是贵州营商环境中的又一相对短板。

人力资源供应

贵州"人力资源供应"方面指数，2022年与2019年相比，评分从3.56分下降至3.13分，排名上升1位至第19位。下属3个分项指数的评分都有下降，其中，"技术人员"和"熟练工人"评分分别下降0.40分和0.34分，前者排名上升4位至第21位，后者排名上升9位至第13位。"管理人员"评分下跌0.57分，排名下降2位至第13位。技术人员短缺较为突出。

基础设施条件

贵州"基础设施条件"方面指数，2022年与2019年相比，评分从3.65分上升至4.03分，排名提高7位，从第27位升至第20位，是有改善的方面指数。下属分项指数"铁路公路"评分从3.65分上升至4.02分，排名从第26位升至第17位。"电水气网"分项指数与2019年"电水气"分项指数做有限对比，评分从3.88分提高至4.03分，排名从第25位升至第21位。

市场供求和中介服务

贵州"市场供求和中介服务"方面指数，2022年与2019年相比，评分从 3.31 分略降至 3.18 分，但排名大幅提高 15 位，从第 26 位跃升至第 11 位。下属分项指数"市场需求"表现突出，评分从 3.42 分升至 3.54 分，改善幅度超过多数省份，排名从第 19 位跃居至全国第 1 位，居全国领先地位。"过度竞争"分项指数的评分下降 0.58 分，但排名提高 2 位至第 18 位。"中介服务"分项指数的评分微升至 3.41 分，排名从第 29 位升至第 20 位。贵州市场供求和中介服务与很多省份相比情况相对较好，但仍存在进步空间。

云南

表 5-25　云南营商环境各方面指数、各分项指数的分值及排名

指数	2012 年 分值	2012 年 排名	2016 年 分值	2016 年 排名	2019 年 分值	2019 年 排名	2022 年 分值	2022 年 排名
政策公开公平公正	2.81	24	3.70	14	3.69	14	3.35	16
公开透明	2.98	25	3.70	14	3.73	22	3.83	16
行政执法公正	3.03	15	3.52	21	3.67	20	—	—
公平竞争	2.42	28	3.36	22	3.50	15	3.45	16
地方保护	—	—	4.2	8	3.86	11	2.76	17
行政干预和行政效率	3.11	22	3.65	13	3.73	11	3.95	20
政府干预	3.35	17	3.39	28	3.68	14	3.65	21
打交道时间	3.34	24	4.76	1	3.86	5	4.35	12
审批简便	2.63	24	3.3	22	3.55	24	3.86	21
官员廉洁	3.05	9	3.16	31	3.82	12	—	—
企业经营的法治环境	3.09	23	3.52	31	3.84	20	4.00	10
司法公正	2.92	19	3.32	29	3.90	9	4.15	1
官员廉洁	—	—	—	—	—	—	4.06	10
合同履行	3.33	25	3.48	28	3.60	25	3.65	20
经营者财产和人身安全保障	3.29	29	3.77	31	4.00	15	—	—
知识产权保护	3.14	28	3.52	30	3.85	18	4.14	6
企业的税费负担	2.58	28	3.35	31	3.49	9	3.74	7
法定税负	1.97	28	3.20	20	3.95	18	3.67	20
依法征税	—	—	3.32	31	4.11	13	4.38	14
税外收费	3.18	27	3.52	27	—	—	—	—
社保缴费	—	—	—	—	2.95	10	3.12	3
其他缴费	—	—	—	—	2.95	11	3.80	9
金融服务和融资成本	2.92	27	2.89	27	3.45	27	3.80	8
银行贷款	2.32	28	3.05	30	3.59	10	3.29	12
其他融资	3.06	19	3.16	21	3.36	12	3.09	9
贷款利率	—	—	3.40	16	3.29	30	4.73	4
其他利率	—	—	1.95	24	3.57	27	4.08	16
人力资源供应	2.71	23	3.31	17	3.76	10	3.34	6
技术人员	2.72	18	3.18	23	3.73	9	3.11	11
管理人员	2.59	24	3.25	19	3.73	12	3.14	17
熟练工人	2.81	20	3.50	12	3.82	10	3.77	2

续表

指数	2012 年		2016 年		2019 年		2022 年	
	分值	排名	分值	排名	分值	排名	分值	排名
基础设施条件	2.86	29	3.62	27	3.74	25	3.96	22
电水气	3.70	24	3.82	27	4.09	12	—	—
电水气网	—	—	—	—	—	—	3.97	25
铁路公路	2.53	29	3.55	27	3.50	29	3.95	20
其他基础设施	2.34	29	3.50	28	3.64	23	—	—
市场供求和中介服务	2.8	24	2.98	29	3.33	25	2.95	29
市场需求	—	—	2.98	28	3.27	27	3.11	25
过度竞争	—	—	3.02	22	3.27	14	2.36	29
中介服务	2.92	29	3.14	28	3.7	12	3.39	23
行业协会服务	2.77	20	2.77	28	3.09	29	—	—
总指数	2.86	27	3.38	28	3.63	17	3.64	15

云南的营商环境，2022 年评分为 3.64 分，与 2019 年基本持平，比 2016 年提升 0.26 分。2022 年全国排名第 15 位，比 2019 年上升 2 位，比 2016 年上升 13 位。这也反映出云南的营商环境在逐步改善。

在营商环境的 8 个方面指数中，2022 年与 2019 年相比，"企业经营的法治环境"、"企业的税费负担"、"金融服务和融资成本"和"基础设施条件"方面指数的评分和排名均有不同程度的改善，其中"金融服务和融资成本"排名上升 19 位，是 8 个方面指数中排名升幅最大的指数。"行政干预和行政效率"评分有改善，但排名下降了。"政策公开公平公正"和"市场供求和中介服务"评分和排名都有程度不等的下降。"人力资源供应"评分下降，排名上升。2022 年，有 4 个方面指数居全国前 10位内，另外 4 个方面指数分别居中游和下游水平。

政策公开公平公正

云南"政策公开公平公正"方面指数，2022 年与 2019 年相比，评分下降 0.34 分，排名微降 2 位至第 16 位。下属 3 个分项指数中，只有"公开透明"分项指数的评分和排名都上升了，评分微升 0.10 分，排名提高

6位，从第22位升至第16位。"地方保护"分项指数的评分大幅下滑1.10分，从3.86分降至2.76分，跌到中性值以下，排名从第11位降至第17位。"公平竞争"分项指数的评分基本不变，排名从第15位略降至第16位。

行政干预和行政效率

云南"行政干预和行政效率"方面指数，2022年与2019年相比，评分从3.73分提高至3.95分，但排名从第11位降至第20位。下属分项指数"审批简便"在3个分项指数中表现较好，评分提高0.31分，排名上升3位至第21位。"政府干预"评分基本不变，排名下降7位至第21位。"打交道时间"分项指数的评分从3.86分提高至4.35分，但排名下降7位至第12位。

企业经营的法治环境

云南"企业经营的法治环境"方面指数，2022年与2019年相比，评分从3.84分提高至4.00分，排名上升10位，从第20位升至第10位。下属4个分项指数的评分和排名均有改善。其中，"司法公正"评分提高0.25分，排名从第9位跃至全国第1位。"知识产权保护"评分提高0.29分，排名从第18位陡升至第6位。"官员廉洁"和"合同履行"评分分别提高0.24分和0.05分，前者排名提高2位至第10位，后者排名提高5位至第20位。这些反映出云南企业经营的法治环境在改善。

企业的税费负担

云南"企业的税费负担"方面指数，2022年与2019年相比，评分从3.49分提高至3.74分，排名从第9位升至第7位。下属4个分项指数中，"法定税负"和"依法征税"评分一降一升，排名分别小幅下降2位和1位，至第20位和第14位。"社保缴费"和"其他缴费"评分和排名均有不同程度提高，评分分别提高0.17分和0.85分，前者排名提升7位至第3位，后者排名提升2位至第9位。总体来看，云南企业税负在进一步降低。

金融服务和融资成本

云南"金融服务和融资成本"方面指数，2022年与2019年相比，评分从3.45分上升至3.80分，排名大幅上升19位，从第27位陡升至第8位，进入全国上游水平，改善显著。该方面指数评分和排名的上升主要得益于分项指数"贷款利率"的改善，评分从3.29分上升至4.73分，大幅提高1.44分，改善幅度超过其他所有省份，排名从第30位跃升至第4位。"其他利率"也有明显改善，评分提高0.51分，排名从第27位提高至第16位。"银行贷款"和"其他融资"评分都有下降，前者排名下降2位至第12位，后者排名提高3位至第9位。总体来看，云南企业的融资渠道仍然较为畅通，融资成本下降显著。

人力资源供应

云南"人力资源供应"方面指数，2022年与2019年相比，评分从3.76分下跌至3.34分，排名上升4位至第6位。下属3个分项指数的评分均下降了，其中，"技术人员"和"管理人员"评分分别下降0.62分和0.59分，排名分别下降2位至第11位、下降5位至第17位。"熟练工人"评分微降，排名从第10位提高至第2位，说明云南熟练工人供应比较充足。

基础设施条件

云南"基础设施条件"方面指数，2022年与2019年相比，评分从3.74分上升至3.96分，排名上升3位至第22位。下属分项指数"铁路公路"评分从3.50分提高至3.95分，排名从第29位提高至第20位。"电水气网"评分为3.97分，排名第25位，与2019年的"电水气"分项指数做有限对比，评分微降0.12分，排名大幅下跌13位。

市场供求和中介服务

云南"市场供求和中介服务"方面指数，2022年与2019年相比，评分从3.33分下跌至2.95分，降至中性值以下，排名下降4位至第29位。下属3个分项指数的评分均有下降，其中，"市场需求"评分从

3.27 分微降至 3.11 分，排名从第 27 位升至第 25 位。"过度竞争"和"中介服务"评分分别下降 0.91 分和 0.31 分，排名分别急跌 15 位和 11 位，至第 29 位和第 23 位。市场供求和中介服务目前是云南营商环境的短板。

西藏

表 5-26　西藏营商环境各方面指数、各分项指数的分值及排名

指数	2012 年		2016 年		2019 年		2022 年	
	分值	排名	分值	排名	分值	排名	分值	排名
政策公开公平公正	—	—	3.55	23	3.05	30	2.75	28
公开透明	—	—	3.73	13	3.80	15	3.79	19
行政执法公正	—	—	4.00	3	3.80	10	—	—
公平竞争	—	—	3.77	3	3.20	30	3.36	22
地方保护	—	—	2.70	30	1.39	30	1.08	31
行政干预和行政效率	—	—	3.56	15	3.50	29	3.93	23
政府干预	—	—	3.77	8	3.40	28	3.74	14
打交道时间	—	—	3.49	15	3.00	31	4.37	11
审批简便	—	—	3.31	21	3.80	5	3.67	29
官员廉洁	—	—	3.65	13	3.80	16	—	—
企业经营的法治环境	—	—	3.80	21	3.70	29	3.90	17
司法公正	—	—	3.50	24	3.80	25	4.00	13
官员廉洁	—	—	—	—	—	—	3.85	22
合同履行	—	—	3.96	6	3.60	26	3.77	14
经营者财产和人身安全保障	—	—	4.04	23	4.00	18	—	—
知识产权保护	—	—	3.69	25	3.40	31	3.97	18
企业的税费负担	—	—	3.87	4	3.20	31	3.94	1
法定税负	—	—	3.50	6	4.00	12	4.39	1
依法征税	—	—	3.88	9	4.00	28	4.50	2
税外收费	—	—	4.23	2	—	—	—	—
社保缴费	—	—	—	—	2.60	30	3.16	1
其他缴费	—	—	—	—	2.20	30	3.68	18
金融服务和融资成本	—	—	3.49	11	3.05	31	3.56	19
银行贷款	—	—	2.92	31	2.60	31	2.92	23
其他融资	—	—	2.54	31	2.20	31	2.82	20
贷款利率	—	—	5.00	1	4.75	1	4.70	5
其他利率	—	—	—	31	2.67	31	3.80	23
人力资源供应	—	—	2.87	31	2.73	31	2.74	29
技术人员	—	—	2.73	31	2.00	31	2.62	28
管理人员	—	—	2.81	31	3.00	31	2.69	26
熟练工人	—	—	3.08	30	3.20	31	2.92	28

续表

指数	2012 年 分值	2012 年 排名	2016 年 分值	2016 年 排名	2019 年 分值	2019 年 排名	2022 年 分值	2022 年 排名
基础设施条件	—	—	3.08	31	3.07	31	3.60	28
电水气	—	—	3.27	31	3.40	31	—	—
电水气网	—	—	—	—	—	—	3.97	24
铁路公路	—	—	3.04	31	2.80	31	3.23	29
其他基础设施	—	—	2.92	31	3.00	31	—	—
市场供求和中介服务	—	—	3.12	25	3.05	30	3.01	23
市场需求	—	—	3.42	9	3.20	30	2.95	31
过度竞争	—	—	3.46	3	3.00	29	2.62	15
中介服务	—	—	2.88	31	3.00	31	3.46	18
行业协会服务	—	—	2.69	29	3.00	30	—	—
总指数	—	—	3.42	25	3.17	31	3.43	25

西藏的营商环境，2022 年全国排名第 25 位，比 2019 年提高 6 位，与 2016 年持平。2022 年全国评分 3.43 分，比 2019 年提高 0.26 分。

在营商环境的 8 个方面指数中，2022 年与 2019 年相比，有 5 个方面指数评分有改善，所有方面指数排名都有改善。有 3 个方面指数从下游提高到中游或上游地位。其中，"企业的税费负担"方面指数的排名从全国第 31 位提高至第 1 位。"行政干预和行政效率"、"企业经营的法治环境"、"金融服务和融资成本"、"人力资源供应"和"基础设施条件"方面指数的评分和排名均有不同程度的改善。"政策公开公平公正"和"市场供求和中介服务"方面指数的评分有下降，但排名分别提高 2 位和 7 位。

政策公开公平公正

西藏"政策公开公平公正"方面指数，2022 年与 2019 年相比，评分从 3.05 分降至 2.75 分，排名上升 2 位至第 28 位。下属 3 个分项指数中，"公开透明"评分基本不变，排名从第 15 位降至第 19 位。"公平竞争"评分从 3.20 分提高至 3.36 分，排名从第 30 位提高至第 22 位。"地方保护"评分下降 0.31 分，从 1.39 分降至 1.08 分，排在全国末位。西藏地方保护的问题拖累了该方面指数的评分和排名，是其短板。

行政干预和行政效率

西藏"行政干预和行政效率"方面指数，2022 年与 2019 年相比，评分从 3.50 分上升至 3.93 分，排名提高 6 位，从第 29 位升至第 23 位。下属 3 个分项指数中，"打交道时间"改善最大，评分大幅提高 1.37 分，排名从全国第 31 位跃升至第 11 位。"政府干预"评分从 3.40 分提高至 3.74 分，排名从第 28 位大幅上升至第 14 位。"审批简便"评分从 3.80 分小幅降至 3.67 分，但全国绝大多数省份该项都有进步，致使西藏该分项的排名从第 5 位大幅下滑至第 29 位。

企业经营的法治环境

"企业经营的法治环境"方面指数，2022 年与 2019 年相比，评分从 3.70 分提高至 3.90 分，排名从第 29 位显著提高到第 17 位，居于全国中游水平。下属 4 个分项指数中，"司法公正"、"合同履行"和"知识产权保护"评分均有不同程度的改善，排名大幅提高，分别居于第 13 位、第 14 位和第 18 位。"官员廉洁"分项指数的评分从 3.80 分略升至 3.85 分，排名下降 6 位，从第 16 位降至第 22 位。总体来看，西藏在企业经营的法治环境方面有明显改善。

企业的税费负担

西藏"企业的税费负担"方面指数，2022 年与 2019 年相比，评分从 3.20 分大幅提高至 3.94 分，排名从全国最末位陡升至全国第 1 位，改善非常显著。下属 4 个分项指数的评分和排名均有显著改善。其中，"法定税负"评分提高 0.39 分，排名从第 12 位跃升至第 1 位。"依法征税"评分提高 0.50 分，排名从第 28 位大幅提高至第 2 位。"社保缴费"评分提升 0.56 分，排名从第 30 位跃升至第 1 位。"其他缴费"评分显著提高 1.48 分，排名从第 30 位陡升至第 18 位，显示税外收费大幅度减少。这些说明，2019～2022 年，西藏企业的实际税负明显减轻了。

金融服务和融资成本

西藏"金融服务和融资成本"方面指数，2022 年与 2019 年相比，评

217

分从 3.05 分提升至 3.56 分，排名从第 31 位跃升至第 19 位，进步显著。下属 4 个分项指数中，"银行贷款"、"其他融资"和"其他利率"的评分和排名均有明显改善，评分分别提高 0.32 分、0.62 分和 1.13 分，排名从第 31 位分别提高至第 23 位、第 20 位和第 23 位。只有"贷款利率"评分略微下降，排名从第 1 位降至第 5 位。总体来看，西藏企业贷款难问题有明显缓解，融资成本也相对较低。

人力资源供应

西藏"人力资源供应"方面指数，2022 年与 2019 年相比，评分基本稳定，排名提升 2 位至第 29 位。下属 3 个分项指数中，"技术人员"评分和排名均有改善，评分从 2.00 分提高至 2.62 分，排名从第 31 位升至第 28 位。"管理人员"和"熟练工人"评分分别下降 0.31 分和 0.28 分，但排名从第 31 位分别升至第 26 位和第 28 位。这些反映人力资源供应状况仍是西藏营商环境的短板。

基础设施条件

西藏"基础设施条件"方面指数，2022 年与 2019 年相比，评分从 3.07 分升至 3.60 分，排名从第 31 位提高至第 28 位。下属分项指数"铁路公路"的评分从 2.80 分升至 3.23 分，排名从第 31 位提高至第 29 位。"电水气网"分项指数与 2019 年"电水气"分项指数做有限对比，评分从 3.40 分上升至 3.97 分，排名从第 31 位提高至第 24 位。这些说明西藏基础设施条件在改善。

市场供求和中介服务

西藏"市场供求和中介服务"方面指数，2022 年与 2019 年相比，评分略降至 3.01 分，降幅小于其他一些省份，排名从第 30 位提高至第 23 位。下属 3 个分项指数中，"市场需求"评分下降 0.25 分，排名下降 1 位至第 31 位。"过度竞争"评分下跌 0.38 分至 2.62 分，降幅小于其他不少省份，排名从第 29 位大幅提高至第 15 位。"中介服务"评分上升 0.46 分，排名从第 31 位跃升至第 18 位，有明显进步。

陕西

表 5-27　陕西营商环境各方面指数、各分项指数的分值及排名

指数	2012 年		2016 年		2019 年		2022 年	
	分值	排名	分值	排名	分值	排名	分值	排名
政策公开公平公正	2.99	11	3.63	18	3.61	17	3.84	9
公开透明	3.14	14	3.69	18	3.57	31	3.44	29
行政执法公正	3.12	11	3.69	13	3.49	30	—	—
公平竞争	2.72	13	3.25	29	3.54	12	3.17	28
地方保护	—	—	3.87	16	3.85	12	4.91	1
行政干预和行政效率	3.14	20	3.37	25	3.67	16	3.90	24
政府干预	3.24	26	3.83	4	3.58	20	3.51	27
打交道时间	3.35	23	2.64	26	3.77	11	4.24	22
审批简便	2.69	23	3.22	26	3.67	18	3.94	17
官员廉洁	2.95	17	3.78	7	3.66	25	—	—
企业经营的法治环境	3.20	16	3.9	8	3.81	23	3.65	30
司法公正	2.99	11	3.72	7	3.83	22	3.67	25
官员廉洁	—	—	—	—	—	—	3.63	29
合同履行	3.41	18	3.83	13	3.66	20	3.44	29
经营者财产和人身安全保障	3.45	20	4.33	4	3.94	22	—	—
知识产权保护	3.35	17	3.72	24	3.83	20	3.85	28
企业的税费负担	2.84	10	3.53	22	3.43	19	3.76	6
法定税负	2.22	5	2.92	30	3.88	25	3.63	23
依法征税	—	—	3.83	15	4.06	19	4.31	21
税外收费	3.46	14	3.83	12	—	—	—	—
社保缴费	—	—	—	—	2.88	16	3.01	5
其他缴费	—	—	—	—	2.91	13	4.08	2
金融服务和融资成本	3.03	16	3.47	12	3.56	19	3.29	29
银行贷款	2.79	13	3.46	20	3.12	30	2.86	27
其他融资	2.99	24	3.39	11	2.91	30	2.78	21
贷款利率	—	—	3.25	22	3.96	10	4.02	27
其他利率	—	—	3.77	8	4.26	1	3.50	27
人力资源供应	2.83	15	3.19	27	3.56	19	3.19	15
技术人员	2.79	10	3.06	28	3.47	20	3.18	9
管理人员	2.76	19	3.19	22	3.50	21	3.11	19
熟练工人	2.93	10	3.31	23	3.72	18	3.27	15

续表

指数	2012 年		2016 年		2019 年		2022 年	
	分值	排名	分值	排名	分值	排名	分值	排名
基础设施条件	3.29	16	3.89	18	3.85	18	3.97	21
电水气	3.93	15	4.06	16	3.89	24	—	—
电水气网	—	—	—	—	—	—	4.00	22
铁路公路	3.12	13	3.97	15	3.97	13	3.93	22
其他基础设施	2.81	20	3.64	21	3.69	20	—	—
市场供求和中介服务	2.92	18	3.26	14	3.4	16	2.96	28
市场需求	—	—	3.11	26	3.33	23	3.06	26
过度竞争	—	—	3.14	16	3.36	6	2.47	24
中介服务	3.25	14	3.58	13	3.58	21	3.36	25
行业协会服务	2.79	17	3.22	12	3.31	18	—	—
总指数	3.01	20	3.53	19	3.61	18	3.57	19

　　陕西的营商环境，2022 年全国排名第 19 位，比 2019 年下降 1 位，与 2016 年持平。2022 年评分为 3.57 分，比 2019 年下降 0.04 分，比 2016 年上升 0.04 分。这些反映出陕西的营商环境近年没有明显进步。

　　在营商环境的 8 个方面指数中，2022 年有 2 个方面指数居全国上游，1 个方面指数居中游，5 个方面指数居下游。与 2019 年相比，"政策公开公平公正"和"企业的税费负担"方面指数表现较好，评分和排名均有明显上升。"人力资源供应"方面指数的评分下降，但排名上升。"企业经营的法治环境"、"金融服务和融资成本"和"市场供求和中介服务"方面指数的评分和排名均下降，排名下降 7～12 位。"行政干预和行政效率"和"基础设施条件"方面指数的评分有改善，但改善幅度不及其他一些省份，排名出现下降。

政策公开公平公正

　　陕西"政策公开公平公正"方面指数，2022 年与 2019 年相比，评分从 3.61 分提高至 3.84 分，排名上升 8 位，从第 17 位升至第 9 位。这一改善主要得益于分项指数"地方保护"的显著进步，该分项指数评分大幅上升 1.06 分，排名从第 12 位跃升至全国第 1 位。分项指数"公开透明"评分微降，排名上升 2 位，从全国末位上升至第 29 位。"公平竞争"评分和排名都下降了，评分下降 0.37 分，从 3.54 分降至 3.17 分，排名从第 12 位陡降至第 28 位。

行政干预和行政效率

陕西"行政干预和行政效率"方面指数，2022 年与 2019 年相比，评分从 3.67 分提高至 3.90 分，但进步不及多数省份，导致排名从第 16 位下跌至第 24 位。下属 3 个分项指数中，"审批简便"的评分和排名均略有提高，评分提升 0.27 分，排名上升 1 位至第 17 位。"政府干预"分项指数的评分微降，排名下降 7 位，从第 20 位下跌至第 27 位。"打交道时间"评分从 3.77 分提高至 4.24 分，改善幅度不及全国其他一些省份，导致排名从第 11 位急跌至第 22 位。总体来看，行政干预和行政效率是陕西营商环境的短板之一，有待改善。

企业经营的法治环境

陕西"企业经营的法治环境"方面指数，2022 年与 2019 年相比，评分从 3.81 分微降至 3.65 分，排名下降 7 位，从第 23 位降至第 30 位，处于全国下游水平。下属 4 个分项指数中，"司法公正"、"官员廉洁"和"合同履行"评分和排名均出现下降，评分分别下降 0.16 分、0.03 分和 0.22 分，排名分别从第 22 位、第 25 位和第 20 位下降至第 25 位、第 29 位和第 29 位。"知识产权保护"分项指数的评分从 3.83 分微升至 3.85 分，排名下降 8 位，从第 20 位跌至第 28 位。这些反映出陕西的企业经营的法治环境出现退步，成为陕西的弱项。

企业的税费负担

陕西"企业的税费负担"方面指数，2022 年与 2019 年相比，评分从 3.43 分升至 3.76 分，排名大幅提高 13 位，从第 19 位跃升至第 6 位，在各方面指数中表现较好。下属 4 个分项指数中，"法定税负"分项指数的评分从 3.88 分下降至 3.63 分，排名微升 2 位至第 23 位。"依法征税"分项指数的评分从4.06分提高至4.31分,但排名下降3位至第21位。"社保缴费"和"其他缴费"评分和排名均有不同程度的改善,前者评分从2.88分微升至3.01分,排名大幅提高11位,从第16位跃升至第5位,后者评分从2.91分陡升1.17分至4.08分,排名从第13位大幅提升至第2位,说明陕西的企业税外收费明显减少,这是该方面指数提高的主要贡献因素。

金融服务和融资成本

陕西"金融服务和融资成本"方面指数,2022年与2019年相比,评分从3.56分下降至3.29分,排名下降10位,从第19位跌至第29位,降到全国下游水平。下属4个分项指数中,"银行贷款"和"其他融资"的评分分别从3.12分和2.91分降至2.86分和2.78分,但排名分别从第30位提高至第27位和第21位。"贷款利率"评分从3.96分微升至4.02分,改善幅度不及全国绝大多数省份,排名从第10位大幅降至第27位。"其他利率"情况更不客观,评分从4.26分降至3.50分,排名从全国第1位陡降至第27位。说明陕西企业融资难和融资贵的问题比较突出。

人力资源供应

陕西"人力资源供应"方面指数,2022年与2019年相比,评分从3.56分下降至3.19分,排名上升4位,从第19位提高至第15位。下属3个分项指数的评分均有下降,但排名均有不同程度的上升。其中,"技术人员"评分从3.47分降至3.18分,排名从第20位大幅提高至第9位。"管理人员"评分从3.50分降至3.11分,排名从第21位上升至第19位。"熟练工人"评分从3.72分降至3.27分,排名从第18位提高至第15位。这些反映出陕西人力资源供应状况也变差了,但下降幅度小于其他一些省份。

基础设施条件

陕西"基础设施条件"方面指数,2022年与2019年相比,评分从3.85分微升至3.97分,排名下降3位,从第18位跌至第21位。下属分项指数"铁路公路"的评分微降 0.04 分，排名从第 13 位跌至第 22 位。"电水气网"分项指数评分为 4.00 分，排名第 22 位，如果与 2019 年的"电水气"分项指数做有限对比，评分小幅提升 0.11 分，排名提高 2 位。

市场供求和中介服务

陕西"市场供求和中介服务"方面指数，2022 年与 2019 年相比，评分从 3.40 分显著下降至 2.96 分，在中性值以下，排名从第 16 位大幅下降至第 28 位，进入全国下游水平。下属 3 个分项指数的评分和排名均有不同程度下降。其中，下降幅度最大的是"过度竞争"，评分下降 0.89 分，排名陡降 18 位，从第 6 位跌至第 24 位。"市场需求"评分下降 0.27 分，排名从第 23 位跌至第 26 位。"中介服务"评分下降 0.22 分，从 3.58 分降至 3.36 分，排名从第 21 位降至第 25 位。这些说明陕西的市场环境明显变差了。

甘肃

表 5-28　甘肃营商环境各方面指数、各分项指数的分值及排名

指数	2012 年		2016 年		2019 年		2022 年	
	分值	排名	分值	排名	分值	排名	分值	排名
政策公开公平公正	2.84	22	3.51	24	3.34	20	2.67	29
公开透明	2.94	28	3.61	25	3.65	28	3.28	30
行政执法公正	3.00	19	3.63	16	3.59	24	—	—
公平竞争	2.59	20	3.41	19	3.35	26	2.93	31
地方保护	—	—	3.39	23	2.77	19	1.78	23
行政干预和行政效率	3.07	24	3.23	27	3.37	31	3.82	28
政府干预	3.24	24	3.76	9	3.18	31	3.35	31
打交道时间	3.79	6	1.98	28	3.31	27	4.41	9
审批简便	2.58	26	3.51	13	3.35	30	3.70	28
官员廉洁	2.71	26	3.68	10	3.65	27	—	—
企业经营的法治环境	3.02	25	3.85	13	3.69	30	3.42	31
司法公正	2.73	27	3.76	4	3.71	28	3.37	31
官员廉洁	—	—	—	—	—	—	3.58	30
合同履行	3.09	28	3.88	9	3.59	28	3.10	31
经营者财产和人身安全保障	3.35	26	4.10	19	3.88	25	—	—
知识产权保护	3.50	7	3.66	27	3.59	30	3.62	31
企业的税费负担	2.86	9	3.88	3	3.33	25	3.44	29
法定税负	2.26	3	3.90	3	3.94	19	3.55	27
依法征税	—	—	3.98	4	4.13	8	4.27	25
税外收费	3.45	15	3.76	16	—	—	—	—
社保缴费	—	—	—	—	2.82	20	2.72	16
其他缴费	—	—	—	—	2.41	29	3.21	31
金融服务和融资成本	2.79	29	2.72	28	3.81	2	3.05	31
银行贷款	2.39	27	3.37	21	3.47	17	2.48	31
其他融资	2.78	28	2.93	28	3.29	18	2.32	31
贷款利率	—	—	3.05	23	4.21	4	4.00	28
其他利率	—	—	1.54	29	4.25	2	3.40	30
人力资源供应	2.42	28	3.11	29	3.74	13	2.78	27
技术人员	2.33	28	3.12	26	3.75	7	2.72	24
管理人员	2.26	29	3.15	25	3.65	18	2.60	29
熟练工人	2.65	27	3.07	31	3.82	10	3.03	25

续表

指数	2012 年		2016 年		2019 年		2022 年	
	分值	排名	分值	排名	分值	排名	分值	排名
基础设施条件	3.12	24	3.69	25	3.84	19	3.43	30
电水气	4.09	7	3.78	29	3.82	28	—	—
电水气网	—	—	—	—	—	—	3.68	31
铁路公路	2.71	27	3.83	18	3.88	19	3.19	30
其他基础设施	2.57	26	3.46	29	3.82	13	—	—
市场供求和中介服务	2.74	28	3.13	22	3.38	19	2.84	31
市场需求	—	—	3.22	20	3.29	26	3.00	28
过度竞争	—	—	3.17	15	3.35	10	2.42	26
中介服务	3.15	24	3.22	26	3.59	20	3.12	29
行业协会服务	2.68	24	2.90	25	3.29	19	—	—
总指数	2.84	28	3.39	26	3.56	24	3.18	31

甘肃的营商环境，2022 年评分比 2019 年下降 0.38 分，比 2016 年下降 0.21 分。甘肃的营商环境一直处在全国下游水平。2022 年全国排名降至末位，比 2019 年下降 7 位。

营商环境的 8 个方面指数，全国排名第 27~31 位。其中"行政干预和行政效率"方面指数的评分和排名均有改善，排名从全国末位升至第 28 位，在各方面指数中表现最好。"企业的税费负担"评分略有改善，但排名降至第 29 位。其余 6 个方面指数的评分和排名均出现下降，其中，"金融服务和融资成本"评分和排名恶化突出，评分下降 0.76 分，排名从第 2 位直线降至第 31 位。"政策公开公平公正"、"企业经营的法治环境"、"人力资源供应"、"基础设施条件"和"市场供求和中介服务"评分和排名也都显著下降，均列于全国末几位。

政策公开公平公正

甘肃"政策公开公平公正"方面指数 2022 年与 2019 年相比，评分从 3.34 分大幅降至 2.67 分，排名从第 20 位降至第 29 位。下属 3 个分项指数的评分和排名均有不同程度下降，其中"公开透明"评分下降 0.37

分，排名从第 28 位跌至第 30 位。"公平竞争"评分下降 0.42 分，排名从第 26 位跌至全国末位。"地方保护"评分下降 0.99 分，排名从第 19 位跌至第 23 位。

行政干预和行政效率

甘肃"行政干预和行政效率"方面指数，2022 年与 2019 年相比，评分提高 0.45 分，排名从全国末位升至第 28 位。下属 3 个分项指数中，"打交道时间"表现较好，评分显著提高 1.10 分，排名从第 27 位跃升至第 9 位，反映企业与政府打交道所花费的时间明显减少，也是该方面指数评分和排名改善的主要因素。"政府干预"评分提高 0.17 分，但排名仍处在全国末位。"审批简便"评分提高 0.35 分，排名上升 2 位至第 28 位。

企业经营的法治环境

甘肃"企业经营的法治环境"方面指数，2022 年与 2019 年相比，评分下降 0.27 分，排名从第 30 位降至第 31 位。下属 4 个分项指数中，"司法公正"和"合同履行"评分降幅均超过全国其他省份，排名均从第 28 位降至全国末位。"知识产权保护"评分微升 0.03 分，排名下降 1 位至第 31 位。首次出现在该方面指数下的"官员廉洁"与 2019 年数据相比，评分微降 0.07 分，排名从第 27 位降至第 30 位。企业经营的法治环境是甘肃营商环境的突出短板。

企业的税费负担

甘肃"企业的税费负担"方面指数，2022 年与 2019 年相比，评分微升 0.11 分，排名下降 4 位，从第 25 位降至第 29 位。下属 4 个分项指数中，"法定税负"评分下跌 0.39 分，排名从第 19 位降至第 27 位。"依法征税"评分小幅上升 0.14 分，改善幅度不及多数省份，排名从第 8 位陡降至第 25 位。"社保缴费"评分微降 0.10 分，排名上升 4 位至第 16 位，是 4 个分项中唯一排名上升的分项。"其他缴费"评分从 2.41 分显著上升至 3.21 分，但排名仍下降 2 位降至第 31 位。

金融服务和融资成本

甘肃"金融服务和融资成本"方面指数，2022年与2019年相比，评分从3.81分急降至3.05分，排名从第2位大幅降至第31位。下属4个分项指数的评分均有不同程度的下降，排名都降至全国后几位。其中，"银行贷款"和"其他融资"评分分别下滑0.99分和0.97分，至2.48分和2.32分，排名分别从第17位和第18位降至第31位。"贷款利率"和"其他利率"评分分别下降0.21分和0.85分，排名分别从第4位和第2位陡降至第28位和第30位。企业贷款难和融资成本高目前是甘肃营商环境的另一个突出短板。

人力资源供应

甘肃"人力资源供应"方面指数，2022年与2019年相比，评分从3.74分下降至2.78分，排名从第13位陡降至第27位。下属3个分项指数的评分和排名均出现下降。其中，"技术人员"评分大幅下降1.03分，排名急跌17位降至第24位。"管理人员"评分大幅下降1.05分降至2.60分，排名急跌11位降至第29位。"熟练工人"评分急降0.79分，排名大幅下跌15位降至第25位。

基础设施条件

甘肃"基础设施条件"方面指数，2022年与2019年相比，评分从3.84分下降至3.43分，排名从第19位降至第30位。下属分项指数"铁路公路"的评分下降0.69分，排名从第19位降至第30位。"电水气网"分项指数与2019年"电水气"分项指数对比，评分下降0.14分，排名从第28位跌至全国末位。由于基础设施硬件不可能急剧恶化，该方面指数的评分下降很可能主要反映了基础设施服务（软件）的退步。

市场供求和中介服务

甘肃"市场供求和中介服务"方面指数，2022年与2019年相比，评分从3.38分下降至2.84分，降至中性值以下，排名从第19位降至第31位。下属3个分项指数的评分和排名均出现下降，其中，"市场需求"评分下降 0.29 分至 3.00 分,排名从第 26 位降至第 28 位。"过度竞争"评分下降 0.93 分至 2.42 分,排名从第 10 位急降至第 26 位,从上游水平跌至下游水平。"中介服务"评分下降 0.47 分至 3.12 分,排名从第 20 位降至第 29 位。

青海

表 5-29　青海营商环境各方面指数、各分项指数的分值及排名

指数	2012 年		2016 年		2019 年		2022 年	
	分值	排名	分值	排名	分值	排名	分值	排名
政策公开公平公正	—	—	3.33	29	2.91	31	2.65	30
公开透明	—	—	3.66	20	3.75	21	3.45	28
行政执法公正	—	—	3.47	27	3.38	31	—	—
公平竞争	—	—	3.47	12	3.25	29	3.12	30
地方保护	—	—	2.75	29	1.28	31	1.38	27
行政干预和行政效率	—	—	3.33	26	3.66	17	3.75	30
政府干预	—	—	3.63	19	3.63	18	3.50	28
打交道时间	—	—	3.21	19	3.83	7	4.25	20
审批简便	—	—	3.16	28	3.63	21	3.50	31
官员廉洁	—	—	3.34	29	3.57	30	—	—
企业经营的法治环境	—	—	3.62	28	3.81	24	3.69	27
司法公正	—	—	3.31	30	3.88	16	3.74	22
官员廉洁	—	—	—	—	—	—	3.64	28
合同履行	—	—	3.81	14	3.63	23	3.52	27
经营者财产和人身安全保障	—	—	3.88	29	4.00	19	—	—
知识产权保护	—	—	3.47	31	3.75	26	3.86	27
企业的税费负担	—	—	3.49	24	3.30	29	3.76	5
法定税负	—	—	3.16	23	3.86	28	3.98	2
依法征税	—	—	3.34	30	4.00	29	4.43	7
税外收费	—	—	3.97	5	—	—	—	—
社保缴费	—	—	—	—	2.50	31	2.93	8
其他缴费	—	—	—	—	2.86	16	3.71	16
金融服务和融资成本	—	—	2.62	29	3.63	16	3.41	25
银行贷款	—	—	3.47	19	3.25	29	2.81	29
其他融资	—	—	3.06	26	3.00	29	2.55	29
贷款利率	—	—	2.95	26	4.25	2	4.78	2
其他利率	—	—	1.00	30	4.00	11	3.50	27
人力资源供应	—	—	3.19	26	3.51	23	2.70	30
技术人员	—	—	2.84	30	3.14	28	2.48	31
管理人员	—	—	3.19	23	3.63	19	2.55	31
熟练工人	—	—	3.53	9	3.75	17	3.07	23

续表

指数	2012 年		2016 年		2019 年		2022 年	
	分值	排名	分值	排名	分值	排名	分值	排名
基础设施条件	—	—	3.75	22	3.63	28	3.55	29
电水气	—	—	3.91	24	3.63	30	—	—
电水气网	—	—	—	—	—	—	3.83	29
铁路公路	—	—	3.75	21	3.63	27	3.26	28
其他基础设施	—	—	3.59	24	3.63	26	—	—
市场供求和中介服务	—	—	3.23	16	2.88	31	2.91	30
市场需求	—	—	3.44	7	2.88	31	3.12	23
过度竞争	—	—	3.41	5	2.50	31	2.52	22
中介服务	—	—	3.03	29	3.57	22	3.10	31
行业协会服务	—	—	3.06	19	2.57	31	—	—
总指数	—	—	3.32	30	3.42	30	3.30	29

青海的营商环境，2022 年全国排名第 29 位，比 2019 年和 2016 年均上升 1 位。2022 年评分为 3.30 分，比 2019 年下降 0.12 分，比 2016 年下降 0.02 分。青海的营商环境维持在全国后几位。

在营商环境的 8 个方面指数中，有 7 个方面指数排在全国末几位，只有"企业的税费负担"方面指数有显著改善，2022 年与 2019 年相比，评分明显提高，且排名大幅提升了 24 位。"市场供求和中介服务"方面指数的评分和排名有小幅改善。"企业经营的法治环境"、"金融服务和融资成本"、"人力资源供应"和"基础设施条件"方面指数的评分和排名均有不同程度的下降。"政策公开公平公正"方面指数的评分小幅下降，排名微升 1 位。"行政干预和行政效率"方面指数的评分略有上升，但改善小于多数省份，排名大幅下降 13 位。

政策公开公平公正

青海"政策公开公平公正"方面指数，2022 年与 2019 年相比，评分从 2.91 分降至 2.65 分，排名上升 1 位至第 30 位。下属 3 个分项指数中，"地方保护"评分和排名均上升，评分微升 0.10 分，排名从第 31 位提高至第27位。"公开透明"评分从3.75分降至3.45分，排名下降7位至第28位。"公平竞争"分项指数的评分从3.25分微降至3.12分，排名微降至第30位。总体来看，政策公开公平公正是青海营商环境的短板之一。

行政干预和行政效率

青海"行政干预和行政效率"方面指数，2022年与2019年相比，评分从3.66分小幅上升至3.75分，改善幅度不及全国其他所有省份，导致排名从第17位陡降至第30位。下属3个分项指数的排名均下降明显，其中，"政府干预"和"审批简便"评分小幅下降，排名均下降10位，至第28位和第31位。"打交道时间"评分上升0.42分，但排名从第7位陡跌至第20位。

企业经营的法治环境

青海"企业经营的法治环境"方面指数，2022年与2019年相比，评分从3.81分微降至3.69分，排名从第24位降至第27位。下属4个分项指数中，"司法公正"和"合同履行"评分分别下降0.14分和0.11分，排名分别下跌6位和4位，至第22位和第27位。"官员廉洁"和"知识产权保护"评分均小幅改善，排名前者上升2位至第28位，后者略降1位至第27位。

企业的税费负担

青海"企业的税费负担"方面指数，2022年与2019年相比，评分从3.30分提高至3.76分，排名急升24位，从第29位提高至第5位，居全国上游。下属4个分项指数的评分均有不同程度的改善，排名多数有大幅改善。其中，"法定税负"、"依法征税"和"社保缴费"评分分别提高0.12分、0.43分和0.43分，排名分别大幅提高26位、22位和23位，至第2位、第7位和第8位。"其他缴费"分项指数的评分提高0.85分，排名维持在第16位。

金融服务和融资成本

青海"金融服务和融资成本"方面指数，2022年与2019年相比，评分从 3.63 分降至 3.41 分，排名下降 9 位至第 25 位。下属 4 个分项指数中，"银行贷款"和"其他融资"评分下降，排名均列于第 29 位不变。"贷款利率"评分明显提高，排名高居第 2 位不变。"其他利率"评分下降 0.50 分，排名陡降 16 位，从第 11 位降至第 27 位。总体来看，青海企业的贷款难问题比较严重，但企业的银行贷款利息负担较轻。

人力资源供应

青海"人力资源供应"方面指数，2022 年与 2019 年相比，评分从 3.51 分下降至 2.70 分，排名下跌 7 位至第 30 位。下属 3 个分项指数的评分和排名均有程度不等的下降，其中，"技术人员"和"熟练工人"评分分别下降 0.66 分和 0.68 分，前者排名下降 3 位至第 31 位，后者排名下降 6 位至第 23 位。"管理人员"评分大幅下降 1.08 分，排名从第 19 位急降至第 31 位。这些反映青海的技术人员和管理人员相对缺乏。

基础设施条件

青海"基础设施条件"方面指数，2022 年与 2019 年相比，评分微降至 3.55 分，排名下跌 1 位至第 29 位。下属分项指数"铁路公路"的评分从 3.63 分下降至 3.26 分，排名下降 1 位至第 28 位。"电水气网"与 2019 年"电水气"分项指数做有限对比，评分从 3.63 分升至 3.83 分，排名提高 1 位至第 29 位。总体来看，基础设施条件是青海的薄弱环节之一。

市场供求和中介服务

青海"市场供求和中介服务"方面指数，2022 年与 2019 年相比，评分从 2.88 分微升至 2.91 分，排名提高 1 位至第 30 位。下属 3 个分项指数中，"市场需求"和"过度竞争"分项指数的评分和排名均有改善，是有利因素，两者评分分别提高 0.24 分和 0.02 分，排名从第 31 位分别升至第 23 位和第 22 位。"中介服务"评分下跌 0.47 分，排名从第 22 位降至第 31 位。

宁夏

表 5-30　宁夏营商环境各方面指数、各分项指数的分值及排名

指数	2012 年		2016 年		2019 年		2022 年	
	分值	排名	分值	排名	分值	排名	分值	排名
政策公开公平公正	2.78	26	3.58	22	3.19	25	2.87	23
公开透明	3.00	23	3.59	26	3.68	25	3.84	14
行政执法公正	2.86	24	3.37	29	3.77	12	—	—
公平竞争	2.48	27	3.30	27	3.18	31	3.55	10
地方保护	—	—	4.06	14	2.13	21	1.21	30
行政干预和行政效率	3.10	23	3.41	21	3.64	20	3.98	15
政府干预	3.21	27	3.74	11	3.55	25	3.66	19
打交道时间	3.36	22	2.87	24	3.62	21	4.11	29
审批简便	2.79	16	3.15	29	3.64	19	4.18	4
官员廉洁	2.62	28	3.89	3	3.77	17	—	—
企业经营的法治环境	3.02	26	3.8	22	3.74	26	4.05	7
司法公正	2.66	29	3.52	22	3.68	29	4.05	9
官员廉洁	—	—	—	—	—	—	4.24	3
合同履行	3.24	27	3.52	27	3.64	22	3.82	11
经营者财产和人身安全保障	3.55	14	4.26	8	3.95	21	—	—
知识产权保护	3.32	23	3.89	10	3.70	29	4.11	10
企业的税费负担	2.73	19	3.73	5	3.50	6	3.67	11
法定税负	2.00	27	3.00	27	4.00	12	3.95	5
依法征税	—	—	3.89	8	4.05	22	4.39	13
税外收费	3.46	13	4.30	1	—	—	—	—
社保缴费	—	—	—	—	2.95	10	2.78	14
其他缴费	—	—	—	—	3.00	5	3.56	23
金融服务和融资成本	3.45	1	3.33	17	3.58	17	3.49	22
银行贷款	3.03	3	3.33	23	3.45	18	2.92	23
其他融资	3.67	1	2.89	29	3.36	12	2.58	27
贷款利率	—	—	3.82	5	3.84	16	4.47	16
其他利率	—	—	3.28	14	3.67	23	4.00	18
人力资源供应	2.54	27	3.14	28	3.47	25	2.81	25
技术人员	2.41	27	3.07	27	3.09	29	2.71	26
管理人员	2.38	28	3.11	27	3.45	25	2.89	25
熟练工人	2.83	19	3.22	27	3.86	6	2.82	29

指数	2012 年		2016 年		2019 年		2022 年	
	分值	排名	分值	排名	分值	排名	分值	排名
基础设施条件	3.35	10	3.60	29	3.82	23	4.24	9
电水气	4.38	2	3.93	22	3.95	19	—	—
电水气网	—	—	—	—	—	—	4.58	1
铁路公路	2.75	26	3.33	29	3.86	21	3.89	23
其他基础设施	2.93	12	3.56	27	3.64	23	—	—
市场供求和中介服务	2.79	25	3.29	12	3.38	20	3.00	24
市场需求	—	—	3.37	11	3.45	14	3.32	6
过度竞争	—	—	3.52	1	3.00	29	2.18	31
中介服务	3.14	25	3.26	24	3.64	17	3.50	14
行业协会服务	2.59	29	3.00	21	3.41	13	—	—
总指数	2.98	23	3.48	22	3.54	25	3.51	21

宁夏的营商环境，2022 年全国排名第 21 位，比 2019 年上升 4 位。2022 年评分为 3.51 分，比 2019 年微降 0.03 分。总体来看，宁夏的营商环境基本稳定。

在营商环境的 8 个方面指数中，"行政干预和行政效率"、"企业经营的法治环境"和"基础设施条件" 3 个方面指数的评分和排名都有明显改善，分别进入了全国中游和上游水平。还有 4 个方面指数停留在下游。其中"金融服务和融资成本"和"市场供求和中介服务"的评分和排名均出现下降。"政策公开公平公正"和"人力资源供应"评分均出现下降，排名前者上升，后者不变。"企业的税费负担"评分有改善，但排名从上游水平下降到中游水平。

政策公开公平公正

宁夏"政策公开公平公正"方面指数，2022 年与 2019 年相比，评分从 3.19 分降至 2.87 分，排名上升 2 位至第 23 位。下属 3 个分项指数中，"公平竞争"改善显著，评分提高 0.37 分，改善幅度超过其他省份，排名从全国最末位陡升至第 10 位。"公开透明"评分提高 0.16 分，排名从第 25 位大幅提高至第 14 位。但"地方保护"评分下降 0.92 分，排名从第 21 位降至第 30 位，是拖累该方面指数的分项指数。

行政干预和行政效率

宁夏"行政干预和行政效率"方面指数，2022 年与 2019 年相比，评分从 3.64 分提高至 3.98 分，排名上升 5 位至第 15 位。该方面指数的改善主要得益于分项指数"审批简便"评分和排名的提高，评分提高 0.54 分，排名从第 19 位陡升至第 4 位。"政府干预"评分提升 0.11 分，排名从第 25 位升至第 19 位。"打交道时间"评分提高至 0.49 分，但改善幅度不及其他省份，排名下降 8 位至第 29 位。总体来看，宁夏在行政干预和行政效率方面逐步改善。

企业经营的法治环境

宁夏"企业经营的法治环境"方面指数，2022 年与 2019 年相比，评分从 3.74 分升至 4.05 分，排名从第 26 位大幅上升至第 7 位，是 8 个方面指数中排名最靠前的指数。下属 4 个分项指数的评分和排名均上升。其中，"司法公正"和"知识产权保护"分项指数的评分分别上升 0.37 分和 0.41 分，排名均从第 29 位分别大幅升至第 9 位和第 10 位。"官员廉洁"和"合同履行"分项指数的评分分别上升 0.47 分和 0.18 分，排名分别提高 14 位和 11 位，至第 3 位和第 11 位，进步突出。总体来看，企业经营的法治环境进入了全国上游水平。

企业的税费负担

宁夏"企业的税费负担"方面指数，2022 年与 2019 年相比，评分从 3.50 分提高至 3.67 分，排名下降 5 位至第 11 位。下属 4 个分项指数中，"法定税负"和"依法征税"排名均有改善，分别从第 12 位和第 22 位升至第 5 位和第 13 位，前者评分微降 0.05 分，后者评分上升 0.34 分。"社保缴费"评分从 2.95 分微降至 2.78 分，排名下降 4 位至第 14 位。"其他缴费"评分从 3.00 分提高至 3.56 分，改善幅度不及多数省份，导致排名陡降 18 位，从第 5 位急跌至第 23 位。

金融服务和融资成本

宁夏"金融服务和融资成本"方面指数，2022年与2019年相比，评分从3.58分微降至3.49分，排名下降5位，从第17位跌至第22位。下属4个分项指数中，"银行贷款"和"其他融资"评分和排名均出现下降，评分分别下降0.53分和0.78分，至2.92分和2.58分，前者排名从第18位跌至第23位，后者排名从第12位急跌至第27位。"贷款利率"和"其他利率"分项指数的评分有改善，前者排名维持在第16位，后者排名从第23位上升至第18位。这些反映出企业贷款难问题加重，但贷款和其他融资的成本降低了。

人力资源供应

宁夏"人力资源供应"方面指数，2022年与2019年相比，评分从3.47分下降至2.81分，排名维持在第25位。下属3个分项指数中，"熟练工人"评分大幅下降1.04分，排名陡降23位，从第6位降至第29位，居全国下游水平。"技术人员"评分从3.09分降至2.71分，排名上升3位至第26位。"管理人员"评分从3.45分降至2.89分，排名保持不变，为第25位。这些反映出宁夏技术人员、管理人员和熟练工人都相对缺乏。

基础设施条件

宁夏"基础设施条件"方面指数，2022年与2019年相比，评分提升0.42分，排名从第23位跃升至第9位，居于全国上游水平。"铁路公路"分项指数的评分微升0.03分，排名下降2位至第23位。"电水气网"分项指数与2019年"电水气"分项指数做有限对比，评分上升0.63分至4.58分，改善幅度超过其他省份，排名从第19位跃居第1位，进步明显。

市场供求和中介服务

宁夏"市场供求和中介服务"方面指数，2022年与2019年相比，评分从3.38分下降至3.00分，排名下跌4位至第24位。下属3个分项指数中,"市场需求"和"中介服务"评分分别微降 0.13 分和 0.14 分,前者排名从第 14 位提高至第 6 位,后者排名从第 17 位提高至第 14 位。"过度竞争"评分下降 0.82 分,排名从第 29 位跌至第 31 位,说明企业受到过度竞争的困扰。

新疆

表 5-31　新疆营商环境各方面指数、各分项指数的分值及排名

指数	2012 年		2016 年		2019 年		2022 年	
	分值	排名	分值	排名	分值	排名	分值	排名
政策公开公平公正	2.74	29	3.22	30	3.10	29	2.64	31
公开透明	3.10	19	3.31	31	3.59	30	3.17	31
行政执法公正	2.72	29	3.44	28	3.56	28	—	—
公平竞争	2.38	29	3.31	26	3.48	22	3.20	26
地方保护	—	—	2.81	28	1.78	26	1.54	26
行政干预和行政效率	2.86	29	3.05	29	3.66	18	3.82	29
政府干预	3.18	28	3.38	29	3.63	16	3.40	30
打交道时间	3.03	29	1.85	29	3.80	9	4.40	10
审批简便	2.34	29	3.34	19	3.52	25	3.66	30
官员廉洁	2.66	27	3.63	15	3.70	22	—	—
企业经营的法治环境	3.00	28	3.53	30	3.85	18	3.66	29
司法公正	2.74	26	3.28	31	3.85	21	3.65	26
官员廉洁	—	—	—	—	—	—	3.76	24
合同履行	3.07	29	3.31	31	3.77	17	3.53	26
经营者财产和人身安全保障	3.30	28	3.91	28	3.81	29	—	—
知识产权保护	3.41	12	3.63	28	3.96	12	3.71	30
企业的税费负担	2.61	27	3.49	24	3.43	20	3.66	13
法定税负	1.97	29	2.94	29	4.18	3	3.71	18
依法征税	—	—	3.53	29	4.12	12	4.37	15
税外收费	3.25	25	4.00	4	—	—	—	—
社保缴费	—	—	—	—	2.85	19	2.65	20
其他缴费	—	—	—	—	2.56	26	3.91	6
金融服务和融资成本	2.84	28	3.03	24	3.33	30	3.39	27
银行贷款	2.62	20	3.69	6	3.41	20	3.00	21
其他融资	2.72	29	3.32	14	3.15	27	2.43	30
贷款利率	—	—	3.33	20	3.23	31	4.63	8
其他利率	—	—	1.80	26	3.52	29	3.50	27
人力资源供应	2.33	29	3.36	14	3.21	30	2.76	28
技术人员	2.27	29	3.63	3	2.93	30	2.71	25
管理人员	2.47	27	3.38	14	3.22	30	2.94	24
熟练工人	2.27	29	3.09	28	3.48	29	2.63	31

续表

指数	2012 年		2016 年		2019 年		2022 年	
	分值	排名	分值	排名	分值	排名	分值	排名
基础设施条件	3.03	27	3.61	28	3.62	29	3.21	31
电水气	3.70	25	3.94	20	3.89	23	—	—
电水气网	—	—	—	—	—	—	3.77	30
铁路公路	2.63	28	3.31	30	3.59	28	2.66	31
其他基础设施	2.76	23	3.59	24	3.37	29	—	—
市场供求和中介服务	2.78	26	3.23	16	3.44	13	3.02	22
市场需求	—	—	3.19	24	3.37	21	3.11	24
过度竞争	—	—	3.25	11	3.41	4	2.83	3
中介服务	3.00	27	3.41	21	3.48	28	3.11	30
行业协会服务	2.86	9	3.09	17	3.48	8	—	—
总指数	2.8	29	3.32	31	3.45	29	3.27	30

新疆的营商环境，2022 年全国排名第 30 位，比 2019 年下降 1 位，比 2016 年上升 1 位。2022 年评分为 3.27 分，比 2019 年下降 0.18 分，比 2016 年下降 0.05 分。总体来看，新疆的营商环境近年来没有明显改善。

在营商环境的 8 个方面指数中，2022 年有 7 个方面指数处于全国下游水平，多数排在第 28~31 位，只有"企业的税费负担"1 个方面指数居中游水平。与 2019 年相比，"企业的税费负担"评分和排名改善幅度较大，"金融服务和融资成本"评分和排名都有小幅度的改善。"政策公开公平公正"、"企业经营的法治环境"、"基础设施条件"和"市场供求和中介服务"4 个方面指数的评分和排名都下降了。"行政干预和行政效率"评分有小幅度上升，但排名下降。"人力资源供应"方面指数的评分下降，但排名上升 2 位。

政策公开公平公正

新疆"政策公开公平公正"方面指数，2022 年与 2019 年相比，评分从 3.10 分下降至 2.64 分，排名下跌 2 位，从第 29 位降至全国末位。下属 3 个分项指数的评分都出现下降，其中，"公开透明"评分下降 0.42 分，排名下降 1 位至第 31 位。"公平竞争"评分下降 0.28 分，排名下降 4 位至第 26 位。"地方保护"评分下降 0.24 分，排名维持在第 26 位。总体来看，新疆"政策公开公平公正"方面指数排名一直在全国后几位徘徊。

行政干预和行政效率

新疆"行政干预和行政效率"方面指数，2022 年与 2019 年相比，评分从 3.66 分升至 3.82 分，但排名大幅下跌 11 位，从第 18 位回落到第 29 位。下属 3 个分项指数中，"政府干预"评分下降 0.23 分，降幅超过其他省份，导致排名从第 16 位急跌至第 30 位，是影响该方面指数排名下降的主要原因。"打交道时间"和"审批简便"评分分别上升 0.60 分和 0.14 分，但排名分别下降 1 位和 5 位，至第 10 位和第 30 位。这些反映企业与政府打交道所花费的时间较少，但在政府干预和审批手续方面都不乐观。

企业经营的法治环境

新疆"企业经营的法治环境"方面指数，2022 年与 2019 年相比，评分从 3.85 分小幅下降至 3.66 分，排名从第 18 位大幅回落至第 29 位。下属 4 个分项指数中，"司法公正""合同履行"和"知识产权保护"评分均有下降，排名均显著下降，分别从第 21 位、第 17 位和第 12 位下跌至第 26 位、第 26 位和第 30 位。"官员廉洁"评分微升，排名下降 2 位至第 24 位。

企业的税费负担

新疆"企业的税费负担"方面指数，2022 年与 2019 年相比，评分小幅提高 0.23 分升至 3.66 分，排名提高 7 位，从第 20 位上升至第 13 位，是各方面指数中排名最靠前的指数，主要得益于下属分项指数"其他缴费"的改善，评分大幅提高 1.35 分，排名陡升 20 位，从第 26 位提高至第 6 位。"法定税负"评分下降 0.47 分，排名从第 3 位骤降至第 18 位，失去领先地位。"依法征税"和"社保缴费"评分一升一降，排名分别下降 3 位和 1 位，至第 15 位和第 20 位。

金融服务和融资成本

新疆"金融服务和融资成本"方面指数，2022 年与 2019 年相比，评分略升，排名提高 3 位至第 27 位。下属 4 个分项指数中，"银行贷款"和"其他融资"评分和排名均下降了，评分分别下降 0.41 分和 0.72 分，前者排名微降 1 位至第 21 位，后者排名下降 3 位至第 30 位。"贷款利率"改善明显，评分大幅提高 1.40 分，排名从第 31 位陡升至第 8 位。"其他利率"评分微降，排名提高 2 位至第 27 位。总体来看，新疆企业贷款难问题有所加重，但融资成本降低了。

人力资源供应

新疆"人力资源供应"方面指数，2022 年与 2019 年相比，评分从 3.21 分降至 2.76 分，排名上升 2 位至第 28 位。下属 3 个分项指数中，"技术人员"和"管理人员"评分小幅下降微降 0.22 分至 2.71 分，排名分别上升 5 位和 6 位至第 25 位和第 24 位。"熟练工人"评分大幅下降 0.85 分，排名降至全国末位。可见人力资源供应仍是新疆的短板，其中熟练工人短缺最为突出。

基础设施条件

新疆"基础设施条件"方面指数，2022 年与 2019 年相比，评分从 3.62 分降至 3.21 分，排名从第 29 位降至第 31 位。下属分项指数"铁路公路"的评分下降 0.93 分，降幅超过全国其他所有省份，导致排名降至第 31 位。"电水气网"分项指数与 2019 年"电水气"分项指数做有限对比，评分小幅下降，排名下降 7 位，从第 23 位降至第 30 位。上述情况主要反映了新疆基础设施服务方面的退步。

市场供求和中介服务

新疆"市场供求和中介服务"方面指数，2022 年与 2019 年相比，评分从 3.44 分降至 3.02 分，排名下降 9 位，从第 13 位降至第 22 位。下属 3 个分项指数中，"过度竞争"评分下降 0.58 分，但降幅小于其他一些省份，排名上升 1 位至第 3 位，还在较好状态。"市场需求"和"中介服务"的评分都有下降，排名分别下降 3 位和 2 位，至第 24 位和第 30 位。

第六部分
营商环境指数的构造和计算方法

营商环境指数由 8 个方面指数组成，每个方面指数反映营商环境某一特定方面。本报告中的个别方面指数名称稍有调整，其中第二方面指数由原来的"行政干预和政府廉洁效率"改为"行政干预和行政效率"。第八方面指数由原来的"市场环境和中介服务"改为"市场供求和中介服务"。目前这 8 个方面分别是：

（1）政策公开公平公正

（2）行政干预和行政效率

（3）企业经营的法治环境

（4）企业的税费负担

（5）金融服务和融资成本

（6）人力资源供应

（7）基础设施条件

（8）市场供求和中介服务

以上每个方面指数由 2~4 个分项指数组成，本报告中，营商环境指数总共包括 26 个分项指数，这次我们对少数分项指数的名称和构成也稍做调整，并对部分指数名称做了简化。这些调整在报告前面的部分已有介绍，在此再进行具体说明。

原第一方面指数"政策公开公平公正"项下的"政策执行和行政执法公正"分项指数因为与第二方面指数项下的分项指数 2.1 以及第三方

面指数项下的分项指数 3.1 的内容有部分重叠，故取消。原该方面项下的
"对不同企业一视同仁"分项指数名称改为"各类企业公平竞争"。原第
二方面指数项下的"党政官员廉洁"分项指数调整到第三方面指数"企
业经营的法治环境"项下。原第三方面指数项下的"经营者财产和人身
安全保障"因与分项指数 3.1 的内容有所重合（该分项指数已包括了保
护企业合法权益的内容）而取消。原第七方面指数"基础设施条件"项
下的"电水气供应条件"分项指数与"其他基础设施条件"分项指数合
并为"电水气网供应"分项指数。原第八方面指数"市场环境和中介服
务"项下的"行业协会服务条件"分项指数合并到"中介组织服务条件"
分项指数中。

此外，原来有些分项指数的名称过长，这次对这些名称做了简化，并
附了简称，以避免文字叙述过度烦琐。

表 6-1 列出了营商环境指数体系的具体构成，包括总指数、全部方
面指数和分项指数的名称。

表 6-1　营商环境指数构成（2022 年）

指数名称	指数类别
营商环境总指数	总指数
1. 政策公开公平公正	方面指数
1.1 政策制度公开透明（公开透明）	分项指数
1.2 各类企业公平竞争（公平竞争）	分项指数
1.3 不合理的地方保护（地方保护）	分项指数
2. 行政干预和行政效率（行政干预）	方面指数
2.1 过多的政府干预（政府干预）	分项指数
2.2 与政府打交道时间比例（打交道时间）	分项指数
2.3 审批手续简便易行（审批简便）	分项指数
3. 企业经营的法治环境（法治环境）	方面指数
3.1 司法公正保护企业合法权益（司法公正）	分项指数
3.2 党政官员廉洁守法（官员廉洁）	分项指数
3.3 企业合同正常履行（合同履行）	分项指数
3.4 知识产权技术品牌保护（知识产权保护）	分项指数

指数名称	指数类别
4. 企业的税费负担(税费负担)	方面指数
4.1 法定税负合理性(法定税负)	分项指数
4.2 政府依法征税(依法征税)	分项指数
4.3 社保缴费负担(社保缴费)	分项指数
4.4 其他缴费负担(其他缴费)	分项指数
5. 金融服务和融资成本(金融服务)	方面指数
5.1 银行贷款难易度(银行贷款)	分项指数
5.2 其他融资难易度(其他融资)	分项指数
5.3 银行贷款利率(贷款利率)	分项指数
5.4 其他融资利率(其他利率)	分项指数
6. 人力资源供应	方面指数
6.1 技术人员供应(技术人员)	分项指数
6.2 管理人员供应(管理人员)	分项指数
6.3 熟练工人供应(熟练工人)	分项指数
7. 基础设施条件	方面指数
7.1 电水气网供应(电水气网)	分项指数
7.2 铁路公路运输(铁路公路)	分项指数
8. 市场供求和中介服务	方面指数
8.1 市场需求旺盛度(市场需求)	分项指数
8.2 过度竞争压力(过度竞争)	分项指数
8.3 中介组织服务条件(中介服务)	分项指数

营商环境指数的基础数据全部来自对全国各地各类企业的问卷调查。本次调查的有效样本企业总数为2214家。样本企业的分布已在前言中说明。本报告每一项基础指数来自企业问卷的一个问题,由样本企业经营者(总裁、总经理或首席执行官)对当地某一特定内容的营商环境进行评价或提供相关信息而形成。各项评价由5个分值组成,由被调查者进行选择;大部分问题的答案选项分为:"很好"(5分),"较好"或"还好"(4分),"一般"(3分),"较差"(2分),"很差"(1分)。上述选项根据某些问题的设置而有所改变。例如,"企业是否面临过度竞争的压

力"这一问题，选项更替为"无压力"（5分），"还好"（4分），"有压力"（3分），"较大"（2分），"很大"（1分）。

按照上述评分方法，3分是中性评价，4分或5分是比较正面的评价；1分或2分是比较负面的评价。

有个别分项指数采用了客观数量指标。例如"社保缴费"和"其他缴费"，是分别按两项缴费占企业销售额的百分比（由被调查者估算）划分为5个区间，并以1~5分的分值进行赋值。赋值规则的设定考虑了缴费比例与以往调查中被调查者对该问题主观评价的换算关系。具体划分在本报告第二部分，"分方面指数和分项指数的全国进展"一节中有具体说明。

又如，企业负责人"与政府打交道占工作时间比例"，按被调查者（企业经营者）估计的所花费工作时间的比例赋值为：10%以下为5分，25%及以上为1分，其余按相应比例在10%~25%区间内的分布赋值。

关于融资成本，对银行贷款利率的评分按以下标准：平均6%以下为5分，10%及以上为1分，其余按相应比例在6%~10%区间内的分布赋值；对其他渠道融资的评分按10%以下为5分，20%及以上为1分，其余按相应比例在10%~20%区间内的分布赋值。详见本报告第二部分相关内容的具体说明。

在计算各省份的分项指数评分时，以每个省份所有有效样本对该问题评分的算术平均值作为该省份该分项指数的评分。有效样本是指经检验质量合格并剔除了相关项信息缺失后的合格样本。

各省份方面指数的评分，是按每个省份该方面指数项下的分项指数评分的算术平均值计算。各省份营商环境总指数的评分，是按每个省份8个方面指数评分的算术平均值计算。全国（或分东部、中部、西部和东北地区）各分项指数的评分，是各省份相应分项指数的算数平均值。全国各方面指数的评分，是各省份相应方面指数的算数平均值。全国营商环境总指数的评分，是各省份营商环境总指数的算术平均值。

　　由于各省份的人口规模和经济规模不同，企业数量也不同，使用各省份评分的算术平均值来反映全国的营商环境有其不够精确之处。但无论是根据人口规模、经济规模、企业数量或者其他因素进行加权，都可能有顾此失彼、不尽合理之处。权衡之下，我们认为使用算术平均法进行评分仍然是一个相对合理的方法。

图书在版编目（CIP）数据

中国分省营商环境指数 2023 年报告 / 王小鲁，樊纲，
李爱莉著 . --北京：社会科学文献出版社，2024.1
（国民经济研究所系列丛书）
ISBN 978-7-5228-3117-6

Ⅰ.①中… Ⅱ.①王… ②樊… ③李… Ⅲ.①投资环
境-研究报告-中国-2023 Ⅳ.①F832.48

中国国家版本馆 CIP 数据核字（2024）第 002538 号

国民经济研究所系列丛书
中国分省营商环境指数 2023 年报告

著　　者 / 王小鲁　樊　纲　李爱莉

出 版 人 / 冀祥德
组稿编辑 / 恽　薇
责任编辑 / 颜林柯
责任印制 / 王京美

出　　　版 / 社会科学文献出版社·经济与管理分社（010）59367226
　　　　　　地址：北京市北三环中路甲 29 号院华龙大厦　邮编：100029
　　　　　　网址：www.ssap.com.cn
发　　　行 / 社会科学文献出版社（010）59367028
印　　　装 / 三河市龙林印务有限公司

规　　　格 / 开　本：787mm×1092mm　1/16
　　　　　　印　张：16.5　字　数：232 千字
版　　　次 / 2024 年 1 月第 1 版　2024 年 1 月第 1 次印刷
书　　　号 / ISBN 978-7-5228-3117-6
定　　　价 / 89.00 元

读者服务电话：4008918866